강의실 한국사

강의실 한국사

초판 1쇄 인쇄 2021년 2월 10일
초판 1쇄 발행 2021년 2월 26일

편   자 (사)부경역사연구소

발행인 윤관백
발행처 ▨출판선인

디자인 박애리
편   집 이경남 · 박애리 · 이진호 · 임현지 · 김민정 · 주상미
영   업 김현주

등   록 제5-77호(1998.11.4)
주   소 서울시 마포구 마포대로4다길 4 곳마루 B/D 1층
전   화 02)718-6252/6257
팩   스 02)718-6253
E-mail sunin72@chol.com

정 가 22,000원
ISBN 979-11-6068-398-1 93900

강의실 한국사

부경역사연구소 편

도서출판 선인

지구상에 출현한 인류는 진화를 거듭하면서 사회를 이루고 나름대로의 규범을 만들어 발전해왔다. 국가가 성립되면서 기록을 남기게 되었고 이 기록들이 모여 책을 만들어 후세에 남겼다. 여러 왕조로 교체되면서 앞 왕조나 국가의 잘잘못을 평가하는 역사책을 만들고 그것을 인식하기 위한 관점 즉 역사관을 세워나갔다. 이러한 역사관은 지배층을 위한 목적에서 수립되었으며 19세기 제국주의시대에도 영웅주의 역사관을 통해 국가가 전체주의로 기울어져 인간 개개인의 존엄성이 무시되었다.

현대에 이르러 민주주의사회로 진전되어 인권을 존중하게 되면서 역사를 보는 관점이 달라지게 되었다. 인류 역사의 발전은 소수의 영웅에 의해 주도되는 것이 아니라 사회구성원 대다수의 의지와 합의에 의해 역사가 진전된다는 민중적 민주주의 역사관이 확립되었던 것이다.

과거의 역사 기록이 지배층 중심의 의도나 목적에 의해 서술되어 전해져 왔으므로 역사 연구가 정치사 제도사 위주로 이루어져 왔던 것도 사실이다. 역사가들도 당시의 현실 문제를 무시하고 순수한 학문의 즐거움 즉 아카데미즘에 빠져 있었던 시절도 있었다. 인간을 연구하는 학문 즉 인문학은 실용성이 없는 학문으로 치부되어 무시당하고 홀대받고 있는 세계적인 현실을 극복하고 새롭게 태어나야 한다.

이러한 취지로 만들어진 부경역사연구소도 그 나름대로의 노력을 기울여 왔으며 그중 하나의 결과물이 한국사 교재 편찬 작업이었다. 본 연구소에서는 부산 경남 울산 지역에서 활동하는 120여 명의 한국사 연구자들이 모여 많은 논의를 거쳐 2001년, 2003년, 2007년 등 3차에 걸쳐 대학생을 대상으로 하여 『한국사와 한국인』이라는 한국사 교재를 전근대편과 근현대편 2권으로 개정해왔다. 이번에는 『강의실 한국사』라는 이름으로 바꾸고 1권으로 통합하여 새로

이 만들었다.

　이전에는 강의내용을 충실히 반영하고자 비교적 두껍게 교재를 출판하였는데, 이제 일반 독자들이 한국사에 대한 지식의 양이 크게 늘어났기 때문에 핵심 내용만을 모아 한권으로 축약할 수 있게 되었다. 21세기는 문화의 세기라고 한다. 문화란 라이프스타일을 의미하는 것으로 역사적이거나 현 시점의 인간에게 있어 인간적인 삶을 이해하고 앞으로 살아가야 함을 역설하고 있다.

　본 교재도 인류의 생활 역사 즉 문화사를 지향하고 있다. 고대사회를 비롯하여 고려나 조선의 중세사회와 근현대의 한국사회의 특징적인 문화사를 서술하고 있다. 각 시대 문화생활을 윤택하게 하는 과학기술 이야기 사상과 종교 등을 다루고 있다. 각 시대마다 국민들은 국가적 위기에 대한 민족적 단합을 도모하였으며 정치가들의 수탈로 생존권의 위협을 극복하는 의식을 표출하여 새롭고 정의로운 사회를 만들어갔다.

　한국의 역사에서 보면 주변의 국가나 민족과의 국제관계나 문화교류도 제대로 이해해야 한다. 21세기 한반도의 상황에서 보면 더욱 절실한 역사 이해이기도 하다. 더욱이 한국 역사를 왜곡시킨 과거의 사실에 대한 이해도 절실히 중요함을 역설하고 있다.

　끝으로 교재를 집필하는 데 기꺼이 응해주신 동료 연구자 여러분께 진심어린 감사를 표하고 싶다. 그리고 어려운 인문학의 교재를 흔쾌히 받아 출판해주신 도서출판 선인의 윤관백 사장님과 편집부 여러분께도 깊은 감사의 마음을 전한다.

2021년 2월
부경역사연구소 연구원을 대표하여
소장 선석열

차례

차례

I
고대

1. 고조선의 의미와 관련 문헌들

고조선은 우리나라 최초의 국가이다. 그런 까닭으로 '고조선사'는 다른 어느 시기의 역사보다도 일반대중의 관심을 많이 끌어 왔다.

고조선이라 하면 일반대중들은 막연히 단군신화로 표현된 단군조선만을 떠올릴 것으로 생각된다. 하지만 고조선이란 표현 속에는 단군조선, 기자조선, 위만조선이 모두 포괄되어 있으며, 1392년 건국된 조선왕조와 구분하고자 하는 의미가 담겨져 있다.

고조선의 역사적 사실을 전해주는 문헌사료는 우리나라의 경우 고려말에 편찬된 『삼국유사』와 『제왕운기』, 조선초에 편찬된 『세종실록』 지리지 및 『응제시주』 등이 있고, 중국의 경우 진(秦)나라 이전의 사실을 알려주는 『관자』, 『전국책』, 『산해경』 등과 한(漢)나라 이후 편찬된 『사기』, 『한서』, 『위략』 등이 있다.

그런데 국내문헌은 단군신화를 위주로 기록하고 있다. 그러므로 고조선의 대외관계를 논할 때 기본사료로 이용하기에 상당한 어려움이 따른다. 그에 비해 중국문헌들은 '위만조선' 전후의 사정을 언급하고 있으므로 대외관계는 물론이고 강역도 단편적이나마 살펴볼 수 있다.

▌고조선의 강역 문제

고조선의 강역은 중심지 문제와 직결되어 있다. 고조선의 중심지가 어디인가에 대해서는 이미 고려시대 일연부터 시작하여, 조선전기 관학파 학자들과 조선후기 실학자들을 거쳐, 일제강점기 민족주의 및 실증주의 사학자들에 이르기까지 지속적으로 논의되어 왔다. 그 후로도 이 문제는 끊임없이 연구되고 있는 바, 남북한 학자들에 의해 다음과 같이 정립되었다고 할 수 있다. 즉 고조선의 중심지는 성립부터 멸망 때까지 지금의 요령지역에 있었다는 설, 대동강 유역인 평양에 있었다는 설, 이 두 견해를 절충하여 처음에는 요령지역에 있었다가 나중에는 평양으로 옮겨갔다는 이동설로 크게 삼분되어 있다.

2. 단군신화 속의 대외관계

'단군신화'는 고조선의 대외관계를 살피기에 적절치 못한 사료인데, 왜냐하면 고조선의 대외관계를 엿볼 수 있는 직접적 내용을 포함하고 있지 않기 때문이다. 그러나 고조선이 성읍국가 단계를 거치면서 연맹왕국 단계까지 이르렀다고 할 때, 그저 농사나 짓는 등 자급자족적 생활에만 만족하지는 않았을 것이다. '국가'라는 단계에 걸맞게 인접한 세력들과 교류·교섭, 혹은 전쟁 등의 대외관계를 수행했을 것이다. 은말주초(殷末周初) 때 활약했다고 하는 기자가 주나라 무왕에 의해 조선에 봉해져 단군조선을 대체했다는 이른바 '기자동래설'은 중국 쪽에서 이동해 오는 세력과의 투쟁, 즉 전쟁을 암시한다고 생각되는 바 단군조선의 지배자가 주관하였다고 하는 360여 가지의 일(사료 A-①) 중에는 전쟁도 포함되었을 것이다.

한편 단군신화에서는 환웅이 형벌을 주관하였다고 한다. 형벌의 구체적 내용은 이른바 '범금팔조'에서 찾을 수 있다. 이에 의하면 고조선 사회에는 노비, 곧 노예가 존재하였다. 즉 도둑질한 자를 노비로 삼았다는 언급(사료 A-②)인데, 기록 그대로는 형벌노예이다. 그러나 노예는 본래 전쟁포로로부터 나왔으며 특히 고대에 있어서 노예를 획득하는 중요한 원천은 피정복 지역의 주민을 노예로 삼거나

단군영정[국립민속박물관 소장]

전쟁포로를 노예로 만드는 것이었다는 일반적 인식을 따른다면, 고조선사회에는 '형벌노예'도 있었지만 '포로노예'의 존재도 충분히 상정될 수 있으리라 본다.

 사료

A-① (환웅은) 풍백·우사·운사를 거느리고, 곡식·생명·질병·형벌·선악을 맡아서 주관하고, 인간세상의 360여 가지 일을 주관하면서 세상에 머물러 다스리며 교화하였다. … 주나라 호왕(虎王, 즉 무왕)이 즉위한 기묘에 기자(箕子)를 조선에 봉하니, 단군(壇君)은 이에 장당경으로 옮겼다가 뒤에 돌아와 아사달에 은거하여 산신이 되었으니, 나이가 1천 9백 8세였다.

『삼국유사』 권1, 기이2, 고조선

A-② 낙랑조선(樂浪朝鮮)에는 범금팔조(犯禁八條)가 있다. 서로 죽이면 그때에 곧 죽인다. 서로 상하게 하면 곡식으로 배상한다. 도둑질한 자의 경우 남자는 그 집의 가노(家奴)로 삼고 여자는 비(婢)로 삼는다.

『한서』 권28하, 지리지8하

3. 춘추시대 제나라와의 관계

고조선의 대외관계를 문헌적으로 살펴볼 때는 중국에 한정할 수밖에 없는 형편이다. 왜냐하면 만주 및 몽골 지역의 고고학적 유적·유물 등을 통해 볼 때, 흉노 등 이른바 북방유목민족과의 관계도 있었다고 믿어지나, 문헌적 측면에서 그것을 논하기에는 전해오는 기록들이 너무나 미미하기 때문이다.

중국의 진나라 이전 문헌 중 '조선', 즉 고조선을 언급하고 있는 최초의 것은 『관자』이다. 『관자』는 기원전 7세기 중반을 전후한 시기에 고조선과 관련하여 제환공이 묻고 관중이 대답한 대화의 내용을 기록하고 있어 주목된다.

제나라 주변세력들 중 '발'과 '조선'의 특산물인 문피(무늬 있는 가죽, 대체로 호랑이가죽으로 봄)가 관중에 의하여 언급되고 있으며(사료 B-①), 또 주변세력들이 제나라에 복종하지 않고 있다는 환공의 우려에 발과 조선의 경우 특산물에 대하여 적절한 가격을 치러 준다면 조공해 올 것이라는 관중의 의견이 제시되고 있다(사료 B-②).

제환공과 관중의 대화를 자세히 살펴보면, 관중은 이미 이전부터 발과 조선의 특산물로 문피 등이 있었음을 잘 알고 있다. 제환공이 춘추오패 중 첫 번째 패자였음을 감안하면 춘추시대 개시 이전에도 이미 고조선은 중국과 교역했던 것은 아닐까? 그와 같은 교역이 제환공 패권시절에는 단절되었던 모양이다. 결국 환공과 관중 간 대화의 핵심은 기원전 7세기 무렵에 중국을 대표하는 제나라가 고조선과 교역을 재개하여 정치적으로 우호관계를 맺고자 모색하고 있는 것이다. 즉 고조선은 이 무렵 제나라가 교역을 통하여 포섭해야 할 대상 중 하나였다.

이 대화 이후 실제로 고조선과 제나라 사이에는 교역과 왕래가 있었던

사료

B-① 환공(桓公)이 관자(管子)에게 "내가 듣건대 해내(海內)에 귀중한 예물 일곱 가지가 있다고 하는데 그것에 대해 들을 수 있겠소?" 하니 관자가 "음산의 유민이 그 한 가지요, 연의 자산 백금이 그 한 가지요, 발(發)과 조선(朝鮮)의 문피(文皮)가 그 한 가지…" 답하였다.

『관자』 권23, 규도편

B-② 환공이 말하기를 "사방의 오랑캐가 복종하지 않는 것은 아마도 잘못된 정치가 천하에 퍼져서 그런 것이 아닌가 걱정인데…" 하니 관자가 "… 발과 조선이 조근(朝覲)을 오지 않는 것은 문피와 태복을 예물로 요청하기 때문입니다. … 한 장의 표범가죽이라도 여유 있는 값으로 계산해 준다면 8천 리 떨어진 발과 조선도 조근을 오게 될 것입니다." 하였다.

『관자』 권24, 경중갑편

것으로 보이는데, 육로보다는 해로를 이용했던 것 같다. 즉 고조선의 영역이었던 요동반도와 제나라의 중심지였던 산동반도는 묘도열도로 이어져 있으므로 이를 디딤돌로 하여 고조선과 제나라 사이의 교역과 왕래는 해로를 통해서 이루어졌을 가능성이 높다.

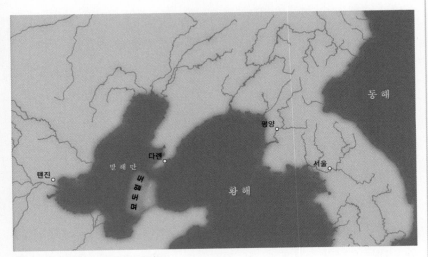

고조선과 제나라의 교역로인 묘도열도

4. 전국시대 연나라와의 관계

전국시대(戰國時代)가 되자 이른바 '전국칠웅'은 각각 왕호를 칭하였다. 연나라의 경우 역왕(易王, 재위 기원전 332~기원전 321)이 처음 왕호를 칭하였다. 바로 이 무렵에 기자의 후예라 하는 조선후도 왕호를 칭하고 연나라를 공격하여 몰락한 주나라 왕실을 받들고자 하였다고 한다(사료 C-①). '기자의 후예'라든지, '주 왕실을 받들려고 하였다'라든지의 말들은 후대의 윤색으로 돌린다 하더라도, 그 외의 기록들은 역사적 사실로 보는 것이 일반적이다.

고조선은 기원전 4세기 후반 무렵에 전국칠웅 중 하나인 연나라와 대립

사료

C-① 옛 기자의 후예인 조선후(朝鮮侯)는 주나라가 쇠약해지자 연나라가 스스로 높여 왕이라 칭하고 동쪽으로 침략 하려는 것으로 보고, 그도 역시 스스로 왕호를 칭하고 군사를 일으켜 연나라를 역공(逆攻)하여 주 왕실을 받들려고 하였는데 그의 대부(大夫) 예(禮)가 간하므로 중지하였다. 그리하여 예를 서쪽으로 파견하여 연나라를 설득하게 하니 연나라도 전쟁을 멈추고 침공하지 않았다.

『삼국지』권30, 위서30,
오환선비동이전30,
한조 인용 『위략』

하기에 이르렀다. 이와 같은 사실은 스스로 왕호를 칭하는 등 독자적 세력이라는 자긍심과 또 당시 연나라 사람들이 "교만하고 포학하다"고 할 정도(사료 C-②)의, 여차하면 먼저 연나라를 공격하고자 하였던(사료 C-①) 강력한 군사력이 바탕이 되었기 때문에 가능했던 것이다.

한편 대부 예의 외교 능력도 돋보였지만, 고조선의 국가적 위기관리 역량 또한 군사력에 걸맞게 탁월하여 양국의 군사 충돌을 막았다. 그러나 국경을 접하고 있던 양국 사이에는 언제든지 전쟁이 발발할 수 있는 위기 상태가 지속되었던 것으로 보인다.

그러던 중 서서히 국력을 키워가던 연나라는 마침내 장군 진개를 파견해, 고조선의 서쪽 지방을 침공하여 2천여 리를 획득하고 새로이 만번한(滿番汗)을 경계로 삼으니 고조선은 세력이 약화되었다(사료 C-②).

'중심지 이동설'을 주장하는 경우, 고조선의 중심지가 처음 요동에서 지금의 평양으로 이동해 간 계기를 진개의 동정에서 찾고 있다. 진개가 활약한 시대는 연나라 소왕(昭王, 재위 기원전 311~기원전 279) 때였으며, 마침 연나라는 전성기를 누리고 있던 시점이었다.

진개가 이른바 '동정(東征), 즉 동쪽을 정벌'하여 고조선과 경계를 삼았다고 하는 만번한은 고조선의 강역과 관련하여 매우 중요하다. 따라서 조선 후기 실학자들 이래 많은 연구자들이 깊은 관심을 가지고 그 위치의 비정을 시도하였다.

만번한은 『한서』 지리지의 요동군 속현인 문현(文縣)과 번한현(番汗縣) 두 곳의 합칭인 것으로 보인다. 이 중 문현의 경우, 청나라 초기에 편찬된 중국의 역사 지리서로 고대부터 명나라 때까지의 지리적 연혁 따위를 적었다고 하는 『독사방여기요』에는 "문현의 옛 성이 개주위(蓋州衛) 서쪽에 있다."고 나와 있다. 개주위는 오늘날 요동반도에 위치하고 있는 개주시(蓋州市)이므로 문현을 개주시의 서쪽, 곧 천산산맥(千山山脈) 서남쪽으로 비정하

사료

C-② 그 뒤에 자손이 교만하고 포학해지자 연은 장군 진개(秦開)를 파견하여 조선의 서쪽 지방을 침공하고 2천여 리의 땅을 빼앗아 만번한(滿番汗)에 이르는 지역을 경계로 삼았다. 마침내 조선의 세력은 약화되었다.

『삼국지』권30, 위서30, 오환 선비동이전30, 한조 인용 『위략』

는데 이의가 없는 듯하다. 문제는 번한현의 경우인데, 종래 우리 학계에서는 청나라 진풍(陳灃)의 설에 따라 평안북도 박천군으로 비정해왔다. 그런데 '만번한'이라는 표현에서 문현과 번한현은 서로 인접하고 있었던 것으로 보인다. 더욱이 『한서』 지리지 요동군조에서도 두 현이 차례로 기술되어 있다. 이러한 점들을 함께 고려한다면 박천을 번한현으로 비정할 경우 문현이 틀림없는 개주지역과 너무 멀리 떨어져 있는 것이 된다. 따라서 번한현은 지금의 개주시 인근에서 찾아야 하겠는데, 가장 유력시 되는 지역은 지금의 해성시(海城市)이다. 결국 만번한은 해성시의 서남쪽과 개주시를 잇는 일대 지역으로 비정하는 것이 옳을 듯하다.

만번한, 즉 개주와 해성을 포괄하는 지역이 평양으로 옮겨가기 전 고조선의 중심지였고, 연나라를 선제공격하고자 할 정도의 국력을 감안할 때, 연나라에게 패하기 직전 고조선의 강역은 적어도 요하를 넘어선 요서의 어느 지역까지였을 것으로 보아야 할 것이다.

결국 고조선은 기원전 4세기 후~기원전 3세기 초 강국으로 성장했던 연나라의 침공에 크게 패하여 요서지역을 포함하는 서방의 많은 영토를 상실하였다. 이를 계기로 그 중심지를 요하유역에서 대동강유역, 즉 지금의 평양지방으로 옮겨갔지만 그 영역은 요동에서 한반도 서북부에 걸쳐 있었던 것으로 생각된다.

5. 진나라와의 관계

고조선이 연나라에게 서방 영토를 상실하고 평양으로 중심지를 옮겼을 무렵 중국에는 커다란 정세변화가 일어났다. 전국칠웅 중 하나였던 진(秦)나라가 나머지 여섯 나라를 정복하고 중국을 통일하였던 것이다. 이제 고조선은 통일제국 진나라와 경계를 접하게 되었으므로 진나라와의 관계를 모색하지 않을 수 없었다.

　몽염의 활약으로 보아(사료 D-①) 진나라는 중국을 통일한 뒤 곧바로 요동에까지 이르러 고조선을 위협한 듯하다. 이와 같은 위협에 고조선의 부왕(否王)은 진나라에 복속은 하였지만 조회(朝會)에 나가지는 않았다고 하였다. 이와 같은 까닭인지 진나라가 패수를 넘어 고조선을 멸망시켰다고 한다(사료 D-②). 그러나 고조선이 진나라에게 멸망당하지는 않았으므로 이 기록은 과장임에 틀림없다. 다만 멸망까지는 아니라 하더라도 진나라가 고조선을 공격하여 상당한 타격을 가했던 모양이다. 이를 사실로 인정한다면 그동안 '복속'으로 상징되던 고조선과 진나라의 평화관계는 진나라의 공격에 의하여 깨어졌던 것이다.

　그러한 까닭에서인지 『위략』에 의하면 고조선의 준왕은 연·제·조 지역으로부터 망명해 온 중국의 유민들을 거리낌없이 받아들이고 있다. 중국의 유민들을 받아들임으로써 고조선은 진나라에 대한 복속관계 청산을 명확히 함과 동시에 한걸음 더 나아가 중국과 항쟁도 불사하겠다는 의지를 천명했던 것은 아닐까?

　기원전 3세기 후반 고조선은 처음에 진나라에 복속하는 듯하였지만, 진나라가 붕괴하기 시작하는 시점으로부터 어느 정도 국력을 회복하였다. 군비를 갖추어가며 중국의 혼란한 정세를 관망하였다가(사료 D-③) 진나라와 한나라가 교체되자 마침내 그 동안 잃어버렸던 땅을 회복하였던 것으로 보인다.

6. 초기 한나라와의 관계

　기원전 209년 중국 역사상 최초의 농민반란인 '진승·오광의 난' 이후 진나라는 붕괴되기 시작하여 기원전 207년 3세 황제(진왕) 자영이 유방과 항

사료

D-① 진(秦)나라가 천하를 통일한 뒤에 몽염(蒙恬)을 시켜서 장성을 쌓게 하여 요동에까지 이르렀다. 이때에 조선왕 부(否)가 왕이 되었는데 진나라의 습격을 두려워 한 나머지 진나라에 복속을 하였지만 조회에는 나가지 않았다.

『삼국지』권30, 위서30, 오환선비동이전30, 한조 인용 『위략』

D-② 진(秦)이 천하를 통일한 뒤 동쪽으로 패수(浿水)를 넘어 조선(朝鮮)을 멸하였다.

『염철론』권8, 주진44

D-③ 효문제(孝文帝)가 즉위하였을 때에 장군 진무가 아뢰기를 "남월(南越)과 조선(朝鮮)은 진나라의 전성기 때에 내속하여 신하가 되었는데 뒤에 병사를 끼고 험한 곳에 의지하여 관망하고 있습니다." 하였다.

『사기』권25, 서3, 율

우에게 두 번 항복함으로써 멸망하였다. 한나라의 고제(高帝) 유방은 기원전 202년 초한전쟁에서 승리하고 중국을 재차 통일하였다.

당시 한나라의 북방에는 흉노가 강력한 세력으로 부상하였다. 흉노의 묵특선우는 동호를 멸망시킨 여세를 몰아 기원전 200년 한나라와 일전을 벌여 굴욕적인 패배를 안겨주었다. 이와 같은 흉노의 맹공으로 한나라는 동방에서 침공해오는 고조선(사료 E-②)에 대하여도 우선은 소극적 전략으로 대응할 수밖에 없었으며(사료 E-①), 고후 섭정기에 가서야 안정을 찾을 수 있었다(사료 E-④).

진한교체기의 혼란을 틈타 전국시대 연나라 진개의 침공이래 중국세력에게 빼앗겼던 지역을 수복하여(사료 E-①, 사료 E-②) 재차 국력을 회복한 고조선은 커다란 전환기를 맞이하게 되었는데, 한나라 연왕 노관의 부하였던 위만이 고조선으로 망명하여 진번 및 조선 사람들과 중국으로부터 온 유민들을 규합하여 고조선의 정권을 탈취한 사건이 그 계기가 된 것이었다(사료 E-③).

정권을 탈취한 위만은 주변의 여러 나라들이 한나라와 통교하는 것을 막지 않는다는 조건으로 한과 평화적 관계를 수립하고 강대한 군사력과 경제력을 가지고 진번·임둔 등 주변세력을 복속하는 등 여러 지방세력들에 대한 통제를 강화하였다(사료 E-④). 즉 위만정권은 한나라의 외신(外臣)이라는 위세를 등에 업고 대외적 팽창을 지속하였는데 한나라도 이전보다 강화된 고조선의 세력을 인정하지 않을 수 없었을 것으로 생각된다.

위만조선 성립 전후의 고조선의 강역을 고찰할 때 가장 문제가 되는 것은 한나라와 고조선의 국경으로서 위만이 건넜다는 '패수'의 위치이다.

패수의 위치에 대해서는 한반도 내에서 찾을 경우 대동강설·청천강설·압록강설 등이 있으며, 한반도 밖에서 찾을 경우 요서의 난하설·대릉하설

사료

E-① 한(漢)이 일어나서는 그곳(=遼東外傲)이 멀어 지키기 어려운 까닭에 다시 요동고새(遼東古塞)를 수리하고 패수(浿水)에 이르는 곳까지를 경계로 삼아 연(燕) 지역에 소속시켰다.
『사기』 권115, 열전55, 조선

E-② 조선(朝鮮)이 요(傲)를 유린하고 연(燕) 지역의 동쪽 땅을 빼앗았다.
『염철론』 권7, 비호38

E-③ 연왕(燕王) 노관(盧綰)이 한(漢)을 배반하고 흉노(匈奴)로 들어가자 만(滿, 즉 위만)도 망명하였다. 무리 천여 명을 모아 상투를 틀고 오랑캐의 복장을 하고서 동쪽으로 도망하여 요새를 나와 패수(浿水)를 건너 진(秦)의 옛 공지(空地)인 상하장(上下障)에 거(居)하였다. 점차 진번(眞番)과 조선(朝鮮)의 만이(蠻夷) 및 옛 연(燕)·제(齊)의 망명자를 복속시켜 거느리고 왕이 되었으며 왕험(王險, 즉 왕검성)에 도읍하였다.
『사기』 권115, 열전55, 조선

E-④ 효혜고후(孝惠高后)의 시대를 맞아 천하가 처음으로 안정되자 요동태수(遼東太守)는 국경 밖의 오랑캐를 지켜 변경을 노략질하지 못하게 하는 한편, 모든 만이(蠻夷)의 군장(君長)이 천자(天子)를 뵙고자 하면 막지 않도록 할 것을 조건으로 만(滿)을 외신(外臣)으로 삼을 것을 약속하였다. 천자도 이를 듣고 허락하였다. 이로써 만이 우수한 무기와 재물을 얻어 주변의 소읍(小邑)들을 침략하여 항복시키자 진번(眞番)과 임둔(臨屯)도 모두 와서 복속하게 되니 사방 수천 리의 나라가 되었다.
『사기』 권115, 열전55, 조선

과 요동의 어니하설·혼하설 등이 제시되었다.

진나라의 장성이 요동에 이르고(사료 D-①), 또 진나라가 관할한 지역에 요동외요를 설치하였다고 하므로 난하설과 대릉하설은 성립할 수 없다. 대동강설과 청천강설은 『한서』 지리지의 패수를 비정하여 『사기』 조선전의 패수와 동일시하였으므로 문제가 된다.

위만은 요동고새→패수→진고공지→왕검성의 과정을 거쳐 고조선으로 망명하였다. 이 중 종착지 왕검성은 진개의 동정 이후 천도 관련 기록이 없으므로 지금의 평양이 틀림없다. 그리고 패수는 요동고새보다 더 동쪽에서, 진고공지보다는 더 서쪽에서 찾아야 할 것이다. 결국 진고공지의 범위가 문제가 되는 셈이다. 진나라는 연나라로부터 승계한 지역에 요동외요를 설치하고 이를 거점으로 더욱 동진하였다. 이 때 새로 차지하였던 고조선의 영역도 요동외요에서 관할하였을 것이다.

현재 고조선의 중심지 이동설을 주장하는 경우, 진나라와 고조선의 경계를 청천강으로 보는 견해와 압록강으로 보는 견해로 나뉘고 있다. 두 견해 모두 나름의 근거가 있으나 우선은 위만조선 성립 직후 고조선의 강역이 사방 수천 리가 되었다(사료 E-④)는 사료에 충실하고 싶다.

즉 위만조선의 강역은 평양을 중심으로 사방 수천 리였다는 의미일 것이다. 이 범위는 위만조선 성립 직전 고조선의 강역 범위와 크게 차이나지 않을 것 같다. 그러면 기원전 2세기를 전후한 고조선 강역은 서쪽으로 요동지역의 일부를 영유했을 것이며, 남쪽으로는 대동강을 경계로 진국과 마주하였던 듯하다.

7. 한나라와의 전쟁

고제에서 경제까지 한나라는 북방을 점거하고 있던 흉노의 막강한 군사력 앞에 동방의 고조선에 대하여는 소극적인 정책을 펼치지 않을 수 없어 고조선과 한나라는 평화관계를 유지하고 있었다. 그러나 무제(武帝, 재위 기원전 142~기원전 87)가 집권한 이후 한나라의 고조선에 대한 외교정책은 강경하게 변화하였다.

우거왕 치세의 고조선은 조부인 위만 때부터 한나라에서 제공받고 있던 무기 및 재화(사료 E-④)와 더불어 중국으로부터의 유입된 새로운 인구들을 바탕으로 한편으로는 내치를 다지면서 한편으로는 주변 소국들에 대한 압박을 지속하였던 듯하다(사료 F-①). 특히 주변 여러 나라들이 한나라와 직접 통교하는 것을 차단하고, 이른바 '중개무역'을 행함으로써 막대한 경제적 부를 축적하였다. 이와 같이 축적된 경제력과 새로운 인구 유입은 고조선의 군사력 강화로 이어졌다.

한나라는 이러한 고조선의 세력 확장에 불만을 가지지 않을 수 없었다. 그러나 흉노로부터의 위협이 계속되어 섣불리 고조선을 넘볼 수도 없는 형편이었다. 흉노가 고조선과 연결되는 경우 받을 위협을 한나라는 매우 두려워하고 있었다.

한나라는 흉노와 남월(南越)에 대한 원정을 마무리한 뒤에 고조선에 대한 무력 침공을 시도하였는데, 『사기』 조선전에 기록된 내용을 가지고 전쟁의 추이를 살펴보면 다음과 같다.

우거왕을 회유하기 위해 고조선을 다녀가던 한나라 사신 섭하(涉何)가 귀국길에 고조선의 비왕(裨王)인 장(長)을 살해하자, 고조선은 이에 대한 보복으로 섭하를 살해하였는데, 이를 계기로 양국의 무력 충돌이 시작되었다.

기원전 109년 한나라 무제는 5만 명이 넘는 군대(육군 5만, 수군 7천)를 동원하여 수륙 양면으로 고조선을 공격하였다. 누선장군(樓船將軍) 양복(楊僕)은 수군을 거느리고 산동반도에서 발해를 건너 왕검성으로 공격해 들어왔

사료

F-① 아들을 거쳐 손자 우거(右渠) 때에 이르러서는 유인해 낸 한(漢)의 망명자 수가 대단히 많게 되었으며, 천자에게 들어가 알현하지 않을 뿐만 아니라 진번(眞番) 주변의 여러 나라들이 글을 올려 천자에게 알현하고자 하는 것도 또한 가로막고 통하지 못하게 하였다.

「사기」권115, 열전55, 조선

고, 좌장군(左將軍) 순체(荀彘)는 요동지역의 군사들을 이끌고 침공하였다.

고조선은 첫 전투에서 한나라군을 패배시켰다. 한나라의 수군은 단독으로 왕검성을 공격하다 패배하였고, 육군의 경우 요동군이 패수방면에서 고조선군에게 격파되었으며 본진도 패수서군(浿水西軍)에게 격퇴되었다. 그러나 계속되는 한나라군의 공세에 밀려 결국 수도 왕검성이 포위되었다. 그럼에도 불구하고 고조선의 완강한 저항으로 전쟁은 1년 가까이 교착상태에 빠졌고 양국 사이에는 강화가 모색되었다. 무제는 위산(衛山)을 파견하여 강화에 이르고자 하였으나 상호불신으로 강화는 결렬되었고, 무제는 강화결렬의 책임을 물어 위산을 주살하였다. 무제는 재차 제남태수(濟南太守) 공손수(公孫遂)를 파견하여 강화를 도모하고 전쟁을 종식시키려 하였다. 그러나 공손수가 순체의 참소를 믿고 누선장군을 체포하는 등 임무를 완수하지 못하고 돌아오자 무제는 공손수도 주살하였다.

양국 간에 강화가 성립되지 못하고 좌장군의 공격이 맹렬해지자 왕검성의 지배층 내부에서 동요가 일어났다. 조선상(朝鮮相) 역계경(歷谿卿)은 강화를 건의했다가 받아들여지지 않자 자신의 무리 2천여 호를 이끌고 진국(辰國)으로 망명하였다. 고조선의 상(相) 노인(路人), 상 한음(韓陰), 니계상(尼谿相) 삼(參), 장군 왕겹(王唊) 등은 왕검성에서 나와 한나라군에 항복하였다. 이와 같은 내분 속에서 노인이 사람을 시켜 우거왕을 살해하였고, 왕자 장항(長降)까지 한나라군에 투항하였다. 반면에 고조선의 대신(大臣) 성이(成已)는 성 안의 사람들을 지휘하며 끝까지 항전하였다. 왕검성은 함락되지 않았던 것이다. 이에 좌장군 순체는 항복한 우거의 아들 장항과 상 노인의 아들 최(最)로 하여금 그 백성을 달래고 성이를 죽이도록 하였다. 이로써 왕검성이 함락되어 고조선은 결국 멸망당하였다(기원전 108). 1년 가까이에 걸친 항전에도 불구하고 고조선은 지배층 내부의 분열로 인해 멸망했던 것이다.

　고조선과 한나라의 전쟁 결과 이른바 '한사군'(漢四郡)이 설치되었다. 한나라는 고조선을 멸망시킨 그 해(기원전 108)에 고조선의 판도 안에다 낙랑(樂浪)·진번(眞番)·임둔(臨屯)의 세 군(郡)을 두었고, 그 다음해(기원전 107)에 예(濊)의 땅에 현도군(玄菟郡)을 두었다.

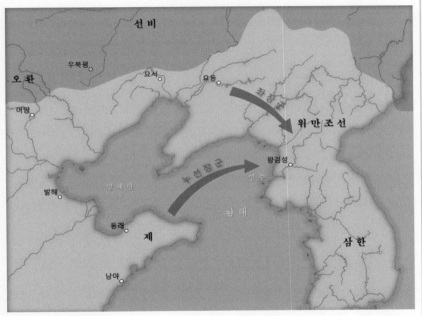

한나라의 고조선 침공

【참고문헌】

고구려연구재단, 『고조선·단군·부여』, 2004.

국사편찬위원회 편, 『한국사』 4, 1997.

김기흥, 『새롭게 쓴 한국고대사』, 역사비평사, 1993.

金廷鶴, 『韓國上古史研究』, 범우사, 1990.

盧泰敦, 「古朝鮮 중심지의 변천에 대한 연구」, 『韓國史論』 23, 서울대학교 국사학과, 1990.

盧泰敦, 「古朝鮮의 變遷」, 『檀君: 그 이해와 자료』, 서울대학교출판부, 1994.

노태돈, 「역사적 실체로서의 단군」, 『한국사 시민강좌』 27, 일조각, 2000.

부경역사연구소, 『한국사와 한국인(전근대편)』, 선인, 2007.

徐榮洙, 「古朝鮮의 위치와 강역」, 『韓國史 市民講座』 2, 一潮閣, 1988.

徐榮洙, 「古朝鮮의 對外關係와 疆域의 變動」, 『東洋學』 29, 단국대학교 동양학연구원, 1999.

송호정, 『한국 고대사 속의 고조선사』, 푸른역사, 2003.

송호정, 「古朝鮮의 位置와 中心地 문제에 대한 고찰」, 『韓國古代史研究』 58, 2010.

오영찬, 「고조선 중심지 문제」, 『한국고대사연구의 새 동향』, 서경문화사, 2007.

李基白, 「古朝鮮의 國家 형성」, 『韓國史 市民講座』 2, 一潮閣, 1988.

李基白·李基東, 『韓國史講座 I』[古代篇], 一潮閣, 1982.

李丙燾, 『韓國古代史研究』, 博英社, 1976.

李鍾旭, 『古朝鮮史研究』, 一潮閣, 1993.

趙法鍾, 「衛滿朝鮮의 對漢 戰爭과 降漢諸侯國의 性格」, 『先史와 古代』 14, 한국고대학회, 2000.

조법종 외, 『이야기 한국고대사』, 청아출판사, 2007.

千寬宇, 『古朝鮮史·三韓史研究』, 一潮閣, 1989.

한국역사연구회, 『한국역사』, 역사비평사, 1992.

1. 난공불락의 성(城), 고구려

전성기 고구려의 영토는 서쪽으로 요동반도, 북쪽으로는 송화강 유역의 길림 일대, 동쪽으로는 두만강 유역, 남쪽으로는 금강유역에 이르는 광대한 지역을 차지하였다. 고구려가 중원 왕조 및 그 주변 국가의 끊임없는 견제에도 불구하고 7백여 년의 오랜 기간동안 동북아 지역 강자로서 독자적 천하관을 표방하며 번영을 누릴 수 있었던 이유는 무엇이었을까? 현재 남아있는 고구려 도성유적과 고분벽화 등의 문화유산들을 통해 문화 강국 고구려를 이해할 수 있다.

1) 고구려 성곽에 대한 주변인들의 인식

612년(영양왕 23) 수(隋)나라 군대 113만 3800명(스스로는 200만이라고 했다)과 그것의 두 배가 되는 후방 지원부대, 어림잡아도 최소한 300만이 넘는 세계 최강의 군대가 쳐들어 왔다. 수나라 양제(煬帝)가 그 아버지의 문제(文帝) 때의 치욕스런 패배를 만회하기 위해 새로 전열을 가다듬고 20여 년만에 다시 고구려를 정벌하러 왔던 것이다. 그러나 고구려는 이 대군을 물리쳤고, 그 뒤에도 몇 차례 더 침공을 받았으나 모두 물리쳤다. 고구려 원정 실패로 수나라가 망하고 당나라가 중원을 장악하였다. 당(唐)나라 또한 3차례에 걸쳐 고구려를 정벌하기 위해 쳐들어 왔다. 고구려는 당의 1, 2차 침공도 물리쳤다. 마지막 3차 침공 때 나당연합군의 협공과 내분이 겹치면서 패망하였다. 그렇지만 598년 건국과 동시에 고구려 원정에 거의 사활을 걸었던 수나라가 단 한 차례도 고구려에 승리하지 못하였고, 그 뒤를 이은 당나라 또한 고구려 정복이 녹록지 않았다.

고구려가 이처럼 전력이나 인력 면에서 중원 세력과 비교가 되지 않았음에도 불구하고 700여 년 동안 장수와 번영을 누릴 수 있었던 비결 중의 하나는 우수한 축성 기술과 이를 기반으로 한 탄탄한 방어 체계에 있다. 현재까지 알려진 고구려 성은 중국과 남북한을 통틀어 250여 개가 넘는다. 지리적으로 산악지방에서 성장한 고구려는 일찍부터 성을 축조하였다. 산성을 기반으로 한 방어체계는 도시 방어를 위한 평지성 중심의 중국과는 차이가 있었다. 고구려는 대규모 인력을 앞세운 중국 세력을 방어하는 데에는 지형을 활용한 산성이 효과적임을 일찍부터 깨달았던 것이다. 산성을 이용한 고구려의 다중방어체계는 대 중국 전투에서 매우 효과적이었다. 험준한 지세를 최대한 활용하였기 때문에 점령이 쉽지 않았고, 지형적인 이점을 살려 주요 교통로를 통제할 수 있는 지점에 산성을 축조하여 효율적인 방어 체계를 구축하였다.

영토 확장의 경로를 따라 그것을 보호하는 요새를 설치하였으며, 장기간의 항쟁과 효과적인 방어를 위해 산성 내에 주거용 집락(集落)을 마련하고 지방 거점의 형성에도 주요한 방법으로 활용하였다. 고구려 성곽은 외세의 침략에 대한 공격과 방어의 수단만이 아니라 영토가 확장된 이후에는 효율적인 지방 지배를 위해 중요 거점에 치소성을 설치하여 토지개발의 근거지가

현재까지 원형이 많이 남아 있는 백암성
[출처 : 동북아역사재단]

되기도 하였다.

고구려가 국초부터 얼마나 성곽을 잘 쌓고, 수비했는가는 그 국명과 당시 주변인들의 인식을 통해서 확인할 수 있다. 중국의 초기 사서에서 고구려를 '구려(句麗)'라 칭하고 있는 것을 종종 확인할 수 있다. 『삼국지』에 보면 "구루는 구려다(溝漊者句麗)"라고 하고, 그 주석에서 "구루(溝漊)란 고구려 말로 성(城)을 일컫는다(溝漊者句麗名城也)"라고 하였다. 즉 고구려 국호의 어원은 성을 뜻하는 구루이며, 여기에 건국자 주몽이 성씨로 사용한 '높다'란 뜻의 고(高)와 결합하여 '고구려'가 되었다.

수나라 때 고구려 원정에 참여했던 전 의주자사(宜州刺史) 정천숙(鄭天璹)은 당 태종이 고구려 원정을 계획하고 의견을 구하자, "고구려는 성을 잘 지키기 때문에 갑자기 쳐서 함락시킬 수 없습니다."라고 하였다. 당의 관료들 또한 "고구려는 산을 의지하여 성을 쌓았기 때문에 쉽게 함락시킬 수 없습니다."라고 하였다. 중국을 통일한 대제국 수(隋)와 당(唐)의 대군이 가장 힘들어했던 것은 바로 고구려의 수성(守城) 작전이었다.

고구려 원정 실패로 수나라가 건국 30여 년만에 멸망하고, 당나라 또한 고구려 성들을 쉽게 점령하지 못했다는 문헌 자료들. 그리고 오랜기간이 지났음에도 지금까지 보존상태가 매우 양호한 고구려성들은 당시 고구려의 수준 높은 축성술을 짐작케 한다.

2000년대 이후 한국과 중국에서 자국 내의 고구려 도성 유적 및 한강유역의 아차산 보루를 포함하여 그 주변에 대한 대대적인 발굴조사와 보수공사를 하고 세계문화유산에 등재를 위한 조치를 취하였던 것은 그 축성술 등 문화재적 가치를 인정한 것이다.

2) 난공불락의 요새를 만든 고구려의 과학적 축성술

고구려의 도성방어체제는 방어를 위한 산성과 도시 기능을 하는 평지성

의 이중 구조였다. 평
상시에는 평지성에서
생활하다가 전쟁이 나
면 활용 가능한 물자
를 모두 산성으로 옮기
고 백성들과 함께 수성
전략으로 장기 항전을
하였던 것이다.

백마산성 그렝이공법 [출처 : 『조선유적유물도감』 3, 128쪽]

　고구려는 성을 튼튼하게 하는 구조물로 성문, 옹성, 치(稚), 적대(敵臺), 각루, 암문, 수구문(배수구), 여장, 수원지, 점장대 등 방어상 필요한 건물을 최대로 활용하였다. 대체적인 고구려 성들은 이와 비슷한 구조물을 갖추고 있으며, 그 전통은 그대로 백제·신라·발해로 연결되어 한국 고대 성곽시설의 기준이 되었다.

　한편 우리 고유의 석성으로 만들어진 고구려 도성은 당시 기술이 총동원된 우리나라 축성술의 뿌리이다. 성벽에 기어오르는 적을 막기 위하여 설치한 치와 여장 등은 고구려에서 처음으로 창안되었다.

　그리고 쐐기꼴 돌을 사용하여 벽돌을 쌓듯 '6합쌓기'로 정교하게 쌓아올린 성벽과 계단 모양으로 견고하게 쌓아올린 '굽도리 기단' 그리고 성벽을 쌓으면서 자연석을 깎아내지 않고, 그 위에 이빨을 맞추듯 쌓아 돌을 완벽하게 접합시킨 '그렝

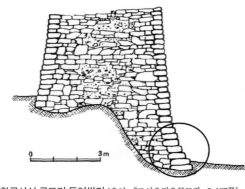
황룡산성 굽도리 들여쌓기 [출처 : 『조선유적유물도감』 3, 187쪽]

0　　　　3m

불국사 석단의 그렝이공법 [출처 : (사)신라문화진흥원]

이 공법' 등은 일부의 성벽 돌이 자연히 뽑아지거나 성 밑에서 돌을 뽑아내도 쉽사리 무너지지 않는 장점이 있다. 이런 축성술은 지금까지도 고구려의 성들이 오랫동안 견고하게 유지되도록 한 가장 큰 특징이다. 경주 불국사 석단의 그렝이 공법, 그리고 첨성대를 쌓아올린 돌들이 안으로 길게 뻗어 있는 쐐기모양 돌인 것은 고구려 축성술의 영향일 가능성이 높다.

대규모 공사가 진행되어야 하는 석성의 축조에는 조직적인 체계와 인력 동원이 필수적이므로, 안정된 국가체제와 강력한 국력이 바탕되어야 한다. 공사에 필요한 많은 수의 군사와 인부, 운송수단 및 거중기같은 축성 도구들, 더 나아가 거대한 바위를 일정한 크기로 자르고 다듬고 조각하는 석공과 조수 및 연장이 충분히 갖춰져야만 한다. 또한 전문 축성 기술자와 전체 토목 공사를 관리하고 지휘할 종합 토목 설계자와 공사 책임자가 있어야 한다. 수·당의 100만 대군과 거의 70여 년간에 걸친 전쟁을 치루면서 버틸 수 있었던 고구려의 저력은 바로 당시 안정된 국가체제와 과학적 축성술에 기인한 강력한 국력에 있었다.

2. 백제 금속공예기술의 결정체, 금동대향로

1) 동아시아 최고의 금속공예 미술품 세상에 나오다

금동대향로 [출처 : 문화재청 국가문화유산포털]

일본 왕실의 보물 창고인 정창원에서 발견된 칠지도를 비롯하여 익산 미륵사지 출토 사리장엄구와 사리봉영기, 부여의 왕흥사지 사리장엄구와 능산리 출토 금동대향로 등은 백제의 우수한 금속공예기술을 가늠해 볼 수 있는 중요한 유물들이다. 그 중 금동대향로는 7세기 초 백제인들의 정신세계와 예술적 역량이 함축된 최고의 걸작이다. 그 가치는 우리나라를 비롯하여 백제 문화의 독자성과 국제성을 보여주는 동아시아 고대문화를 연구하는 데 획기적인 자료로 평가받고 있다. 그런 까닭에 이 유물은 국외반출금지문화재로 지정되어 지금까지 한번도 한반도를 벗어난 적이 없다.

1993년 12월 23일 온 나라를 놀라게 하는 유물이 백제시대 건물터에 대한 학술조사에서 발굴되었다는 소식이 모든 신문의 톱기사로 전해졌다. 부여 능산리 절터 목곽 수로 안에서 첩첩산중 삼라만상의 지상세계와 봉황이 날개짓하며 날아 오르고, 거대한 용은 아가리 위로 연꽃을 피우며 온 몸을 비틀며 하늘로 날아오르고 있었다. 국보 제287호 백제금동대향로가 온전한 형태로 1,400여 년 만에 다시 세상에 모습을 드러냈던 것이다.

고고학계는 향로가 녹이 슨 흔적조차 없이 온전하게 보존된 데에는 진흙이 완벽한 진공상태를 만들었기 때문인 것으로 보았다. 주변에는 향로를 쌌던 것으로 추정되는 섬유조각이 발견되었다. 누군가 어떤 위기나 급박한 상황을 맞아 향로를 싸서 물 속에 던져버렸던 것이다. 당시 학술조사에서 7동의 건물터와 금동대향로를 비롯하여 금동광배, 각종 금동장식, 유리·수정의 옥제품, 목제품, 토기류 및 기와류 등 수많은 유물이 출토되었다.

1995년 조사에서는 목탑지의 심초석에서 화강암으로 된 창왕명석조사리감(국보 제288호)이 출토되어 이 건물의 축조 연대와 성격을 규명하는 데 결정적인 단서를 제공하였다. 출토된 유물로 보아 6세기 중엽에 가람이 건립되어 백제 멸망기까지 그 기능이 유지된 것을 볼 수 있으며, 백제 왕실의 원찰인 능사(陵寺)로서의 성격을 가진 것으로 밝혀졌다.

향로는 전체 높이가 61.8㎝이며, 용 모양의 향로 받침, 연꽃이 새겨져 있는 향로의 몸체, 산악도가 솟아있는 향

창왕명 석조사리감과 명문 [출처 : 문화재청 국가문화유산포털]

로 뚜껑, 뚜껑 위의 봉황 장식의 네 부분으로 구성되어 있다. 꼭대기에 봉황이 달린 향로 뚜껑에는 23개의 산이 다섯 겹에 걸쳐 이어져 있다. 봉우리를 자세히 살펴보면 활을 쏘는 무사부터 머리를 감는 선인(仙人), 각양의 악기를 연주하는 악사(樂士)들까지 총 18명의 인물이 세밀하게 묘사되어 있다. 또한 호랑이와 사슴, 사자, 반인반수(半人半獸) 등 65마리의 온갖 동물이 어슬렁거리고 있다. 향로 전체를 밑에서 떠받치고 있는 용의 역동적인 모습은 힘이 넘치고, 용의 입에서 피어오르는 연꽃은 '연화화생(蓮華化生, 연꽃에서 만물이 탄생한다는 세계관)'을 절묘하게 표현하고 있다.

이 향로의 문화적 가치는 1)높이 61.8㎝, 무게 11.8㎏에 이르는 대형인데도, 중국의 박산향로의 조형을 유지하면서 예술성이나 규모에서 그 유례를 찾아볼 수 없는 백제 특유의 형태로 발전시켰다는 점, 2)백제인의 뛰어난 회화적 장식성을 드러낸 백제 미술의 총합체라는 점, 3)당시 백제인들이 지녔던 불교, 도교 및 도가사상, 음양오행사상 등 종교 사상과 정신세계를 복합적으로 구현했다는 점, 4)그 제작 기법이 매우 탁월하여 백제 공예기술의 우수성을 보여주고 있다는 점, 5)백제의 음악사를 복원하는 데 매우 중요한 자료를 제시하고 있다는 점 등이다.

2) 백제 금속공예기술의 탁월한 제작기법

금동대향로는 청동을 사용하여 각 부분마다 조형적 구성이 빼어나고, 균형과 조화가 완벽한 작품을 만들어 백제 금속공예기술의 극치를 보여주었다는 점이 특징이다. 딱딱한 청동을 사용하여 역동적이고 섬세한 조형미를 묘사한 그 탁월한 제작 기법을 살펴보자.

향로는 청동을 재료로 하여 밀랍법으로 정교하게 주조하고, 아말감(수은에 금, 은, 동, 주석, 아연 가루를 섞어 바른 후 수은을 증발시키는 방법)으로 도금을 하였다. 청동을 사용한 것은 구리는 열의 양도체이며 부식이 적고 아름다운 광택이 있으며, 아연, 주석, 납 등과 용이하게 합금하여 사용할 수 있기 때문이다. 특히 아연은 섬세하고 부드러운 곡선과 주조를 쉽게 해주는 이점이 있는데, 문제는 끓는 점이 다른 아연을 청동이 끓을 때까지 잡아두는 것이 고난도의 기술을 요하는 것이다. 미국의 금속연구실에서 "고대 한국의 청동기술에 찬탄을 금할 수 없다"고 말한 것은 이를 시사하는 듯하다. 한편 청동이나 황동에 금아말감을 입히는 기술 또한 굉장히 고난도의 기술로 평가된다.

금동향로에 섬세하고 세밀하게 묘사된 각각의 모형들의 제작 과정은 제품을 도안하여 작성한 후 모형 조각을 부분 부분으로 만들어 붙인 다음 주형틀을 제작하여 쇳물을 주입하였다.

백제 금동대향로는 향을 피워내기 위해 봉황의 속을 비우는 기술과 갖가지 형상들 및 용의 모습을 세밀하게 새겨낸 완벽한 주조술, 또한 치밀한 도금술 등이 어우러진 당시 백제의 높은 과학기술과 예술성을 나타내는 백제문화의 백미라 할 수 있다.

3. 신라 천년의 신비와 불교미술의 보고, 석굴암

석굴암(국보 제24호)은 신라 혜공왕 때 경주 토함산(745m) 동쪽 산자락의 해발 565m 지점에 완공한 석불사(石佛寺)에 딸린 암자였다. 석불사가 정확하게 언제 세워졌는지는 알 수 없으나, 751년(경덕왕 10)에 당시 재상이었던 김대성이 창건하기 시작해 그가 죽은 774년 이후에 준공되었던 불국사의 건립 시기와 비슷한 연대였을 것으로 추정하고 있다.

현재 석불사는 오랜 세월동안 지내오면서 관리의 부족으로 쇠락하여 없어졌으나, 석굴암은 천 년의 세월을 뛰어넘어 지극히 숭고하고 아름다운 모습으로 신라의 불교예술과 건축을 대표하는 유물로 남아있다. 그리고 1995년에 건축, 수리, 기하학, 종교, 예술적인 가치와 독특한 건축미를 인정받아 불국사와 함께 유네스코가 지정한 세계문화유산에

석굴암 주실 천장 [출처 : 문화재청 국가문화유산포털]

등재되었다.

석굴암은 일제시기 토함산 석굴을 탐사한 일본 미술사학자 세키노 타다시[關野貞]가 "동양에서 견줄만한 것이 없는 최고의 걸작품"이라고 찬사를 던졌던 예술품이다. 이후에도 수많은 문인들이 보고 그 감동을 말로 형언하는 데 한계를 느꼈던 것이 바로 이 석굴암이다.

석굴암의 내부 공간은 고대인의 천원지방(天圓地方)의 우주관이 반영된 것이다. 지상 세계인 전실(前室)은 네모꼴, 하늘세계인 주실(主室)은 둥근 돔 형식으로 구성하여 두 공간을 비도인 통로로 연결하였다.

전실은 팔부신중과 금강역사가 조각되어 있고, 아치형 구조의 비도 좌우에는 수미산의 사방을 관장하는 사천왕상이 있다. 천상세계인 주실은 원형의 중앙에서 약간 뒤로 물러난 지점에 본존불을 안치하여 비좁고 답답한 느낌을 없앴다. 결가부좌 자세인 본존불의 전체적인 얼굴상은 안정감이 있고, 종교적인 숭고함을 띠고 있다. 본존불의 얼굴너비, 가슴폭, 어깨폭, 양 무릎 사이의 폭의 비율은 1:2:3:4로 헬레니즘시대의 비트루비우스가 알아낸 안정감과 아름다움의 비율과 흡사하다고 한다. 신라사람들도 그러한 비율을 알고 본존불의 아름다움을 배가시켰던 것이다.

생동감 있게 표현된 옷주름. 본존불의 신체에서 1미터 떨어져 벽에 따로 조각된 광배는 입체감과 기도하는 사람을 배려하는 세심함이 돋보인다. 10개의 감실은 석굴과 잘 조화되어 아름다움을 배가하면서 공간 확대 효과를 준다. 그리고 본존불을 둘러싼 주실의 벽면에 보살상, 나한상, 신장상 등을 조화롭게 배치하였다.

석굴암이 많은 학자들과 예술가들의 사랑을 받은 데에는 석가모니불의 숭고하면서도 자비로운 미소, 마치 살아 있는 듯 섬세하게 조각된 십일면 관음보살상, 저마다 개성 있게 표현된 십대 제자상과 유연하고 우아한 보살상, 위엄있는 사천왕상, 용맹스러운 금강역사상 등 석굴암을 이루고 있는 모든 조각품 하나하나가 제각각 비례와 균형, 조화와 섬세함이라는 예술성을 갖추고 있었기 때문이다.

이외에 감동을 주는 것이 신비의 축조술이다. 세계에서 유례를 찾아 볼 수 없을 만큼 독창적인 인공의 돔형 석굴을 조성한 것이다. 이는 고도의 건축기술이 뒷받침되지 않으면 불가능한 일로서 필요에 따라 원하는 곳에 이를 설치할 수 있다는 점에서 의미가 크다.

본래 석굴 사원은 인도에서 시작되어 중국의 둔황·윈강 등에서 크게 유행하였고, 우리나라로 전래된 후 발전하여 석굴암으로 재창조된 것이었다. 자연적으로 생기거나 새롭게 판 석굴이 아니라 화강암을 이용해 360여개의 돌을 짜맞추어 내부 공간을 마련한 뒤 바깥 부분을 흙으로 덮어 만든 돔 모양의 인공석굴이다. 인도나 중국과 기후와 풍토도 다르고 더욱이 단단한 백색의 화강암재를 사용하여 토함산 중턱의 동남 30도를 바라보도록 하여 인공석굴을 조성하였다. 동남 30도는 천문학적으로 태양이 천구상에 한 해의 운행을 시작하는 시점인 동짓날에 해가 떠오르는 방향이다. 천문학적으로 새해에 처음 떠오르는 태양의 빛을 정면으로 받을 수 있는 자리에 인공 석굴을 만들고 석가모니를 안치하여 예배를 하도록 배치하였다.

한편 석굴 조성에 가장 어려운 공사는 역시 원형의 돔 모양을 만드는 작업이었다. 주실의 벽을 원형으로 둘러친 다음 반구형의 돔으로 그 위를 덮는 작업은 고도의 역학적 기술이 아니면 불가능한 공정이다. 이렇게 어려운 작업을 신라의 석공들은 팔뚝돌(버팀돌)과 천장의 원반형 덮개돌로 해결했다. 천장의 1, 2단은 평판석을 원호 모양으로 쌓았고, 기울기가 커져 밑으로 무너질 낙하 중력을 제법 크게 받는 3, 4, 5단에서는 각각 평판석 10개 사이사이에 비녀를 꽂듯이 팔뚝돌을 끼워 평판석의 낙하중력을 견디도록 했다. 그리고 뻥 뚫린 구멍은 20톤 무게의 원반형의 덮개돌로 덮어 그 하중으로 5단의 평판석과 팔뚝돌이 더욱 견고하게 반구형 돔을 이루게 하였다. 이러한 구조의 반구형 돔은 역학적 균형을 이루어 매우 튼튼하고 안정적이지만, 결코 쉬운 작업이 아니었다. 『삼국유사』의 다음 일화는 그것이 얼마나 어려웠는지를 말해준다.

> 장차 석불(石佛)을 조각하려고 큰 돌 하나를 감실의 뚜껑으로 만들려고 하는데, 돌이 갑자기 셋으로 깨졌다. [대성은] 분노하여 아무렇게나 잠들었다. 밤 중에 천신이 내려와서, 다 만들고는 돌아갔다. 대성은 잠자다가 일어나서 남쪽 고개로 쫓아가, 향나무를 불에 태워 천신에게 바쳤다(『삼국유사』 효선 제9편, 대성효이세부모 신문대(大城孝二世父母神文代))

위 기록은 구조적 결함이었는지, 20톤 무게의 덮개돌을 올려놓는 기술에 문제가 있어서인지 명확하지 않지만 덮개 공사가 매우 어려운 공정이었음을 보여주는 대목이다. 그런데 신기하게도 현재 석굴암의 천장 덮개돌을 올려보면 세 조각으로 갈라져 있음을 확인할 수 있다.

이외에도 학자들간 논란은 있지만 석굴암은 자연 통풍과 채광, 온도 습도 조절까지 자체적으로 완벽하게 처리할 수 있는 뛰어난 자기보존능력을

광여도 경주부의 석굴 부분
[출처 : 서울대학교 규장각한국학연구원]

지닌 완벽한 건물이다.

오랜 세월동안 사람들의 발길이 끊기면서 피폐해진 석굴암은 일제시기 한 우체부에 의해 우연히 발견된 뒤, 일제시기와 1960, 70년대에 보수 공사가 이루어졌다. 이 과정에서 석굴암의 원형과 자기보존능력이 상실되었다고 한다.

일제는 석굴암의 예술적 가치는 제대로 파악하였으나, 석공들의 과학적 슬기는 인식하지 못하고 석굴암을 완전히 해체하여 재조립하였다. 이때 제습시설들이 철저히 파괴되면서 결로현상과 누수 등으로 석굴이 무너지기 시작하였다. 1960년대 다시 보수하였으나 일제가 설치한 콘크리트 돔에 또 하나의 돔을 덧씌우는 방식일 뿐 근본적인 처방이 되지 않아 현재는 에어컨을 이용해 습도와 온도를 조절하고 있다.

【참고문헌】

국립부여박물관·부여군, 『능사(陵寺)』(능산리사지발굴조사 진전보고서), 2000.

문중양, 『우리역사 과학기행』, 동아시아, 2006.

문화재청, 『한국의 세계유산』, 눌와, 2010.

서길수, 「고구려 축성법 연구(1)」, 『고구려연구』 8, 고구려연구회, 1999.

양기석, 「백제문화의 우수성과 국제성」, 『백제문화』 40, 공주대학교 백제문화연구소, 2009.

양시은, 『고구려 성 연구』, 진인진, 2016.

I 고대

학습목표

◆ 한국 고대국가의 전쟁은 동아시아의 국제정세 변동과 밀접한 관련이 있음을 이해한다.
◆ 삼국 및 가야의 시기별 동맹관계를 살핀다.

1. 삼국시대의 국제관계와 전쟁

4세기 전후 한반도와 만주에는 부여·고구려·백제·신라·가야가 고대국가로 성장하고 있었다. 먼저 부여와 고구려는 예맥족의 패권을 두고 경쟁하였는데, 부여가 285년 선비 모용씨에게 타격을 받고 쇠퇴하자 고구려가 크게 발전하였다. 다음 한반도 중부 및 남부의 삼한은 각각 백제·신라·가야로 발전하였다. 이후 이들 사이의 국제관계는 3시기로 나누어 볼 수 있다.

제1기는 4세기로서 고구려와 백제가 주축이 되어 경쟁하였다. 313년에 고구려의 미천왕은 400년 동안 대립해 온 낙랑군을 점령함으로써 남방의 백제와 경계를 접하게 되었다. 두 나라는 다른 여러 나라와 친선을 맺고 서로 경쟁하였다.

4세기 전반에 고구려는 당시 5호16국 중의 강국인 전연과 대결하고 있었다. 이때 전연은 중국으로 진출하기 전에 먼저 배후의 적인 고구려를 공격하였다. 고국원왕은 342년에 전연의 기습 공격을 받아 수도가 함락·파괴되고 선왕 미천왕의 시신을 도굴당했으며 모후는 인질로 잡혀가는 등 일대 국난을 겪었다. 고국원왕은 평양 동황성을 임시 수도로 삼고 백제를 공략하여 국력을 만회하고자 하였으며, 백제도 북진하여 황해도로 진출하고 있었다. 고국원왕은 369년부터 스스로 군대를 이끌고 백제를 공격하였으나, 371년 평양성에서 불의의 화살에 맞아 전사하였다.

그러나 고구려는 불리한 정세를 만회할 기회를 맞았다. 370년에 전진의

5호16국

4세기부터 5세기 초에 걸쳐 흉노·갈·저·강·선비의 다섯 유목민족(오호(五胡))이 중국 북부지역에 쳐들어와 세운 13개 나라, 한족(漢族)이 세운 3개 나라가 난립하였다. 이 시기를 오호십육국시대 (五胡十六國時代)라고 부르 는데, 세계사적으로도 4세기는 변화 무쌍한 질풍노도(疾風 怒濤)의 시기였다. 이들 가운데 고구려와 직접 관련되는 나라는 전연(前燕: 337~370)을 비롯하여 전진(前秦: 351~394)과 후연(後燕: 384~409)이었다. 북위(北魏: 386~534)가 이러한 혼란을 수습하고 북중국을 통합하였고 고구려와 교류가 활발하였다.

부견이 전연을 멸망시키자 고구려는 망명해 온 전연의 원로 모용평을 전진으로 보내었다. 이로써 고구려는 전진과 국교를 수립하게 되어 국가적 위기를 극복할 수 있었다. 뒤를 이은 소수림왕은 불교를 공인하고 교육기관인 태학을 설립하였고, 373년에는 율령을 반포하여 국가통치와 사회질서 유지를 위한 규범들을 갖추었다.

고구려가 전쟁으로 많은 피해를 입고도 국가지배체제를 신속하게 정비할 수 있었던 것은 미천왕과 고국원왕의 낙랑군 경영에 힘입은 바가 컸다. 낙랑군은 고구려의 공격을 받고도 버틸 수 있었는데, 이는 해외 중개무역으로 경제력을 키워왔기 때문이다. 고구려는 낙랑군의 효용가치를 인식하고 그곳을 점령하였던 것이다. 이로써 고구려는 내륙국가에서 해양국가로 변모하여 국가경제력을 크게 발전시켜 국가적인 위기도 빠른 시일 내에 회복할 수 있었다. 미천왕과 고국원왕이 추진한 일련의 정책들을 기반으로 하여 고구려는 5세기에 전성기를 누리게 되었다.

한편 백제는 근초고왕이 고구려에게 큰 타격을 입혔지만, 평양성 전투가 백제의 전군과 고구려의 일부 군대와의 싸움이었음을 간파하게 되었다. 곧이어 백제는 신라와 가야 그리고 왜와도 동맹을 맺어 지원세력을 구하고자 하였다. 가야는 국제적인 교류를 활성화하기 위해 동진과 교류한 백제와 동맹을 맺었다. 또한 왜와 교류가 활발한 가야는 백제와 왜를 연결시켰다. 왜는 선진문물을 입수하는데 있어 가야보다 백제가 더 효과적이었으므로 동맹에 가담하였다.

백제는 신라에도 366년과 368년 두 차례에 걸쳐 사신을 보내어 동맹을 요구하였다. 당시 신라는 적대관계에 있던 왜가 백제와 동맹을 맺었으므로, 백제의 요청을 거절하고 고구려와 동맹을 맺었다. 신라는 고구려의 중개로 377년과 382년에 전진과 외교관계를 수립하여 국제적 시야를 확대하

사료

奈勿尼師今 二十六年 春夏旱
年荒民飢 遣衛頭入苻秦 貢方物
苻堅問衛頭日 "卿言海東之事
與古不同 何耶" 答日 "亦猶中國
時代變革 名號改易 今焉得同"
『삼국사기』 신라본기

26년(서기 381) 봄과 여름에 가뭄
이 들어 흉년이 들었고, 백성들이
굶주렸다. 위두를 부진[前秦]에
보내 토산물을 바쳤다. 부견이
위두에게 물었다. "경이 말하는
해동의 일이 옛날과 같지 않으니
어찌된 것인가?" 위두가 대답 하였
다. "또한 중국과 같은 경우입니다.
시대가 바뀌고 명칭과 이름도 고쳐
졌으니, 지금과 예전이 어찌 같을
수 있겠습니까?"

였다(사료). 이로써 국제정세는 백제-가야-왜의 동맹 체제와 고구려-신라 동맹 체제로 대립구도가 굳어졌다.

고구려는 백제와 예성강을 경계로 대치해 왔다. 광개토왕은 즉위하자 백제에 대해 적극적인 공세를 취하여, 392년에 백제 관미성(강화 교동도)을 함락시켜 육해군 양동작전을 위한 군수물자의 보급요새로 삼았다. 396년에는 한강유역으로 진격하여 58성 700촌을 공파하여 백제를 제압하였다. 이에 백제는 전력의 재정비를 위해 399년 말에 고구려의 관심을 다른 곳으로 돌리고자 가야와 왜를 움직여 신라를 대대적으로 공격하였다. 400년 정월에 고구려는 보병과 기병 혼성의 5만 대군을 보내어 가야-왜 연합군을 일거에 격파시켜 신라를 구원하고 안라까지 추격하였다. 그해 2월에 후연은 이를 알아차리고 국내성까지 침공해 오니 고구려는 즉각 원정군을 퇴각시켰다. 광개토왕의 남정으로 인해 백제와 가야의 국력은 크게 약화되어 고구려는 남방의 근심을 덜게 되었다.

광개토왕은 서방의 후연을 제압하는 등 정력적인 정복사업을 펼친 결과, 고구려의 영역을 크게 팽창시켜 서로는 요하, 북으로는 송화강 일대, 동으로는 두만강유역, 남으로는 임진강 유역에 이르게 되었다. 영토의 확장뿐만 아니라 내정에도 노력하였는데, 이는 광개토왕릉비문에 "나라가 부강하고 백성이 편안했으며 오곡이 풍성하게 익었다"고 표현한 것에서도 알 수 있다.

제2기는 5세기에서 6세기 전반으로 백제·신라·가야는 고구려의 세력 팽창으로 압박을 받고 있었다. 400년의 광개토왕 남정으로 금관가야는 큰 타격을 받고 쇠퇴하고, 안라가 가야제국의 정세를 주도하였고, 5세기 중엽에는 소가야·대가야가 대두하여 가야의 판도가 재편되었다.

신라는 고구려의 내정간섭을 받아 위기에 빠졌다. 고구려는 신라 국내에 군대를 주둔시키고, 내정을 간섭하여 내물왕·실성왕·눌지왕 3왕을 교체시켰다. 417년에 눌지왕이 즉위하자 신라는 국왕을 정점으로 일치단결하게 되었다. 427년에 고구려가 평양으로 천도하여 남진정책을 강화하자 백제는 437년 신라와 동맹을 맺었다. 신라와 적대관계에 있던 왜는 더 이상 한반도에 접근하지 않고 정세를 관망하였다. 이로써 국제정세는 백제·신라·가야 3국이 고구려에 대한 공수동맹을 맺어 고구려의 남진책에 대응하는 상황으로 변하였다.

국력을 회복한 백제의 개로왕은 472년 북위에 사신을 보내어 고구려를 협공할 것을 요청하였다. 이 사이에 부여를 제압하고 고구려와 충돌하고 있던 물길(勿吉)도 북위에 접근하여 백제와 함께 고구려를 협공하고자 하였다. 북위는 주적이 중국 남조였으므로, 협공 제의를 거절하였다. 이러한 정보를 입수한 고구려는 475년에 백제 수도 한성을 함락하여 개로왕이 전사하고, 문주왕은 웅진으로 천도하였다. 481년에 고구려는 신라를 대대적으로 공격하여 그 영토의 반을 점령하고 수도 경주로 육박하자 백제와 대가야가 신라를 구원하였다. 이는 당시 역사상 최대의 사건으로서 남방 세력의 단결을 가져온 결정적인 사건이었다.

웅진에 천도한 백제는 많은 영토를 상실당하자 인구의 부족과 자원의 결핍에 직면하였다. 동성왕은 웅진이 내륙의 험한 산지에 위치하여 고구려의 위협을 막는 데는 좋은 요충이었으나, 교통이 불편하여 국가경제력을 키우는 데는 불리하여 해안가에 가까운 사비로 천도하고자 하였다. 이에 웅진 토착귀족들의 반발로 동성왕이 피살되었다. 이를 진압한 무령왕이 즉위하여 왕권을 강화하고, 성왕은 538년에 사비로 천도하였다.

백제는 야마토 왜를 끌어들여 513년 섬진강유역인 기문(남원)–대사(하동)를 점령하였다. 이 작전은 백제가 4세기 때부터 서로 협력관계에 있었던 가야제국과 영산강연맹을 차단하여 각각 복속하기 위한 것이었다. 이후 영산

해설
6세기 전후 일본열도의 상황
왜는 큐슈세력, 야마토세력, 히가시쿠니[東國], 동북의 에미시[蝦夷] 등의 세력이 있었는데 한반도와 밀접하게 교류한 세력은 친가야의 큐슈와 친백제의 야마토였다. 이들 왜는 철 자원의 확보와 선진문물의 입수를 위해 백제나 가야와 교류하고 있었다. 기문-대사 작전에 야마토 왜왕권은 백제를 도와 병력을 보내 가야를 공격하여 대외 교섭의 주도권을 확보하였다.

강 세력이 백제에 병합되고 가야는 서쪽에서부터 위기에 봉착하였다. 이러한 정세 변화에 대응하여 신라는 가야 동부지역으로 진출하여 532년에는 금관가야를 병합하고 곧이어 탁순국(창원)도 편입하였다. 대가야는 백제의 위협에 대응하여 522년 신라와 혼인동맹을 맺게 되었으나, 금관가야 탁순국이 멸망하자 동맹은 파기되었다.(해설)

가야의 상황이 교착된 가운데 북방의 정세에 변화가 일어났다. 548년에 고구려가 북방의 신흥세력 돌궐과 충돌하는 전쟁이 일어나 고구려의 주력군이 한강에서 요하 상류로 이동하자 이를 백제가 알아차리고 대응하였다. 백제는 한강유역을 회복하고자 신라·대가야와 연합하고 고구려를 공격하여 한강하류 이북의 6군(郡)을, 신라가 죽령 이북의 10군을 차지하였다. 원래 백제는 신라를 이용하려 하였으나 신라가 이를 예상하고 있었다. 고구려에 의해 동원된 말갈군이 신라를 공격하였을 때 백제가 구원을 핑계로 신라를 공격하였으나, 오히려 신라는 신주(이천)에 잠복한 김무력이 백제의 후방을 역공하여 6군마저 빼앗았다. 일반적으로 이 사건이 진흥왕의 배신이라고 이해하고 있으나, 이러한 역사인식은 매우 위험한 것이다. 사실 신라는 백제가 중국과의 외교에서 신라를 속국이라 속인 것을 간파하고 대비하였던 것이다.

554년 백제 성왕은 대가야와 왜의 지원군을 합친 33,000명을 거느리고 신라를 정벌하다가 관산성(충북 옥천)에서 전사하였다. 561년에 신라는 비사벌주(창녕)에 전군을 집결하고 562년에 대가야를 정벌하였다. 이로써 백제와 신라의 가야 쟁탈전은 신라의 승리로 끝나고, 신라는 역사상 최대의 영토를 가지게 되었다.

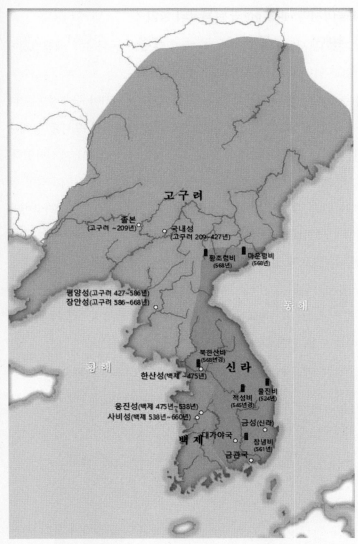

고구려

졸본
(고구려 ~209년)

국내성
(고구려 209~427년)

황조령비
(568년)

마운령비
(568년)

평양성(고구려 427~586년)
장안성(고구려 586~668년)

동 해

황 해

북한산비
(568년경)

신 라

한산성(백제 ~475년)

울진비
(524년)

적성비
(545년경)

웅진성(백제 475년~538년)
사비성(백제 538년~660년)

금성(신라)

백 제

대가야국

창녕비
(561년)

금관국

삼국 경쟁의 극성기의 형세 지도

이후 6세기 후반은 전쟁이 소강상태로 바뀌고, 국제관계는 외교와 무역 위주로 평화롭게 전개되었다. 이 관계는 589년 수(隋)의 남북조 통일로 7세기 이후 중국세력과 고구려의 대결이 시작될 때까지 계속되었다.

2. 7세기 동아시아 세계대전과 남북국의 성립

7세기는 제3기로서 고구려와 당나라를 주축으로 동아시아 패권전쟁이 일어나 그 결과 남북국이 성립되었다.

589년에 수나라가 중국 남북조를 통일함으로써 동아시아 국제정세는 다시 긴장하게 되었다. 패권국인 고구려가 598년에 수나라의 요서를 공격하자 수 문제의 30만 대군이 요하를 건너 고구려를 침공했으나 패전하였다. 612년에 수 양제가 113만 대군으로 고구려를 공격하였으나, 을지문덕이 살수에서 격퇴하였다. 수나라는 무리한 전쟁으로 경제가 파탄되어 전국에서 반란이 일어나 멸망하고 618년 당나라가 등장하였다. 당나라는 체제정비를 위해 시간을 벌고자 고구려와 화해를 맺었다.

이후 고구려와 백제는 신라를 계속 공격하여, 신라는 궁지에 몰리게 되었다. 642년 연개소문이 쿠데타를 일으켜 영류왕을 죽이고 보장왕을 옹립하자 당나라는 이를 빌미로 645년 고구려를 공격하였다.

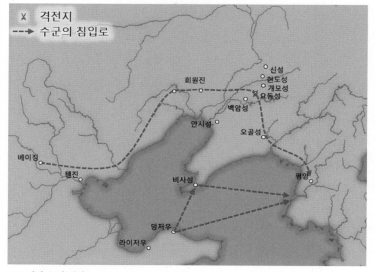

고구려와 수의 전쟁

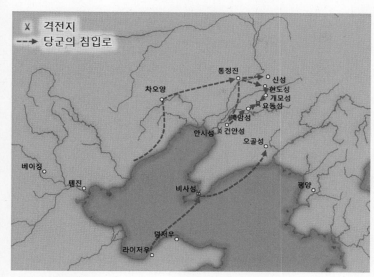
고구려와 당의 전쟁

　고구려는 안시성전투, 북방 유연과의 외교를 통해 당군을 퇴각시켰다. 고구려의 승리에는 농성전과 청야전이 중요했다. 신라가 이를 수용한 이래 고려·조선으로 이어졌다.

　신라는 7세기 전반 60여 회가 넘는 백제, 고구려의 공격에도 수비로 일관하여 국가 경제의 소모를 줄이며 버텼으나, 642년에 서방의 거점인 대야성(합천)이 함락당하면서 총체적인 위기에 빠졌다. 김춘추는 고구려에게 구원을 요청하는 어리석은 외교를 하다가 죽음의 경계를 넘은 뒤, 새로운 외교 전략을 세웠다. 647년에 김춘추는 왜로 건너가 상호불가침과 송사외교의 보장으로 배후의 적의 염려를 해소한 후, 648년 당나라에 가서 나당동맹을 체결하였다.

　그 동맹의 내용은 대동강-원산만을 경계로 하는 영토를 분배하고, 당나라가 정벌군을 파견하면 신라가 군수물자를 조달한다는 것이었다. 여기에는 당나라가 고구려·백제뿐 아니라 신라마저 병합하려는 의도가 숨어 있었다. 그러나 김유신 등 신라의 수뇌부도 당의 의도를 알아차리고 있었다.

660년에 백제는 신라와의 잦은 전쟁으로 경제가 피폐해지고 국론이 분열되어 나당동맹군에게 멸망당하였다. 661년 초에 신라 무열왕이 사망하자 당나라는 문무왕을 계림도독에 책봉하여 야욕을 드러내었다. 이전부터 신라는 당의 약속불이행에 대비하고 있었으므로 별다른 대응을 하지 않았다. 그리고 663년에 왜가 구원군 27,000명을 보내 백제의 부흥운동을 지원하였을 때 신라가 백강구에서 왜군을 대파한 것은 밀약상의 신라 영토이기 때문이다.

668년 고구려가 망할 때까지 7차에 걸친 전쟁에서 신라는 당군에게 보낼 군수물자를 거의 주지 않음으로써 국고의 낭비를 최소화하였으나, 당나라는 손실이 컸다. 668년 신라는 당군과 합세하여 고구려를 멸망시켰다. 669년에 당나라는 평양에 안동도호부를 설치한 이후 신라에게 제후국을 강요하였다.

이후 신라의 적극적인 대응이 이루어졌다. 670년 고구려의 검모잠이 한성(재령)에서 왕족 안승을 추대하고 부흥운동을 전개하자, 신라는 이들을 포섭하였다. 또한 백제 구귀족을 회유한 뒤에 당나라에게 선전포고를 감행하였다. 당나라가 병참기지화 하려는 천성(교동도)의 전투에서 승리하였고, 당군의 주력인 기병을 격파하는 전술을 구사하였다. 고구려의 청야전술을 수용하여 기병의 말을 굶어죽게 하여 당군을 무력화 시켰다. 신라는 전통적인 전술인 궁시와 장창을 이용하여 임진강유역의 마전·적성 전투에서 승리하였다. 그리고 당군이 해군으로 신라의 수도를 공격하려는 작전을 미리 차단하고자 기벌포에서 해전을 벌여 승리하였다. 675년과 676년 사이의 나당전쟁은 신라의 승리로 끝이 났다.

한편 고구려 부흥운동의 결과 발해가 건국되었다. 당나라의 이민족 지배정책은 기미정책, 즉 새로운 점령지에 대한 동화정책이었다. 이민족의 지배자를 전면에 내세워 괴뢰정부를 구성하고 당군을 도호부에 주둔시키고 통치하는 것으로 당의 기미정책은 대부분의 지역에서 성공하였다. 예외적으로 동방의 동이족 지역에서는 제대로 운영되지 못하였다.

5세기부터 고구려의 속국이었던 거란족의 지배자 이진충은 고구려 정벌에 당군의 앞잡이 역할을 하여 독립을 꾀했으나, 인정해주지 않자 696년 독립전쟁을 일으켰다. 요서에 유폐되어 있었던 고구려 유민은 거란과 당군에 의해 양면으로 핍박을 받게 되자 걸걸중상·걸사비우을 중심으로 결사적으로 요하를 넘어 길림으로 이동하였다. 이때 옛고구려 사람들이 적극 가담하여 세력이 급속하게 커져 당군의 추격을 따돌렸다.

이후 대조영이 지휘권을 이어받아 주변의 속말말갈도 통합하여 길림지역을 장악하였다. 698년 동만주에 살던 말갈 제집단의 협력을 얻은 대조영은 진국을 건국하였다. 발해는 700년 돌궐과 신라에 사신을 보내 건국을 통보하고 국교를 맺어 외교적으로 당나라를 견제하고 주변의 협력세력을 통합하여 급속도로 성장 발전하였다. 이에 당나라는 713년 대조영을 발해군왕으로 책봉하여 인정하였다.

3. 남북국시대의 전개

1) 통일신라의 정치와 사회

676년 신라가 나당전쟁을 승리로 이끌고 삼국통일을 이룩한 후 시행해야 할 시급한 업무는 두 배 이상 넓혀진 영토와 주민을 어떻게 다스리는가였다. 이에 당나라로부터 율령제를 수용하여 왕권을 정점으로 하는 관료체제를 확대 정비하고 영역을 통치하기 위해 지방제도를 체계적으로 마련하였다.

먼저 중앙정부의 행정기구는 법흥왕 때부터 마련되기 시작하여 당나라의 육전조직을 응용하면서 신문왕대에 일단락되었다.

통일신라의 14개 중앙 행정관부

관 부	별 칭	설치 연대	직 능
병 부		516(법흥왕 3)	내외병마사(국방)
사정부	숙정대	544(진흥왕 5)	감찰
위화부	사위부	581(진평왕 3)	인사 고과
조 부	대 부	584(진평왕 6)	조세 · 공부 징수
승 부	사어부	〃	거마 · 교통
예 부		586(진평왕 8)	예의 · 교육
영객부	사빈부	621(진평왕43)	외교 · 사신 접대
집사부	집사성	651(진덕왕 5)	국왕 근시 · 기밀 사무
창 부		〃	재정 · 조세 출납
좌리방부	의방부	〃	형벌
우리방부	〃	667(문무왕 7)	〃
선 부	이제부	678(문무왕18)	선박 · 수군 · 수상교통
공장부	전사서	682(신문왕 2)	공장 · 제사
예작부	예작전	686(신문왕 6)	토목 · 건설 · 육상교통

위의 표에서 보듯이 법흥왕대에 율령을 반포하면서 병부의 설치를 시작으로 진흥왕, 진평왕대를 거쳐 삼국을 통일한 직후인 신문왕대에 예작부를 끝으로 정비되었다. 그 과정에서 진평왕 때에 당제를 수용하여 기본적인 체계를 구축하였다. 특히 651년 진덕왕이 왕실의 측근기구였던 품주를 집사부라 하여 정식의 중앙행정기구로 개편하면서 왕권을 중심으로 하는 행정체계가 강화되었으며, 이로써 율령관제 정비의 기본 방향이 정해진 것이다. 그리고 관직체계도 영-경-대사-사의 4등급체계에 사지를 신설하여 영-경-대사-사지-사의 5등급체계로 확대 정비하여 국가행정을 원활하게 운영하였다.

마립간시기부터 있었던 국정회의에 국왕 및 갈문왕이 참여하여 중대사를 의결하였으나, 법흥왕대에 상대등이 설치되면서 귀족들은 왕명을 받들어 수행하였다. 이로써 초월적인 국왕을 정점으로 하는 지배체제로 변화한 것이다. 진덕왕 이후 집사부는 왕명을 출납하여 국가행정을 총괄하는 체제로 왕권이 더욱 체계적으로 강화되었음을 의미한다. 신문왕대에 이르러 장관과 차관을 복수로 하고 겸직을 하게 하여 합의에 의한 행정을 수행함으로써 귀족의 권력을 분산 약화시켰다. 무열왕 이후 중대의 왕권은 상대등·병부령·시중을 맡은 왕실 출신의 원로들을 재상으로 삼아 국왕을 보필케 하여 왕권을 강화하고 안정되게 유지하도록 하였다.

지방제도는 691년(신문왕 11)에 9주5소경제로 완비하였다. 통일신라의 지방행정조직은 주-군-현-촌이었는데, 주를 중심으로 한 일원적인 체계였다. 주군현의 편제 기준은 남녀 정(丁)의 다과에 두었다. 삼국시대의 주가 군사적 거점으로서 이동성이 강했던 것과 달리, 통일신라의 9주는 고정된 행정구역으로서 정착되었다. 주-군-현 간에는 중앙에서 지방으로 하달되거나 위로 보고되는 과정일 뿐이며, 영속관계는 없었다. 주의 장관은 삼국시대의 군주와 통일전쟁기의 총관이 군관직이었으나, 통일 이후 행정관인 도독으로 정착되었다. 군현에는 행정관인 태수와 현령 등을 파견하였고, 촌주를 비롯한 토착지배층이 지방행정을 보좌하였다. 이들 가운데 유력자는 현 위의 군에 군사가 되고 주의 주사가 되어 도독 태수의 행정을 자문하였다. 또한 향리의 자제가 중앙에 올라가는 상수리제도가 있어 국가의 지방통치를 원활하게 하였다.

그리고 685년(신문왕 5)에 서원소경·남원소경이 설치되면서 5소경이 완성되었다. 장관인 사신은 중앙정부의 직접적인 지시를 받는 특수한 직책이었다. 그 보좌관으로서 사대사 혹은 소윤이라는 직책이 있었다. 삼국시대의 소경은 사민을 통해 정복지역 주민의 공동체적 유대를 단절시켜 반란을 방지하였고, 중앙의 직할영토로 편입시키기 위해 설치한 특수한 행정구역이다. 통일 이후 소경은 각 지방의 문화적 중심지로 작용하면서, 수도 경주가 신라 영토의 동남쪽에 치우친 한계를 극복하는 구실도 담당하였다.

통일신라의 5소경

소경의 명칭	현재 지명	설치 연대	신라 말기의 명칭
중원소경	충북 충주	진흥왕 18년(557)	중원부
북원소경	강원 원주	문무왕 18년(678)	북원부
금관소경	경남 김해	문무왕 20년(680)	김해부
서원소경	충북 청주	신문왕 5년(685)	서원부
남원소경	전북 남원	신문왕 5년(685)	남원부

통일 이후 국가는 귀족세력의 약화를 통해 왕권을 강화하고 민을 위한 정책을 시행하였다. 신문왕은 687년에 문무관료전을 지급하는 대신에 녹읍을 폐지하여 귀족의 경제적 기반을 약화시켰다. 이어 성덕왕은 721년에 백성정전을 지급하였다. 이는 원래부터 백성들이 소유하고 있던 토지를 국가가 소유권을 인정하여 보호해주는 대신에 조세를 거둔다는 유교적인 왕토사상이 적용된 것이다. 일반민들은 국가에 대해 군역을 비롯하여 조세·역역·공납의 의무를 지고 있었다. 이를 잘 보여주는 기록이 「촌락문서」이다. 「촌락문서」의 여자와 법사는 각각 외여갑당과 법당에서 군역를 지고 있던 촌락민인데, 통일 이후 평화가 지속됨으로써 군역이 역역으로 대체되었던 것이다.

4세기부터 철기농경문화가 보편적인 상황으로 되며 우경농구가 보급되기 시작하였고, 통일기에는 철제농기구가 광범위하게 보급되어 일반 농민에게도 우경이 보편화되었다. 농법이 발달하여 가족단위의 소농경영이 가능해졌다. 국민들의 경제적 기반의 차이와 농업경영능력에 따라 빈부의 차이가 점차 커져 국가에서는 농민을 9등호로 파악하게 되었다. 토지소유의 정도가 매우 다양해진 것이 원인이었다.

2) 신라 하대의 혼란과 지방호족의 대두

9세기 신라 하대에 이르러 시대적인 상황이 크게 달라졌다. 먼저 정치적 혼란이다. 중대의 왕권은 적자계승이 이루어져 왕권이 안정되었으나, 후반기에 외척이 발호하여 국정을 농단하게 되어 정치적 파탄이 일어났다. 혜공왕대에 이르러 귀족들의 반란으로 왕이 시해되고 선덕왕을 이어 권력자 김경신이 원성왕으로 즉위하였다. 이후에 성립된 하대 원성왕계의 왕권은 아들이 먼저 죽어 손자 소성왕과 증손자 애장왕의 즉위로 이어지면서 왕위계승체계가 무너지고, 왕위계승권자와 귀족의 계파적 연합에 의한 왕권의 약화로 정치가 파탄되었다. 9세기 말 진성여왕의 즉위는 왕위계승체계의 파탄으로 인식되어 지방통치마저 불가능하게 되었다.

다음은 정치적 혼란과 함께 일어난 경제적 파탄이다. 외척이 발호한 경덕왕 때에 이르러 녹읍이 부활되어 귀족의 경제적 기반이 다시 확대되기 시작하였다. 하대에 이르러 정치가 더욱 문란해지면서 백성의 토지를 침탈하여 대토지 소유현상이 심해졌다. 이로 인해 지방민은 경제적 기반이 점차 약화되어 생존권을 위협 당하게 되었다.

토착지배층은 국가의 지방통치에 협력하면서 자신의 신분적 정치적 경제적 기반을 유지해왔는데, 지역민의 보호를 통해서만 자신의 기반을 유지할 수 있음을 인식하고 점차 군현 단위로 독자적인 세력을 구축하였다. 이들이 바로 호족으로서 그 출신 유형은 ①낙향진골 ②촌주집단 ③해상세력 ④군진세력 ⑤도적집단 등이었다. 호족은 권위적인 교종이 아닌 지역적 개성을 존중하는 선종과 풍수지리사상을 사상적 기반으로 삼아 독자적인 정부를 설치하여 지역을 통치하였다. 이후 호족세력들을 결집하여 후백제와 태봉이라는 국가가 건설되어 신라와 함께 후삼국시대를 이루었다.

신라말기 호족의 자치정부 구성

```
                    ┌ [호부: 행정] 낭중 - 원외랑 - 집사
   〈호장〉 〈부호장〉┤  〈사호〉    〈호정〉〈부호정〉〈사〉
   당대등 - 대등   ┤ [병부: 군사] 병부경 - 연상 - 유나
                    │  〈사병〉    〈병정〉〈부병정〉〈병사〉
                    │ [창부: 재정] 창부경
                    └  〈사창〉    〈창정〉
```

＊＊〈 〉의 관직명은 고려 성종 때에 개편된 향리들의 향직 이름

3) 발해의 정치와 사회

발해의 비석에서 국왕을 황상(皇上)이라 칭한 사실에서 스스로 황제국이라 인식하였다. 중앙정치 조직은 당나라의 3성6부제를 수용하였으나 필요에 따라 변형하며 운영하였다. 발해 3성은 정당성(政堂省)·선조성(宣詔省)·중대성(中臺省)으로, 정당성은 왕의 정령을 집행하는 기관으로서 최고권력 기구였다. 정당성의 장관은 대내상(大內相)으로 국무를 총리하였다. 그 아래의 좌사정(左司政)·우사정(右司政)은 6부인 충(忠)·인(仁)·의(義)·지(智)·예(禮)·신(信)에서 각기 3부씩 분담하였다. 기타 관청으로 중정대(中正臺), 전중시(殿中寺) 등 7시(寺), 문적원(文籍院), 주자감, 항백국(巷伯局) 등의 관서가 있었다. 군사제도는 중앙군이 좌(左)·우(右) 맹분위(猛賁衛), 좌·우 웅위(熊衛), 좌·우 비위(羆衛), 남·북 좌위(左衛), 남·북 우위(右衛) 등 10위가 있었다. 각 위에 대장군(大將軍)·장군(將軍) 1인씩 두었으며, 멸망 때까지 줄곧 유지되었다. 지방 15부에도 절충부(折衝府)가 설치되어 있었다.

발해는 통일신라보다 대략 4~5배, 고구려보다 1.5~2배 정도 큰 영토를 가지고 있었다. 지방제도는 교통의 요지에 5경(京), 전국 요충지에 15부(府), 지방행정구역을 62주(州)로 편제하였고 그 아래에 촌과 역이 있었다. 5경은 교통의 요충지에 설치되었고, 그중에서 주로 상경이 수도였다. 동경

의 용원부는 대일교류의 중심지로 일본도(日本道)였으며, 고구려 옛땅에 설치한 압록부(鴨淥府)는 산둥으로 가는 조공도(朝貢道)였다. 그리고 상경에서 39개의 역(驛)을 설치하여 연결된 남해부(南海府)는 신라와 왕래하던 신라도(新羅道)의 중심지였다.

지방에 설치한 15부의 각부에는 절충도위(折衝都尉), 좌·우 과의도위(果毅都尉), 별장(別將), 장사(長史) 등을 두었다. 또 지방은 촌장인 수령(首領)을 지휘관으로 하고 촌락민을 구성원으로 하는 병농일치의 군사조직이 이루어졌다. 필요에 따라서 촌락민도 군사적인 목적으로 동원되었을 것이다.

발해사회는 토인과 말갈인으로 구분되었다. 토인 즉 고구려인은 왕족, 귀족, 평민으로 국가기구나 지방행정의 상위직 대부분을 차지하였다. 말갈인이 사회구성원의 절대다수를 차지하였으며, 걸사비우 등 건국과정에 참여한 말갈집단은 토인에 준하는 신분이었다. 지방의 말갈인 수령은 지방통치를 맡아 농업생산물이나 특산물의 공납, 성이나 능묘의 축조 등에 필요한 인력의 동원을 담당하였고, 지방 군대의 지휘관이었다. 큰 세력을 가진 수령은 대외사절의 일원으로 등장하였다. 발해에서는 말갈촌락에는 말갈인을 촌장으로 임명하여 직접지배형태가 널리 행해지고 있었다.

【참고문헌】

박종덕, 「나말여초 풍수지리사상의 기반과 형성」, 『한국민족문화』 64, 부산대학교한국민족문화연구소, 2017.

서영교, 『고대 동아시아 세계대전』, 글항아리, 2015.

선석열, 「삼국사기 신라본기에 보이는 왜의 실체」, 『인문학논총』 13-1, 경성대학교 인문과학연구소, 2008.

선석열, 「삼국사기의 말갈과 중국정사의 말갈 7부」, 『고구려발해연구』 37, 고구려발해학회, 2010.

선석열, 『신라왕위계승원리연구』, 혜안, 2015.

연민수, 『고대한일교류사』, 혜안, 1998.

이기백·이기동 공저, 『한국사강좌(Ⅰ) 고대편』, 일조각, 1982.

이성시(김창석 역), 『동아시아의 왕권과 교역』, 청년사, 1999.

이영호, 『신라 중대의 정치와 권력구조』, 지식산업사, 2014.

이인재, 「나말여초 사회변동과 후삼국」, 『한국중세사연구』 29, 한국중세사학회, 2010.

학습목표

◆ 고대한일관계사의 최대 쟁점인 '임나일본부'의 실체에 관해서 살펴보자.
◆ 고대 일본의 한반도 남부지배 설에 관해서 살펴보자.

1. '임나일본부'의 실체

'임나일본부'는 『일본서기』에서 그 용례가 확인되는 되는 역사적 용어로서 고대한일관계사 연구에 있어서 최대 쟁점이라는 것은 주지의 사실이다. 그리하여 한일 학계에서는 오랫동안 '임나일본부'에 대한 연구가 활발하게 진행되고 있다.

일본학계의 '임나일본부'의 첫 출발은 『대일본사(大日本史)』(1933)인데, 신공황후 삼한정벌 이후 임나에 일본부를 두어 제한국을 통제한다고 하였다. 이는 『일본서기』의 한반도 관련 기사 중 신공기 기사를 무비판적으로 수용한 것으로, 이후의 연구에서도 『대일본사』의 연구를 답습하여 '임나일본부'를 야마토 정권이 한반도를 지배하기 위해서 설치한 기관이라고 공식적으로 인정하였다.

패전 이후 일본학계에서는 근대사학의 실증주의 학풍의 영향으로 인하여 『일본서기』에 대한 사료비판이 가해지면서 『일본서기』에 전하는 한반도 관련 기사에 대한 대대적인 검토가 이루어졌다. 이와 같은 『일본서기』 사료비판에 기초하여 그 이전까지의 '임나일본부'의 연구를 계승·발전시켜 '왜의 출선기관'으로서의 '임나일본부'설이 체계화되었다. 즉 스에마츠 야스카즈[末松保和, 이하 스에마츠]에 의하면 '임나일본부'는 야마토 정권의 출선기관이며, 임나를 다스리고 있던 행정·외교기능을 가지는 군사기지였다는 것이다. 스에마츠의 연구는 임나의 흥망사에 기초하여 '임나일본부'를 체계적으로 정리한 것으로 일본학계의 통설로 자리매김하였다.

스에마츠의 연구가 고착화 될 무렵, 출선기관으로서의 '임나일본부'에 전면적으로 반론을 제기한 연구는 김석형의 분국론이다. '분국론'은 『일본서기』임나 관계 기사가 야마토 정권과 한반도 내의 임나와의 관계를 보여주는 것이 아니라 야마토 정권의 한반도 이주민이 일본열도 내에 세운 분국과의 관계를 보여주는 것으로, '임나일본부'는 임나의 분국에 설치된 야마토 정권의 통치기관이라고 한 것이다. 김석형의 분국론은 당시 일본학계의 통설이었던 '출선기관설'에 관한 재검토라는 새로운 연구 흐름을 만들었다.

1970년대 이후는 스에마츠의 설로 대표되는 '임나일본부'설에서 벗어나 다양한 해석이 시도되었다. 먼저 '임나일본부'의 존속시기를 축소시킨 것으로, 이는 『일본서기』신공기 기사의 신빙성 문제로 '임나일본부'의 등장시기를 5세기 중반 혹은 6세기로 늦추어 보는 것이다.

다음은 '임나일본부'의 통치 대상을 가야 거주 왜인으로 상정한 '가야의 왜인설'이다. 이노우에 히데오[井上秀雄]에 의하면 선사시대부터 가야지역과 일본열도의 교류는 활발하였는데, 그 결과 가야지역에 왜인들이 집단적으로 거주하게 되었다. '임나일본부'를 가야지역에서 집단적으로 거주하는 왜인을 통제하는 행정기관으로 이해한 것이다.

마지막은 '임나일본부'의 주체를 백제로 해석한 연구이다. 천관우에 의하면 『일본서기』한반도 관련 기사가 당시 역사적 상황과 부합되지 않지만, 관련 기사의 주체를 왜에서 백제로 바꾸어 보면 역사적 상황과 부합되는 것으로 이해하여, '임나일본부'의 경우도 왜가 가야지역을 통치하기 위해 설치한 것이 아니라 백제가 가야지역을 통치할 목적으로 설치한 '백제군사령부'로 이해한 것이다.

'임나일본부'를 '백제군사령부'로 상정한 천관우의 연구는 한국학계에서 스에마츠의 설로 대표되는 일본학계에 대한 반론이었으며, 이후 동시에 한국학계에서는 그의 학설을 계승한 연구가 꾸준하게 진행되었다. 즉 김현구는 천관우의 '백제군사령부설'을 계승하여 용병설을 제기하였다. 이러한 용병설은 '임나일본부'를 백제 입장에서 접근한 연구로, 최근까지도 그 명맥이 유지되고 있다.

이처럼 1970년대 이후부터 일본학계의 통설로 자리잡고 있던 스에마츠의 학설에 대한 수정론이 적극적으로 대두면서 '임나일본부'에 관한 다양한 접근이 이루어졌지만, 여전히 지배기관으로서의 '임나일본부'의 연구에서 완전히 탈피하지 못하였다.

1990년대 이후 가야지역에서는 활발한 발굴이 이루어지면서 고고자료가 축적되었는데, 이를 바탕으로 한 가야사 연구가 활기를 띠면서 가야사에 대한 이해 폭이 넓어지게 되었다. 게다가 한국학계에서 『일본서기』의 가야 관련 사료에 대한 비판적 수용이 일반화되면서 '임나일본부'에 관한 연구에 있어서 그 이전보다 보다 진전된 견해가 제시되었다. 특히 1990년 이후 연구에서는 '임나일본부'의 관련 사료에 대한 철저한 분석을 통해 한반도 남부지역과 일본열도의 외교적 산물로 이해하는 연구가 정착되었다.

먼저 '임나일본부'의 관련 기사 범주를 제한한다는 것이다. 즉 1990년대 이전의 '임나일본부'의 연구에서는 '임나일본부'와 직접적으로 관련 없는 신공기 등 『일본서기』 한반도 관련 기사 중에서 가야 관련 기사를 '임나일본부'와 관련시키는 경우가 대부분이었다. 그러나 1990년대 이후 연구에서는 '임나일본부'의 용례 분석에 기초하여 '임나일본부'의 용례가 집중되는 『일본서기』의 흠명기를 중심으로 '임나일본부'를 연구하는 것이 일반화 되었다.

두 번째는 '임나일본부'의 용례가 확인되는 기사에 대한 철저한 분석을 통해서 외교 관련 내용만을 전하고 있다는 것이다. 특히 흠명기의 '임나일

본부' 관련 기사에서는 '임나일본부'를 지배기관이나 통치기구로 상정할 수 있는 근거를 찾아 볼 수 없다. 게다가 '임나일본부'의 '부' 훈이 '미코토모치 (ミコトモチ)'로 '사신'이라는 점을 주목하여 '임나일본부'를 외교사신으로 간주하기도 한다. 즉 '임나일본부'와 직접 관련 깊은 기사에서는 외교에 관한 내용만이 확인된다는 것은 대부분의 연구자들이 인정하는 바이다.

세 번째는 '임나일본부'의 존속시기를 6세기경으로 한정하는 것이다. 앞에서도 언급했듯이 '임나일본부'의 용례가 흠명 2년 4월에서 동 13년 5월까지 확인된다. 이를 감안하여 '임나일본부'의 존속시기를 6세기 전반으로 한정하는 것이 일반적이다. 다만 '임나일본부'로 활동한 인물 중에서 흠명 당대에 활동한 인물이 아닌 것으로 추정되는 인물이 보이는데, 그렇다면 '임나일본부'의 활동은 언제부터 시작되었는지 분명하지 않다. 게다가 흠명기에는 안라국에서 활동한 왜인으로 '임나일본부'와 '재안라제왜신'이 확인되는데, 이들의 관계를 어떻게 규정하는냐에 따라 '임나일본부'의 활동이 종식된 시점에 대해서 견해가 달라질 수 있다.

넷째는 '임나일본부'의 활동 무대를 안라국으로 상정하는 것이다. '임나일본부'와 안라국의 관련성을 직접적으로 전하는 사료는 없지만, 관련 사료의 분석을 통해서 '임나일본부'가 안라국에서 활동한 것으로 이해하였다.

즉 『일본서기』에서는 '임나일본부'의 여러 형태의 용례를 확인할 수 있는데, 그 중 주목되는 것이 '안라일본부'이다. '임나일본부'와 '안라일본부'를 동일한 용어로 간주할 수 있으며, '임나일본부'와 안라국의 깊은 관련성을 볼 수 있다. 게다가 '임나일본부'의 활동이 안라국의 친신라 외교정책에 동조한다든지 백제가 안라국의 친신라 외교정책을 저지하기 위해 개최한 회의에서 '임나일본부'를 소환하는 점 등에서 '임나일본부'의 활동이 안라국과 밀접한 관련성이 있다는 것을 알 수 있다.

다섯째는 '임나일본부'를 한반도에서 활동한 '왜계인물'로 상정하는 것이다. 계체·흠명기는 『일본서기』 중에서 한반도 관련 기사가 풍부하다는 것은 주지의 사실이다. 계체·흠명기 한반도 관련 기사 중에서 왜인(倭人)에 관한 내용도 다수 확인되는데, 왜인의 활동이 가장 활발하게 이루어졌음은 기사의 빈도를 통해서도 알 수 있지 않을까 한다. 특히 이 시기에 주목되는 한반도 파견 왜인은 '임나일본부'와 '왜계백제관료'이다. '임나일본부'와 '왜계백제관료'는 안라국과 백제에 파견된 후 일정 기간 체류하면서 안라국과 백제의 외교 사신으로 활약하고 있었다. 이처럼 6세기 전반 한반도 남부 지역과 일본열도의 관계가 아주 긴밀하였을 뿐만 아니라 다각적 외교관계가 지속되었다는 것을 감안한다면 한반도에 파견된 왜계인물도 종래와 다른 형태가 존재하였을 가능성은 충분하지 않을까 한다.

이상과 같이 '임나일본부'에 대한 최근의 연구 총괄을 보면 6세기 전반 가야제국 특히 안라국을 중심으로 백제·신라·야마토 정권의 외교관계 속에서 그 실체를 해명하고자 한 것이 특징이다. 이 같은 연구경향은 기존의 왜 위주, 백제 위주의 대외관계에서 벗어나 가야 특히 안라국의 실상과 대외관계를 규명하는데 이바지한 바가 크다고 하겠다. 그러나 '임나일본부' 관련 사료가 안라국에 편중되어 있고, 또한 백제 중심으로 기술되어 있는 자료상의 한계성과 이에 대한 연구자들의 다양한 시각으로 인하여 현재까지도 그것의 성격을 명확하게 규정했다고 보기는 힘들다. 다만 '임나일본부'의 실체를 규명함에 있어 지배기관 혹은 통치기구라는 관점에서 벗어나 외교적 산물로 이해해야 할 것이다.

2. 칠지도 명문

고대한일교류의 산물로 볼 수 있는 대표적인 유물이 칠지도이다. 칠지도는 1874년 스가 마사토모[菅政友]가 이소노카미신궁에서 발견하였다. 칠지도는 길이가 약 74cm의 철기로서 본 칼날의 양쪽에 가지 칼날이 세 개씩 어긋하게 만들어져 있다. 본 칼날 양면의 넓은 면에 홈을 파고 그 안에 금으로 채워 만든 글자(금상감명문)가 새겨져 있다. 현재까지 알아낸 글자는 앞면의 34자, 뒷면의 27자 모두 61자이다.

칠지도의 명문은 판독 등의 문제로 불확실한 글자가 포함되어 있는데, 옆의 문장은 현재까지 비교적 타당하다고 생각되는 명문의 해석이다.

칠지도의 명문을 최초로 연구한 호시노 히사시[星野恒]는 이소노카미신궁의 주지에게 받은 실측도를 통해서 『일본서기』 신공 52년조의 백제왕이 왜왕에게 바친 칠지도와 같은 물건으로 추측하였다. 이후 칠지도는 백제가 일본에게 헌상한 것으로 간주되었다.

칠지도의 역사적 의미를 제대로 파악하기 위해서는 칠지도에 새겨진 명문에 대한 면밀한 검토가 이루어져야 하는데, 『일본서기』 신공기 한반도 관련 기사에 지나치게 의존하였기 때문에 그 역사적 의미를 두고 여전히 한일 양국에서 논란이 되고 있다.

칠지도 명문 중에서 주목되는 것이 "…宜供供侯王…"라는 구절로 '후왕에게 주는 것이 바람직하다'는 부분이다. 여기에서 언급된 후왕은 뒷면 명문에 의하면 칠지도를 받은 왜왕임이 분명한데, 그렇다면 칠지도를 준 백제를 어떻게 해석할 것인가? 백제가 천자와 같은 입장에서 왜를 제후와 같이 표현한 것으로 이해하거나 상투적인 문구로 간주하기도 한다. 또한 공공(供供)은 '아랫사람이 윗사람에게 바치다'는 뜻이 아니라, 오히려 그 반대로 '주다'라는 동사의 겸양어인 '드리다'라는 의미로 해석할 수 있다.

그렇다면 칠지도가 일본으로 전해졌을 당시 백제가 왜왕을 후왕으로 칭한 것은 어떻게 해석되어야 할까? 칠지도 명문의 문자 그대로 당시 4세기

사료

〈앞면〉
태화 4년 여름의 가운데 달 오월에 불의 힘이 가장 왕성한 16일 병오 정오에 수 없이 두드려 강철의 칠지도를 만들었다. 이 칼은 모든 병기의 해를 물리칠 수 있으니, 후왕에게 드리는 것이 마땅할 것이다. 오랫동안 좋은 효험이 있기를 기원한다.

〈뒷면〉
이제까지 이런 칼이 없었는데 백제 왕세자인 기생이 성스럽고 덕이 있어 왜왕인 지를 위해 만들었으니, 후세에 길이 전하여 보이기 바란다.

중후반 백제와 왜의 관계를 상하관계로 볼 수 있는지 살펴볼 필요가 있다.

칠지도가 일본으로 건너간 목적에 관해서 알 수 있는 유일한 기록은 『일본서기』 신공 49년조와 52년조이다. 다만 관련 기사의 경우 설화적 요소는 물론이고 왜 중심의 윤색된 부분이 포함되어 있기 때문에 기사 내용을 있는 그대로 믿을 수 없다. 그러나 『일본서기』 신공 49년조를 시작으로 백제와 왜의 교류가 본격화된다. 이들 기사를 통해서 알 수 있는 것은 4세기 중반 이후 백제와 왜의 교류가 시작되었다는 것인데, 백제와 왜의 교류가 시작되는 시점에 칠지도가 백제에서 왜로 건너간 것은 양국의 교류 징표로 볼 수 있지 않을까 한다.

그렇다면 칠지도 명문에서 왜왕을 후왕으로 표현한 것은 상하관계를 의미하는 것이 아니라 백제와 왜의 본격적인 외교관계 성립을 알리는 징표라는 점을 감안한다면 백제의 천하관을 반영한 것이라 할 수 있다. 즉 후왕이라는 표현은 백제와 왜의 실질적 상하관계를 나타낸 것이 아니라, 백제 스스로가 높여 천자의 위치에 두고 왜왕을 제후와 같이 인식한 백제의 천하관과 외교적 주장이 반영된 것이다. 특히 칠지도가 백제에서 제작되어 왜에 전달된 것이라면 명문을 새긴 것도 백제일 것인데, 백제의 입장이 투영된 것은 당연한 결과일 것이다.

칠지도와 그 명문을 통해서 알 수 있는 것은 칠지도는 백제와 왜의 교류가 본격화 될 무렵 백제왕이 왜에 전달한 것으로, 당시 고대한일 교류의 시작을 보여주는 징표라는 것이다. 다만 칠지도의 명문은 백제 입장에서 새겨졌고, 또한 『일본서기』 신공기 기사에서 칠지도 관련 기사 등이 왜 중심으로 서술되어 칠지도를 둘러싼 논란이 계속되고 있다. 이러한 논란에서 벗어나 칠지도의 역사적 의미를 해석함에 있어 백제 및 왜 중심으로 기술된 기록만으로 판단하는 것은 자제해야 할 것이다.

3. 광개토대왕릉비 신묘년 기사

광개토대왕릉비는 광개토왕이 사망한 지 2년째인 414년에 그의 아들 장수왕이 세운 것이다. 한국에서 가장 큰 비석으로, 비석 아랫부분의 너비는 제1면 1.48m, 제2면이 1.35m, 제3면이 2m, 제4면이 1.46m이다. 문자의 크기와 간격을 고르게 하기 위해 비면에 가로·세로의 선을 긋고 문자를 새겼다. 제1면 11행, 제2면 10행, 제3면 14행, 제4면 9행이고, 각 행이 41자 정도로 총 1775개의 문자가 새겨져 있다.

비문의 내용은 크게 세 부분으로 이루어져 있다. 첫째, 고구려의 건국 내력을 신화로 구성하였다. 둘째, 광개토대왕이 재위하는 동안 수행했던 대외정복사업의 구체적인 사실을 연대순으로 기록하고 있다. 셋째, 왕의 사후 왕릉을 관리 유지하기 위한 제도적 장치로서 수묘인 연호(守墓人烟戶)를 규정하고 왕릉의 관리 문제를 기록해 두었다.

광개토대왕릉비가 고대한일관계사의 쟁점으로 주목되는 것은 신묘년조이다. 원석탁본에 대한 판독 및 해석 등이 다양하게 제기되어 관련 기사를 둘러싼 논란이 쉽게 일단락되지 않고 있다.

신묘년조 해석은 크게 두 가지로 나뉜다. 첫 번째 해석은 "백잔(백제·신라)은 원래부터 고구려의 속민이어서 조공해 왔다. 그런데 신묘년에 왜가 바다를 건너와서 백잔(백제·신라)을 격하하고 신민으로 삼았다"는 것이다. 이러한 해석은 일본학계에서 통용되는 해석으로 고대 일본이 한반도 남부 지역을 지배했다는 근거로 삼고 있다. 그러나 고대 일본이 한반도 남부지역을 지배했다는 것은 당시 역사적 상황으로 받아들이기 어렵다.

두 번째 해석은 "백잔(백제·신라)은 원래부터 고구려의 속민이어서 조공해 왔다. 그런데 신묘년에 왜가 왔다. 고구려는 도해하여 백제, 신라를 파하고 신민으로 삼았다" 혹은 신묘년에 왜가 왔지만, 고구려가 도왜하여 왜를 파하였다. 이에 백제가 왜와 연합하여 신라를 공격하여 신민으로 삼았다"는 것이다. 이러한 해석은 일본학계의 해석에 대한 반박이며, '파(破)'의 주어를 고구려로 볼 경우, 신민으로 삼는 주체는 고구려 혹은 백제가 된다. 다만 이러한 해석은 당시 역사적 사실과 어느 정도 부합되지만 번역이 부자연스럽다.

신묘년 기사 두 문장 중에서 앞의 문장은 뒤의 원인을 말하는 것으로 고구려의 백제·신라에 대한 속민·조공관계를 파탄에 이르게 한 행위의 결과를 나타내는 기사가 되어야 하고, 그 주체를 왜로 보아야만 비문의 내용이 자연스럽다. 즉 백제와 신라는 고구려의 속민이었는데, 왜가 등장하여 속민관계가 파탄에 이르게 된다는 해석이다. 그렇다고 이 기사를 역사적으로 해석함에 있어 관련 기사 내용을 있는 그대로 받아들일 수 없다.

광개토대왕릉비 기사 중에서 신묘년 기사는 광개토왕의 출정에 대한 이유를 설명하는 부분에 해당한다는 것임을 주목해야 한다.

그렇다면 왜 역사적 사실과 부합하지 않은 것을 광개토왕의 출정 이유로 기록한 것일까? 이에 관해서는 고구려인의 역사인식 문제로 파악해야 한다. 광개토왕릉비는 단지 역사적 사실 관계만 기록한 것이 아니라 사실과 비사실적인 문장을 혼재시키면서 고구려의 입장을 강하게 투영하고 있다. 이는 중화사상의 영향으로 이해할 수 있다.

고구려에서는 4세기 이후 중국 문물과 제도를 수용하면서 지배체제가 구축되고, 중화사상이 나타나기 시작했다. 즉 고구려가 천하의 중심이고 그 주변 제국은 고구려의 세계질서 속에서 조공을 바치는 고구려적 중화의식인 것이다. 비문에 따르면 고구려는 주변 제국에 대해서 다르게 평가하는데, 신라, 백제, 동부여는 원래부터 고구려의 속민으로 규정하고, 숙신은 조공의 대상으로, 비려는 정벌의 대상으로 간주한다. 그러나 왜에 대해서는 속민이 아닌 응징의 대상으로 취급하고 있다. 이는 고구려적 세계질서 속에서 왜를 제외시켰기 때문이다. 그렇다면 광개토왕의 훈적비라는 점을 감안한다면 고구려의 남방진출을 정당화하기 위해 왜가 고구려의 속민인 백제와 신라를 격파하여 신민으로 삼았다는 것을 삽입한 것으로 이해할 수 있다.

신묘년 기사는 고구려의 남방진출의 정당화, 합리화를 위한 설명문인 것에 불과하며 역사적 사실과는 관계없는 것으로 이해해야 한다. 이상에서 알 수 있듯이 광개토대왕릉비는 고구려의 남방진출을 위해 왜와 관련된 전쟁기사를 배치하였는데, 일본의 많은 연구자들이 겉으로 드러나는 기록만으로 역사를 해석하고 평가하여 왜가 한반도 남부지역을 지배한 것으로 인식하게 되었다. 그러나 광개토대왕릉 비문은 고구려적 세계질서의 파괴자로서 왜를 자리매김하여 고구려의 남방진출의 정당성을 합리화하려는 고구려인의 인식으로부터 나온 것이다.

【참고문헌】

가야사정책연구위원회, 『가야, 잊혀진 이름 빛나는 유산』, 혜안, 2004.

동북아역사재단, 『역사 속의 한일관계』, 동북아역사재단, 2009.

부경역사연구소, 『시민을 위한 가야사』, 집문당, 1996.

한일관계사학회, 『한일관계 2천년 보이는 역사, 보이지 않은 역사-고중세-』, 경인문화사, 2006.

II

중세1

◆ 고려시대의 관료사회에 대해 이해한다.
◆ 문벌귀족사회와 서경천도운동·무신정변과의 관계를 파악한다.
◆ 고려후기 신진사대부의 형성과 그 의의를 살펴본다.

1. 과거제의 시행과 문벌귀족

고려왕조가 건립된 초기에는 왕조 개창의 공신세력들이 국가운영의 중추적인 역할을 하였다. 이들은 대체로 통일신라·후삼국 시기의 지방호족 출신이었으며, 왕건의 정략결혼정책을 통해 왕실 외척의 지위를 가지고 있었다. 이외에 신라의 왕족이나 육두품 지식인들도 다수 포함되어 있었다. 외척 세력들은 자신의 혈통을 이은 왕자와 공주들을 결혼시켜 보다 확고한 권력 기반을 다지고자 하였다.

공신세력들은 고위관료로서, 혹은 외척세력으로서 권세를 누렸을 뿐만이 아니라 그 자손과 측근들이 관직에 임용되었다. 관료를 선발하는 제도가 없었기 때문에 출신이나 인맥에 따른 추천이 관리가 될 수 있는 유일한 방법이었다. 공신세력은 조정 내에서 자신의 세력을 키우고자 애를 썼는데, 이로 인해 파벌이 발생하고 세력다툼을 하는 등 왕권을 위협하는 요소가 되었다.

958년(광종 9)에 관료를 선발하는 제도로서 과거제(科擧制)가 처음 시행되었다. 이것은 중국 후주(後周)에서 귀화한 관료 쌍기(雙冀)의 건의에 따라 광종이 주도한 것이었다. 광종은 과거제도의 실시를 통해 실력에 따라 선발한 관료 세력이 국정을 담당하고, 이를 통해 기존의 공신세력을 견제하고자 하였다.

사료

삼국 이전에는 아직 과거(科擧)의 법이 없었고 고려 태조는 먼저 학교를 세웠으나 과거로 선비를 취할 겨를이 없었다. 광종이 쌍기의 말을 채용하여 과거로써 선비를 뽑으니 이로부터 문풍(文風)이 비로소 일어났다.
(『고려사』 선거지 서문)

과거제는 중국 수나라 때인 598년 처음 시행되었고, 당나라 때 완전히 정착되었다. 특히 당에서 원나라 때까지는 중국에 빈공과(賓貢科)라고 하는, 외국인을 대상으로 하는 과거시험이 별도로 마련되어 있었다. 고려가 건국되기 이전에도 최치원(崔致遠)으로 대표되는 육두품 지식인들이 자신의 포부를 펼치기 위해 빈공과에 응시하였다. 그러므로 고려가 건국된 이후에도 지식인층을 중심으로 과거 실시를 통해 능력에 따른 인재 선발에 대한 요구가 있었을 것이다. 하지만 과거제를 실시하기 위해서는 과거 실시에 따르는 규정과 절차를 마련해야 할 뿐 아니라, 시험을 관장할 만한 학문적 토대가 마련되어야 한다. 즉, 시험 문제를 출제하고 평가할 만한 유학적 소양을 가진 인물이 과거를 관장해야 하고, 국가에서 유교를 연구하고 가르칠 고등교육기관이 존재해야 하는 것이다.

고려시대에 과거 시험을 주관하는 관료를 지공거(知貢擧)라고 한다. 지공거는 임시직으로, 과거 실시에 즈음하여 유학 지식과 식견을 가진 관료가 겸임하였다. 이후 공정성을 기하기 위하여 지공거 외에 동지공거(同知貢擧)를 선발하여 2명이 과거를 관장하였다. 고려시대에는 과거 시험을 주관하는 지공거와 과거에서 선발된 유생 사이에 사제지간과 같은 학맥이 형성되었는데, 이를 좌주(座主)·문생(門生) 관계라고 한다.

국립학교의 경우, 이미 삼국시대부터 국학(國學)을 설치하였으므로, 고려 건국 초기부터 신라의 제도를 본뜬 국학이 존재했을 것으로 추측된다. 국학은 성종대인 992년 국자감(國子監)이라는 이름으로 개편되었다. 이 국자감은 1298년 성균감, 1308년 성균관으로 이름을 바꾸게 되고 이것이 조선 전기까지 이어졌다.

995년(성종 14)에는 당의 문·무산계 제도를 채용하여 문반과 무반이 정비되었고, 이에 해당하는 관료들을 아울러 '양반(兩班)'이라고 한다. 고려시기의 양반은 문·무산계에 속하는 관료를 의미하는 것으로, 사실상 계급적인 의미로 받아들여지는 조선시대의 양반과는 의미에 차이가 있다.

고려의 과거제도는 제술과(제술업)·명경과(명경업)·승과·잡과로 나뉘어 선발하였는데, 제술과와 명경과는 조선시대의 문과에 해당한다. 제술과는 일종의 논술시험이며, 명경과는 유교경전에 이해도를 시험하는 것이다. 둘을 합쳐서 1번에 30여 명을 선발하였는데, 제술과에 비해 명경과는 많이 선발하지 않았다. 승과는 불교국가인 고려에서 승직자를 충원하기 위한 시험이며, 잡과는 의술·점술·지리·법률·서예·산술 등의 기술직을 뽑는 시험이었다.

무과는 고려 마지막 왕인 공양왕 2년에야 겨우 제도가 만들어지고 조선시대가 되어서야 처음으로 실시가 되었으므로, 고려시대에는 무과 시험이 존재하지 않았다고 보아도 무방하다. 이 때문에 고려시대의 무반은 조선시대와 달리 과거를 치르지 않았고, 일종의 신분으로서 집안 대대로 세습되었다.

문벌귀족은 기본적으로 과거를 통해 입사하여 고위관료까지 성장한 세력이다. 이들은 고위관료가 되어 공신의 지위에 오른 후 음서제(蔭敍制)를 바탕으로 대대로 고위 관료로 진출하였다. 음서제는 고위 관료의 자손 혹은 사위 등을 과거를 치르지 않고 하급 관료로 선발하는 제도이다. 음서 출신자들에 대한 승진 제한은 없었으나, 고위직까지 진출하는 사례는 과거 출신자보다 적었다. 또한 음서로 관직에 올랐다가 과거에 다시 응시하기도 하였다.

문벌귀족은 전시과의 일종인 공음전(功蔭田)을 그 경제적 기반으로 삼았다. 전시과란 일정 토지에 대한 수조권을 받는 제도인데, 사망하면 국가에 반납하도록 되어있었다. 그러나 다른 전시과와 달리 공음전은 아들·손자·

사위 등에게 세습이 가능했으므로 대를 거듭할수록 그 범위가 확대되었다.

문벌귀족의 자제는 과거에 진출하기 위한 사설학원인 사학(私學)에서 공부를 하였는데, 12도(十二徒)가 유명하다. 사학은 공부 뿐만이 아니라 인맥을 쌓는 공간이기도 했다. 이러한 문벌귀족의 모습은 경기체가 「한림별곡(翰林別曲)」을 통해 엿볼 수 있다.

12공도	설립자
문헌공도(文憲公徒)	최충(崔冲)
홍문공도(弘文公徒)	정배걸(鄭倍傑)
광헌(匡憲公徒)	노단(盧旦)
남산(南山公徒)	김상빈(金尙賓)
서원도(西園徒)	김무체(金無滯)
문충(文忠公徒)	은정(殷鼎)
양신(良愼公徒)	김의진(金義珍)
정경(貞敬公徒)	황영(黃瑩)
충평(忠平公徒)	유감(柳監)
정헌(貞憲公徒)	문정(文正)
서시랑(徐侍郞)	서석(徐碩)
귀산도(龜山徒)	?

사학 12공도

사료

유원순의 문장, 이인로의 시,
이공로의 사륙변려문,
이규보와 진화가 쌍운을 맞추어 써
내려간 글,
유충기의 대책문, 민광균의 경서
해의, 김양경의 시와 부
아, 과거 시험장의 광경, 그것이
어떠합니까?
금의가 배출한 죽순처럼 많은
제자들. 아, 나까지 몇 분입니까?
- 「한림별곡」의 일부

이 시는 무신집권기 무렵에 지어진 것으로, 인용 부분에서는 귀족의 자제들이 함께 놀면서 스스로의 학문을 뽐내는 모습을 담고 있다.

문벌귀족은 재신(宰臣)과 추신(樞臣)의 지위를 독점하여 정치를 마음대로 주물렀다. 재신은 양대 국무기관인 중서·문하성과 상서성의 고위관료를 의미하고 추신은 군사적 성격이 강한 중추원(中樞院)의 고위직을 의미한다. 둘을 합쳐서 재추(宰樞)라고 한다. 현종 무렵 설치된 국가 최고기관인 도병마사(都兵馬使)는 군사문제부터 민생문제까지 모든 문제를 의결하는 기관이었는데, 그 구성원도 재신과 추신이 중심이었다. 또한 재추는 실무 관직을 겸직을 하는 경우가 많았으므로 더욱 권력이 집중되었다.

문벌귀족은 서로간의 정략결혼을 통해 지배권을 다지고자 하였다. 나아가 왕실과 통혼하여 외척세력으로 성장하기도 하였다. 고려중기 인주 이씨(경원 이씨)의 이자겸(李資謙)이 그 대표적인 인물이다. 이자겸은 둘째 딸을 예종에게, 셋째와 넷째 딸을 예종의 아들인 인종에게 시집보내어 외척으로서의 입지를 공고히 하였다. 이자겸은 아들과 친척들을 고위관직에 앉혀

말 그대로 무소불위의 권력을 쥐게 되었던 것이다.

2. 묘청의 난과 무신정변

고려는 국내에서 문벌귀족의 전횡으로 왕권이 크게 약화되는 한편, 북쪽 국경에서 거란이나 여진 등 이민족의 침입이 이어졌다. 이에 군사적·외교적 대응을 통해 자주성을 지켜나갔다.

여진족은 오랫동안 여러 부족으로 분리된 채 스스로 고려의 신하로 칭하던 이민족이었다. 완안아골타의 주도로 세력을 결집한 여진족들은 1125년 송과 협력하여 요를 북방으로 몰아내었고, 이듬해에는 송을 공격하여 화남지방으로 몰아내었다.

만주에서 요동반도와 화북 지역에 이르는 지역을 차지한 여진족은 국호를 금(金)이라고 칭하고 고려에 사대할 것을 요구하였다. 고려 조정에서는 이를 받아들이자고 주장하는 세력(주화파)과 항전할 것을 주장하는 세력(주전파) 간에 논쟁이 벌어졌다. 당시 집권자였던 이자겸은 자신의 권력 기반을 지키기 위해 주화의 입장에 섰고, 결국 고려는 금에 사대를 하게 되었다.

이러한 사대에 대한 불만은 묘청의 서경천도운동으로 터져 나오게 된다. 묘청과 정지상 등 서경세력은 금에 대한 '굴욕적' 외교에 불만을 품고 있었다. 묘청은 풍수지리설을 근거로 하여 서경으로 천도한 후 왕이 황제를 칭하고 독자적인 연호를 제정하면, 금나라를 제압할 수 있을 것이라고 주장하였다. 하지만 이 주장은 김부식 등 이른바 개경세력의 반대로 받아들여지지 않았다. 1135년 묘청·정지상 등은 평양성을 근거로 반란을 일으켰다. 그들은 일단 거병한 후 인종을 평양에 옹립하여 천도를 완성하고자 하였다. 하지만 고려 조정은 김부식을 평서원수로 임명하여 이를 진압하게 하였고, 천도운동은 1년여의 농성 끝에 좌절되었다.

이민족과의 항쟁이나 묘청 세력을 진압하는 과정에서 최전선에서 활동했던 세력은 무신들이었다. 하지만 고려의 관료체제는 문신 중심이었으며, 전장에 군사를 파견할 때에도 대개 문신들이 총지휘관 역할을 하였다. 무신들은 국가와 왕실의 궂은일을 도맡아 하곤 하였다. 그럼에도 불구하고 무신들은 문신들에게 신분적으로 업신여김을 당했고, 군인전이 제대로 지급되지 않는 등 신분적·경제적으로도 열악한 대우를 받았다.

이러한 불만이 폭발하여 1170년(의종 24), 정중부·이의방을 주축으로 무신정변이 발생하였다. 무신들은 의종을 폐위하고 명종을 즉위시켰고, 이의방이 첫 집권자가 되었다. 무신들은 무력을 바탕으로 한 독재정치를 실시하였으나, 권력은 안정되지 못하고 쿠데타를 통해 정권이 교체되기 일쑤였다. 이의방에 이어 정중부, 경대승, 이의민 등이 차례로 집권하면서 정치는 매우 혼란스러워졌다.

1196년(명종 26) 이의민 정권을 무너뜨리고 최충헌이 집권자가 되었다. 최충헌은 국정총괄기구인 교정도감을 설치하고, 문신을 우대하였다. 이후 1258년(고종 45)까지 60여 년에 걸쳐 최충헌, 최우(최이), 최항, 최의로 이어지는 최씨 정권이 들어서게 된다. 최우가 집권하던 시기인 1232년(고종 19)에는 몽골의 침입에 맞서 수도를 강화도로 옮기고 본격적인 항쟁에 돌입하였다. 몽골과의 항전으로 고려의 중앙군인 2군 6위가 붕괴되면서, 삼별초(三別抄)가 중앙군의 일을 대신하였다. 삼별초는 최씨 정권의 사병(私兵)으로, 최우가 치안을 위해 편성한 야별초(좌별초/우별초)에 신의군(神義軍)을 합친 것이다. 신의군은 몽골에 포로가 되었다가 탈출한 이들로 구성되었다.

최씨 정권에 이어 무신정권의 집권자는 천민출신의 김준, 그리고 임연·임유무 부자로 교체되었다. 몽골은 끊임없이 개경으로 환도할 것을 요구하였으나, 무신집권층은 강화도에 남아 몽골과 항전할 것을 고수했다. 그러나 1259년에 태자였던 원종이 중국으로 건너가 쿠빌라이를 만남으로써 강화가 성립하였으며, 1270년 개경으로 환도할 무렵 원종이 임유무를 처단하면서 무신집권기도 마무리된다.

무신정권 시기는 문신에 대한 무신의 차별을 해소하고자 하는 움직임에서 시작되었고, 출생신분이 미천하더라도 고위 관료로 성장할 수 있는 시기였다. 또한 대몽항쟁을 주도하여 고려의 자주성을 지키고자 하였다. 하지만 이 시기에는 법(율령)에 따른 지배질서가 무너졌고, 쿠데타를 통해 집권자가 빈번히 바뀌어 정권의 안정성이 약했다. 또한 이 시기에는 전국에서 민란이 끊이지 않았다. 이것은 당시 기층민들의 생활이 불안정했던 탓이 크지만, 신분사회의 동요와 민중의식의 성장 역시 하나의 배경이 되었다.

무신정권의 군사적 배경이자 대몽항쟁의 주역이었던 삼별초 세력은 강화를 거부하여 1270~1273년에 걸쳐 강화도, 진도, 제주도 등으로 본거지를 옮기면서 대몽항쟁을 이어나갔다. 이것이 삼별초 항쟁이다. 삼별초는 자체적인 정부를 구성하여 남송-삼별초-일본의 연합전선을 구축하고자 하였으나, 여·몽 연합군에 패배하게 된다.

3. 원간섭기의 정치

1259년 몽골과의 강화가 이루어지고, 이후 100년에 걸쳐 고려는 몽골에 의해 국정간섭을 받게 된다. 중원을 제패한 몽골의 쿠빌라이 칸이 1271년 국호를 원(元)으로 바꾸었으므로, 이 시기를 보통 원간섭기라고 부른다.

원간섭기에도 고려의 정치는 원으로부터 책봉 받은 고려왕을 중심으로 이루어졌다. 하지만 초기에는 원으로부터 다루가치가 파견되어 고려국정에 대한 간섭과 감시역할을 하였다. 다루가치가 폐지된 이후에도 원은 정동행성(征東行省) 이문소(理問所) 등의 기구를 통해 고려 국정에 간섭하였다.

원간섭기에 고려의 각종 제도는 제후국에 맞추어 격하되었다. 왕위계승자를 태자에서 세자로, 왕의 정실부인을 왕후에서 왕비로 부르게 된 것도 이 시기의 일이다. 각종 행정기관 역시 제후국에 맞추어 격하되었다. 그리고 고려의 세자는 유년기에 몽골의 수도인 대도(大都, 현재의 베이징)에 일종의 볼모[禿魯花, 뚤루게]로 건너가 그곳에서 성장하며 교육을 받았다. 세자는 원의 공주와 결혼하여 원 황실의 일원이 되었으며, 장성한 후에 고려로 돌아와 왕위에 올랐다. 고려왕이 원 황실의 일원이라는 점은 고려 내에서 왕권을 강화시키는 배경이 되기도 하였다.

하지만 원으로부터 권위를 얻고자 한 것은 왕실만이 아니었다. 고려의 세자가 원에서 성장하는 동안 여러 고위관료의 자제들도 같이 보내어져 왕자를 숙위하였다. 이들은 왕자와 함께 성장하며 학문을 배웠고, 원의 관직을 받기도 하였다. 세자가 귀국하여 왕으로 즉위할 때 고려로 귀국하여 고려정부 혹은 정동행성의 관료에 임명되어 국왕을 근위하는 세력으로 성장하였다. 원에서 최신 학문을 배운 이들은 고려에서도 학문적인 주도권을 쥐고 과거를 관장하여 인재를 선발하기도 하였다.

이렇게 100여 년에 이르는 원간섭기를 거치면서, 고려의 통치시스템은 여–원 관계라는 거대한 축을 바탕으로 재편되었다. 14세기에 이르러 원이 몰락하고 명이 대두하였음에도 고려의 지배층이 친원적인 정책을 고수했던 것은 이러한 시스템을 쉽게 폐기할 수 없었기 때문일 것이다.

4. 권문세족의 형성

원간섭기의 정치적 상황을 배경으로 성장한 세력이 바로 권문세족(權門勢族)과 신진사대부(新進士大夫)이다. 고려 후기의 각종 폐단의 근원으로 지목되는 권문세족과 그것을 청산하고자 한 신진사대부가 모두 원간섭기

정동행성(征東行省)과 이문소(理問所)

정동행성은 원의 요구로 1280년 제2차 일본원정(1281)을 준비하기 위해 설치되었으며, 이후 3번째 일본 정벌이 무산된 이후로도 존속하였다. 정동행성의 수장은 고려국왕이었으나, 정동행성 내의 재판 기관인 이문소는 고려의 국왕이나 관료 등을 원에 고발하는 역할을 담당하여 원이 고려의 정치에 간섭하는 창구 역할을 하였다.

의 상황을 바탕으로 형성된 것은 역사의 아이러니라고 할 수 있다.

충선왕 복위년의 교서(1308년)에 15개 가문을 '재상지종(宰相之宗)'이라고 하여 왕실과 통혼할 수 있는 가문으로 지정하였는데, 이것이 권문세족의 실체를 나타내는 사료로 해석된다.

권문세족의 바탕은 고려전기의 문벌귀족이다. 인주 이씨·경주 김씨·파평 윤씨 등은 문벌귀족 출신이었지만 몇 차례의 부침을 겪으면서도 계속 고위 지배층으로 남아 있었다. 고려전기에는 문반관료 출신의 문벌귀족이 고위 관직을 독점하였으나, 무신집권기를 거치면서 유력한 무신세력이 문반고위직에 오르면서 지배층에 포함되었다. 원간섭기에 이르면 원과의 관계 속에서 왕의 숙위세력(케시크, 怯薛), 고려의 왕비가 된 원 공주를 따라 들어온 세력(케링구, 怯怜口)도 있었다. 또 몽골어 통역관이나 원에 공물로 바칠 매를 관리하는 응방(鷹坊) 출신으로 출세하는 경우도 있었다. 또한 외적에 맞서 무관으로 출세하기도 하였다. 이와 같이 다양한 계층이 권문세족으로서 권력을 누렸다.

권문세족은 고려 후기 재추(宰臣)를 독점하여 최고의결기관인 도평의사사(都評議使司, 都堂)에서 국정을 좌우했다. 이들의 원과의 관계 속에서 성장한 만큼, 친원정책을 통해 지신들의 입지를 더욱 공고히 하고자 하였다.

권문세족에게 권력이 집중되면서 각종 사회적 폐단을 일으켰다. 그 중 가장 대표적인 것이 대토지 소유의 문제였다. 이들은 전시과 제도가 붕괴된 상황에서 대규모의 농장을 소유하였고 수많은 노비를 거느렸다. 대농장 경영은 권문세족뿐만이 아니라 왕족·국가기관·사찰 심지어 국왕에 이르기까지 횡행하였다. 이들은 사패전(賜牌田)을 지급받거나 혹은 타인의 토지를 빼앗거나 기증받는 형태로 농장을 확대시켰다.

농장은 사실상 세금을 내지 않는 땅으로, 권문세족은 이를 바탕으로 막

사료

이제로부터 만약 종친(宗親)으로서 동성(同姓)에 장가드는 자는 황제의 명령을 위배(違背)한 자로써 처리할 것이니 마땅히 여러 대를 내려오면서 재상을 지낸 집안의 딸을 취(娶)하여 부인으로 삼을 것이며 재상(宰相)의 아들은 왕족의 딸과 혼인함을 허락할 것이다.
『고려사』 세가33
충선왕 복위년 11월

사패전(賜牌田)

사급전(賜給田)이라고도 불리었다. 원래 공신들에게 일정 지역의 세금을 국가 대신 받을 수 있는 권한(수조권)을 주는 제도였다. 원간섭기 때에는 새로 개간된 땅을 사패전으로 설정하였는데, 이러한 토지는 사실상 국가에서 세금을 받지 않는 면조지였다.

대한 부를 축적할 수 있었다. 반면 농민들은 과중한 세금과 요역을 피하기 위해, 혹은 빚을 감당하지 못하여 토지를 잃고 농장의 노비로 전락하거나 유랑민이 되기도 하였다. 토지를 잃은 유랑민의 고단한 삶은 고려속요 「청산별곡」에도 잘 나타나 있다.

사료

근래에 교활한 무리들이 오래전부터 묵은 땅이라 핑계대고 산천으로써 표식를 삼고 함부로 사패(賜牌)를 받아 자기의 소유로 삼고 세금을 바치지 않으니 논밭이 비록 개간(開墾)되었으나 국가의 조세는 해마다 줄어든다.

『고려사』 지32
식화 전제 경리

5. 성리학의 수용과 신진사대부의 대두

고려 후기에 이르면 원으로부터 새로운 유학의 경향인 성리학(性理學)이 소개되었다. 성리학은 인간 본연의 심성을 탐구하는 학문으로, 맹자의 심성론에 기초한 이른바 신유학(新儒學)의 한 갈래이다. 당대의 한유(韓愈)를 시작으로 송대의 주돈이(周敦頤)·정호(程顥)·정이(程頤)를 거쳐 발전하였으며, 남송의 학자 주희(朱熹, 朱子)에 의해 집대성되었다. 이때에 이르러 성리학은 인문·자연철학을 통합하고 개인의 수양에서 가정, 촌락, 국가의 통치에 이르기까지의 질서를 아우르는 학문체계로 발전하였다. 남송이 멸망한 후, 원에서도 왕성하게 연구되어 원의 과거시험에서 성리학이 중요한 분야로 다루어질 정도였다.

고려에 성리학이 수용될 때에도 원나라와의 관계가 중요하게 작용하였다. 처음 성리학은 원에서 유행하는 선진 학문으로서 고려에 소개되었지만, 성리학적 소양을 가진 관료들이 고려의 과거시험을 관장하게 되면서, 관료로 출세하기 위해서라도 성리학을 받아들일 필요가 있었던 것이다.

고려에서 성리학을 수용한 시조로는 안향(安珦)을 꼽는다. 안향은 원간섭기가 시작되는 무렵인 충렬왕대의 인물이다. 1289년 충렬왕을 따라 원에 가서 주자학을 도입하고 대대적으로 국자감(國子監, 이후 성균관)의 장학사업을 실시하였다. 이후 권부(權溥)·백이정(白頤正)을 거쳐 이제현(李齊賢)과 그 문하의 이색(李穡)으로 계승되어 발전하였다. 이색과 그의 제자인 정몽주(鄭夢周)·정도전(鄭道傳)·이숭인(李崇仁)·권근(權近) 등의 인물은 14세기 대내외적으로 위기에 처한 고려 사회의 개혁을 추진하는 구심적인 존재로 활약하였다.

이와 같이 성리학 사상을 바탕으로 고려 후기에 새로이 관료로 진출한 유학자 세력을 신진사대부(新進士大夫) 혹은 신흥사류(新興士類) 등으로 부른다. 이들은 권문세족과 대립하며 고려 후기의 각종 개혁에 앞장섰고, 결국 조선왕조 개창을 주도하는 세력이 되었다.

신진사대부를 권문세족과 비교하면 기본적으로 다음과 같은 특징을 갖는다.

① 대대로 고위관료를 배출한 권문세족과 달리, 지방의 향리층 출신으로, 당대 혹은 2~3대 전에 중앙으로 진출했다.

② 음서를 이용하기보다 성리학적 소양을 가지고 과거에 급제하여 관료로 진출하였다. 좌주·문생 관계를 중심으로 정치세력을 형성하였다.

③ 대토지 소유자이면서 개경에 근거를 가지는 권문세족과 달리, 지방 중소지주 출신으로 토지제도 개혁과 농업기술 발전 등에 관심이 많았다.

④ 권문세족·부원배를 배격하고 불교를 이단시하였다.

신진사대부가 기본적으로 위와 같은 특징을 가진다고 해도, 신진사대부와 권문세족을 명확하게 구분하기 힘든 경우도 많다. 신진사대부 중에서도 대대로 중앙관료였던 집안 출신인 경우도 적지 않았고, 신진사대부로 출세한 인물의 후손이 권문세족화하는 사례도 있었다. 또 권문세족 출신의 인물이 성리학자 밑에서 수학하여 신진사대부가 되거나, 신진사대부가 권문세족의 사위가 되어 인척관계를 맺는 경우도 있었다. 또 원의 관료가 된 사람 중에는 신진사대부 출신으로 원의 과거에 응시하는 사례도 다수 있었다.

신진사대부 사이에서도 외교관계에 대한 시각은 다양하였기 때문에, 단순히 '친원=권문세족·친명=신진사대부'의 구도로 나눌 수 있는 것은 아니었다. 불교에 대해서도 단순히 불교를 배격하는 입장은 아니라는 것을 알 수 있다. 당시 성리학자들의 문집을 보면, 승려와 인적교류를 하고 사찰을 방문하는 경우가 매우 흔하게 나타나고 있다. 신진사대부가 불교에 대해 비판적인 견해를 보이는 것은 근본적인 사상의 이질성 때문이기도 하지만, 고려후기의 각종 폐단에 깊이 연루되어 있었던 불교를 개혁의 대상으로 간주했던 것으로 볼 수 있다. 신진사대부는 불교의 문제점을 인식함과 동시에 사상적인 가치는 존중하고 있었다.

6. 신진사대부의 개혁정책

신진사대부는 고려 사회의 각종 폐단을 바로잡기 위한 각종 개혁 정책에 참여하였으며, 그 과정에서 권문세족과 대립하였다.

14세기 초 충선왕·충목왕 등이 정치 개혁을 실시하고자 하였으며, 이때 신진사대부들이 크게 호응하였다. 하지만 권문세족과 원의 방해로 성공을 거두지는 못하였다.

1351년 왕위에 오른 공민왕의 개혁운동에서 신진사대부의 참여는 더욱 두드러졌다. 이 시기에 이르면 원의 세력이 점차 약해지고 한족 출신의 주원장(朱元璋)에 의해 명이 건국된다. 공민왕이 반원개혁을 실시하자, 친원적인 성격의 권문세족은 권력 기반이 흔들리고 있었다. 한편 신진사대부는 공민왕의 반원 개혁에 적극적으로 참여하였다.

공민왕은 기황후의 오빠로 고려 국내에서 권력을 휘두른 기철을 주살하고 원나라가 영흥 지역에 설치한 쌍성총관부(雙城摠管府)를 공격하여 철령 이북의 영토를 수복하였다. 고려 내정을 간섭해오던 정동행성 이문소를 혁파하고, 관제를 3성 6부 체제로 복구하고 정방을 폐지하였다. 변발과 호복 등 원나라의 풍습을 금지하고, 원의 연호 대신 명의 연호를 사용하였다. 신돈(辛旽)을 등용하여 각종 왕권 강화책을 실시하였다. 전민변정도감(田民辨整都監)을 설치하여 토지와 노비를 조사, 권문세족의 경제적 기반을 약화시키고자 하였다. 국학진흥책을 실시하여 성균관(成均館)을 확대하고 이색을 대사성으로 임명하였다. 1370년(공민왕 19) 12월에는 요동정벌을 단행하여 일시적으로 요동 지역을 점령하기까지 하였다.

1371년(공민왕 20) 권문세족의 반발로 인해 신돈은 제거되고, 1374년 공민왕도 암살되기에 이른다. 하지만 공민왕의 각종 개혁은 어느 정도 성과를 거두었고, 무엇보다 이 과정에서 신진사대부 계층이 크게 성장하여 권문세족에 대항할 만한 세력을 갖추게 되었다. 이색 등이 개혁정치에 참여하여 후진을 이끌어주는 역할을 하였고, 성균관은 개혁에 필요한 인재를 공급해주는 역할을 하였던 것이다.

우왕대가 되자 개혁정치는 일시적으로 정체되었다. 우왕의 후견인을 맡은 권신 이인임(李仁任) 등 친원파 세력이 다시 고개를 들었던 것이다. 이에 공민왕대에 실시했던 권문세족 억제와 반원적인 개혁이 쇠퇴하였다. 동시에 왜구와 홍건적의 공격이 끊이지 않았다.

하지만 그 와중에도 신진사대부 세력의 성장은 멈추지 않았다. 이색을 비롯하여 김구용(金九容)·정몽주·이숭인·정도전 등의 인물이 본격적으로 정계에서 활동하기 시작했다. 이들은 이인임 세력을 견제하기 위하여 함흥 지역의 신흥무인세력인 이성계(李成桂) 세력과 손을 잡았다.

1388년(우왕 14) 이성계와 신진사대부 세력은 위화도 회군을 계기로 최영과 이인임 등을 친원파의 거두를 실각시켰다. 우왕을 폐위시키고 그 아들 창왕을 왕위에 앉혔고, 이듬해(1389년)에는 우왕과 창왕은 신돈의 자손이며 가짜 왕이라고 하여 다시 공양왕을 세웠다(폐가입진, 廢假立眞).

위화도 회군 이후 권문세족은 정치적 주도권을 상실하였고, 정치의 주도권이 오롯이 신진사대부의 손에 놓이게 된다. 개혁의 급선무는 세금을 내지 않는 농장의 문제, 즉 사전(私田)을 혁파하는 것이었다.

당시 고려에는 세금을 내지 않는 농장이 확대되어 국가 재정을 빈곤하게 하였다. 반대로 자영농의 토지에 세금이 중복 부과되어 경영이 불가능한 경우도 있었다. 사대부들은 이러한 문제를 진작부터 인식하고 바로잡기 위해 노력했으나 대농장소유

정도전 [출처 : 봉화정씨 문헌공종회]

주인 권문세족들에 의해 매번 실패하였다.

그런데 사전의 개혁을 두고 시각의 차이에 따라 사대부층 내에서도 온건파와 급진파로 의견이 나뉘게 되었다. 이색·권근 등 온건파는 기존 지주층의 소유권을 어느 정도 인정하는 차원에서 한 땅에 세금이 중복되는 일이 없도록 정상화시키는 계획을 내놓았다. 정도전·조준 등 급진파는 계민수전(計民授田)을 통해 전국의 토지를 몰수하여 경작민에게 분배하는 안을 제시하였다. 결국 이는 갈등 끝에 조준이 절충안으로 내놓은 과전법(科田法)을 실시하는 차원에서 마무리가 되었다.

개혁을 놓고 벌어진 신진사대부 계층 내부의 갈등은 결국 새 왕조의 개창을 놓고 크게 불거지게 되었다. 즉 고려왕조를 존속하자는 세력과 이성계를 중심으로 새 왕조를 건설하고자 하는 세력으로 나뉘게 된 것이다. 이

▶ 위화도 회군(威化島回軍)
1388년 명나라가 철령위(鐵嶺衛)를 설치해 철령 이북의 땅을 요동도사(遼東都司)의 관할 아래 두겠다고 통고해 왔다. 4월 우왕은 이성계의 반대를 무릅쓰고 최영·조민수·이성계를 보내어 요동정벌을 단행하였다. 5월 이성계와 조민수는 군사를 돌려 개경으로 향하였고, 신진사대부 관료가 내응하였다. 우왕은 퇴위되고, 최영 등 친원파는 실각하였다.

▶ 과전법(科田法)
1391년(공양왕 3) 5월 공포된 토지법. 남발되었던 수조지·면조지를 국가에 귀속시키고, 이것을 현직 관료와 관청을 대상으로 재분배하였다. 또한 수조권에 대해 토지 소유권을 강화하고 조세를 10분의 1조로 고정하였다.

것은 단순히 갈등으로 그친 것이 아니라, 치열한 정쟁으로 전개되었다. 온건파인 이색·우현보(禹玄寶) 뿐만이 아니고 개혁정치에 적극적이었던 이숭인·권근 등의 인물조차 역모죄에 연루되어 탄핵되었다.

1392년(공양왕 4)에는 이성계의 아들 이방원에 의해 정몽주가 주살되었다. 정몽주 사후 3달이 지나지 않아 이성계가 공양왕에게서 선양을 받아 조선이 건국되었다. 하지만 신진사대부들에 의한 개혁이 아직 마무리된 것은 아니었다. 권문세족을 무너뜨린 이후 신진사대부는 내부의 갈등을 겪게 되었다. 일부는 조선 왕조의 건국에 참여하게 되었지만, 일부는 그 과정에서 제거되거나 스스로 관직을 버리고 지방에 은거하였다. 이러한 갈등은 조선이 건국된 후 관학파와 사림파의 모습으로 재현되었다. 이러한 갈등에도 불구하고 신진사대부의 궁극적인 목적은 '이상적인 성리학 국가 건설'이라는 점에서 대체로 일치하고 있었다.

요컨대 고려 후기 신진사대부 개혁의 목적은 고려후기 사회가 가진 모순을 근본적으로 해결하는 데 있었다. 그 모순을 만들어내는 근원이자 개혁을 방해하는 존재가 바로 권문세족이었다. 그리고 권문세족들이 배후가 되는 세력이 바로 원이었던 것이다. 명분을 중시하는 성리학자들이 신하된 몸으로 군주를 끌어내리고 새 왕조를 개창한다는 극단적

정몽주 초상 [출처 : 문화재청 국가문화유산포털]

인 방법을 택한 것은, 근본적인 개혁을 이루기 위한 것이었다. 그리고 조선 전기의 정치사 역시 역성혁명으로 건국된 조선 왕조의 정당성을 확보하는 것이 가장 중요한 쟁점이 되었다고 할 수 있다.

【참고문헌】

국사편찬위원회 편, 『한국사』 19, 탐구당, 2013.

김광철, 『고려후기세족층연구』, 동아대학교 출판부, 1991.

민현구, 『고려정치사론』, 고려대학교 출판부, 2004.

박종기, 『새로 쓴 5백년 고려사』, 푸른역사, 2008.

이남복, 『고려후기 신흥사족의 연구』, 경인문화사, 2004.

이익주, 「고려말 신흥유신의 성장과 조선 건국」, 『역사와 현실』 29, 한국역사연구회, 1998.

한국중세사학회 편, 『21세기에 다시 보는 고려시대의 역사』, 혜안, 2018.

II 중세 1

학습목표

◆ 고려전기 다원적 국제질서가 형성되는 과정과 그 특징을 살펴본다.
◆ 고려후기의 대외정책과 원 간섭기의 고려사회 모습을 살펴본다.

1. 대분열의 시대

고려시대는 다른 시대보다 주변의 여러 왕조들과 접촉과 충돌이 많았다. 국초 이래 중국대륙의 5대(五代) 10국 및 송(宋), 북방왕조인 요(遼)·금(金), 고려후기에는 원(元), 명(明)과 관계를 맺고 있었고, 또 고려전기부터 일본과도 일정한 교류를 하고 있었다.

고려왕조가 건국되던 10세기 초를 전후하여 동아시아 사회는 대격변의 시기에 접어들었다. 7세기 성립한 당(唐)은 세계를 중화와 오랑캐로 구분하는 화이론(華夷論)을 사상적 기반으로 하여 주변 여러 나라와 조공책봉체제(朝貢冊封體制)를 통해 동아시아 세계의 중심으로 자리 잡았다. 이러한 당 왕조가 907년 무너지면서 동아시아 사회는 여러 왕조가 등장하여 새로운 국제질서의 마련을 준비하게 되었다. 먼저 중국대륙에서는 한족(漢族)에 의한 5대 10국의 극심한 왕조의 변천이 나타났다. 북중국의 만주 일대에서는 거란족이 중국대륙에서의 힘의 공백 상태를 틈타 907년 강력한 정복국가를 건설하여 926년에는 발해를 멸망시킨 후 동북아시아의 새로운 강자로 등장하였다.

한반도에서는 통일신라가 9세기 중엽 이후 지방에 대한 지배력을 상실하면서 각지에서 성주(城主)·장군(將軍)을 자칭하는 지방세력들이 등장하고, 이들 지방세력들은 몇 개의 중심축으로 다시 묶여져서 후삼국이 정립하게 되었다.

조공책봉체제
화이사상에 입각한 중국 중심의 외교질서. 중국 황제가 주변국의 통치자를 교화한다는 명분 아래 주변국의 통치자를 제후와 같이 임명하였던 의례적 외교장치가 책봉이었고, 주변국의 통치자들은 책봉에 감사해 중국 황제에게 자국의 특산물 등을 예물을 바치는 외교제도가 조공이었다.

한편 이 무렵 일본은 헤이안[平安]시대로서 9세기 중엽에 이르러 천황을 대신하여 정치의 중심으로 떠오른 후지와라[藤原]씨에 의한 귀족정치가 열리고 있었다. 9세기 말부터 후지와라씨는 절대적인 통치권을 장악하는 「셋츠[攝]」·「간[關]」이라는 두 지위의 독점과 황족의 외척이 되는 특권을 보유하며 200년 가까이 일본정치를 주도하게 된다.

고려는 이와 같이 동아시아 사회가 격변하는 무렵에 건국되어 주변 여러 국가와 새로운 국제질서를 모색하게 된다.

2. 다원적 국제질서의 형성

10세기초 동아시아 사회의 분열은 10세기 중반이 되면 통합왕조가 등장하면서 끝나게 된다. 거란에 이어 936년 고려왕조가 후삼국의 분열을 마감하고 통일왕조를 형성하였으며, 중국대륙에서도 960년 송이 건국되어 5대 10국의 시대를 마감하게 되었다. 그러나 이전의 당과 같이 하나의 강력한 국가를 중심으로 하는 동심원적 국제질서는 이루어질 수 없었다. 즉 고려, 송, 거란이 동아시아의 패권을 둘러싸고 각축을 벌이는 다원적 국제질서가 형성되었다.

1) 한족과의 관계

고려왕조는 건국 직후부터 5대의 여러 왕조와 적극적인 외교 관계를 맺고자 노력하였다. 이는 후백제와의 경쟁에서 외교적으로 유리한 위치를 확보하려는 의도도 있었고, 후삼국을 통일한 뒤에는 북중국의 패자로 떠오른 거란을 견제하기 위해서도 필요하였다. 고려는 5대 뿐만 아니라 남중국의 오월(吳越)·남당(南唐) 등과도 외교관계를 맺음으로써 이들 왕조들과 긴밀한 관계를 유지하고 있던 후백제를 견제하기도 하였다.

　　5대 10국의 여러 왕조들의 입장에서도 극심한 왕조의 교체 속에서 자국의 정치적 안정을 위해서 고려와의 외교적 우호관계는 필요하였다. 뿐만 아니라 936년 거란이 점령한 연운(燕雲) 16주(州)의 회복을 위해서는 고려와의 공동연대가 필요하였기 때문에, 고려와의 친선관계의 유지는 중요하였다.

　　960년 송이 건국된 후 2년 후인 962년(광종 13)에 사신을 파견함으로써 고려와 송의 외교관계가 수립되었다. 고려는 문화적 욕구뿐만 아니라 거란의 팽창정책에 대응하기 위해 송과의 외교관계를 적극적으로 맺고자 하였다. 한편 이 무렵 동아시아의 외교현안은 이른바 연운 16주의 패권을 둘러싼 송과 거란간의 분쟁이었다. 연운 16주는 북경 이북에서 요동반도 사이에 있는, 만리장성을 중심으로 한 16개 지역으로 전략적 중요성이 매우 큰 지역이었다. 이 지역을 두고 송과 거란이 대립하고 있었다. 따라서 송 역시 고려와 우호적 관계를 유지하는 것은 대단히 중요한 문제였다.

　　이후 양국의 외교관계는 북방왕조에 대한 서로간의 입장차이로 인해 단절과 재개가 반복되었지만 대체로 우호적 관계가 유지되었다. 송은 북중국의 패자인 요와 그 이후 거란을 이어 등장한 금에 대한 군사적 견제 차원에서 고려를 필요로 하였다. 이른바 '연려제요(聯麗制遼)' 또는 '연려제금(聯麗制金)' 정책 차원에서 고려와의 친선을 유지하고자 하였다.

　　고려는 오대나 송이 요구하는 조공체제를 받아들였는데, 이는 상징적이고 의례적 신속(臣屬)관계에 불과하였다. 이러한 조공체제를 받아들이면서 실리주의에 입각하여 대륙의 선진문물을 적극적으로 수입하는 것에 역점을 두었다. 따라서 양국의 관계는 정치·군사적 측면보다도 경제적·문화적·인적 측면에서의 교류가 보다 활발하게 이루어졌다.

사료

내사문하성에서 아뢰기를 … 더구나 우리나라는 문물예악(文物禮樂)이 흥성한 지가 이미 오래며 상선(商船)이 끊임없이 출입하여 날마다 귀중한 보배가 들어오고 있사오니 중국에서는 실로 도움을 받을 것이 없습니다. 만일 거란과 국교를 영원히 끊지 않으려면 송나라와 사절을 교환해서는 안됩니다.
『고려사』 세가8, 문종 12년 8월

2) 북방민족과의 관계

(1) 거란과의 관계

연운 16주 지도
936년 석경당이 거란의 원조를 받아 후당(後唐)을 멸망시키고 후진(後晉)을 세운 대가로 거란에 할양한 땅으로, 만리장성 남쪽에 있는 16지역이다. 한족국가와 북방왕조 사이에 오랫동안 분쟁의 불씨가 되었다.

　고려전기와 중기에는 한족과의 관계보다는 북방민족과의 관계가 고려국의 운명을 좌우할 정도로 중대하였다. 거란의 팽창정책과 고려의 북진정책은 서로의 국경을 마주하고 충돌할 수밖에 없었다. 연운 16주를 둘러싸고 송과 군사적으로 대치하고 있던 거란은 그들의 배후에 있는 고려가 송과 우호적 관계를 유지하는 것을 차단하고자 하였다. 거란은 송과의 전쟁에 앞서 993년(성종 13) 고려에 침입하였다(1차 침입). 거란의 1차 침입의 목표는 송과 고려의 외교관계를 차단하기 위한 것이었다. 거란의 침입에 대해 고려 지배층의 일각에서는 서경 이북의 땅을 거란에게 떼어주고 거란과 화약하자는 일명 할지론(割地論)이 제시되었다.

　이때 서희(徐熙)는 할지론자들의 주장을 일축하고, 거란과 만나서 그들의 침입 의도를 알고 난 이후 싸우거나 화친을 맺자고 주장하였다. 서희는 거

할지론

거란은 993년에 소손녕(蕭遜寧)을 장군으로 삼아 80만 대군을 이끌고 고려를 침공하였다. 거란군의 침공으로 북쪽 경계의 봉산군이 격파당하자 고려 조정에서는 거란에게 항복하자는 견해와 서경(西京, 지금의 평양) 이북의 땅을 떼어주고 화해하자는 할지론(割地論)이 등장하였다.

사료

성종 13년에 서희는 군사를 영솔하고 여진을 구축하여 장흥(長興), 귀화(歸化) 두 진(鎭)과 곽주(郭州), 구주(龜州) 두 고을에 성을 쌓고 이듬해에는 또다시 군사를 영솔하고 안의(安義), 흥화(興化) 두 진에 성을 쌓았으며 또 그 다음해에는 선주(宣州), 맹주(孟州) 두 고을에 성을 쌓았다.

『고려사』열전7, 徐熙 傳

란 장수 소손녕(蕭遜寧)을 만나 거란의 목적을 파악한 후, 그들의 요구대로 송과의 관계를 단절하고 거란과의 조공관계를 받아들였다. 그 대신 고려가 고구려의 계승국임을 분명히 밝히고, 여진족이 점거하고 있던 압록강 일대에 대한 고려의 영유권을 거란이 받아들인다는 외교적 담판이 이루어졌다. 이에 따라 압록강 이동 280리 지역을 얻어, 이곳에 강동(江東) 6주를 설치하였다. 즉 서희의 담판을 통해 고려는 송과의 관계를 끊고 거란과 외교관계를 맺는다는 조건으로, 강동 6주 지역을 얻는 실리를 선택한 것이다. 그것은 한편으로는 강대국과의 군사적 대결을 피하면서 변화되는 국제질서에 편승하는 것이기도 했다.

고려가 획득한 강동 6주는 전략적·경제적으로 요충지였다. 이 지역을 점령당하면 외적이 서경과 개경으로 바로 내려올 수 있는 길목에 해당하였다. 거란은 이 지역을 고려에 양도함으로써 고려를 견제할 전략적 요새를 상실하였다. 또한 강동 6주를 둘러싼 압록강 일대 지역은 여진·송·거란과 고려 간 교역의 중심지였다. 송은 이 지역에서의 교역을 통해 그들이 필요로 하는 전략물자인 말, 무기 등을 조달받았고, 거란 역시 이 지역을 통해 식량, 종이 등 그들이 필요한 각종 생필품을 구입하였다. 강동 6주의 중요성을 뒤늦게 깨달은 거란은 고려에게 이 지역의 반환을 요구하게 되고, 이는 두 나라간의 긴장을 유발하는 중요 요인으로 되어 이후 거란의 2, 3차 침입이 일어나게 되었다.

거란과 화약을 맺은 이후에도 고려는 거란의 팽창정책에 대한 우려로 1003년(목종 6) 다시 송과의 국교를 재개함으로써 등거리 외교전술을 구사하였다. 이러한 고려의 2중적 외교전술은 거란을 자극하게 되었다. 고려와의 화약(和約)을 통해 후방을 안정시킨 거란은 1004년 송과의 전투에서 송을 굴복시켜 동아시의 주도권을 장악하고, 이를 정착시키기 위해 고려를 완전히 제압하고자 하였다. 거란은 고려 1010년(현종 1) 강조(康兆)의 정변을 구실 삼아 다시 침입하였다(2차 침입). 거란은 강동 6주를 함락시키지 못한 채 우회하여 일시 개경을 점령하였으나, 고려군은 적의 후방 보급선을 차단하고 동시에 곳곳에서 요격하여 거란군

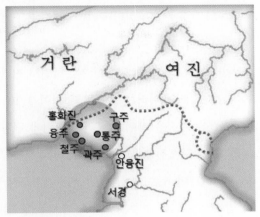

강동 6주 지도
서희의 외교담판으로 획득한 압록강 남쪽의 6지역으로 고려시대 서북면에 소속되었다. 위치는 압록강 하류와 청천강의 중간 지역으로 현재의 평안도 지역이다.

에게 심대한 타격을 입혔다. 고려군의 공격으로 곤경에 빠진 거란군은 현종이 거란에 친조(親朝)하겠다는 강화책을 제시하자, 이를 받아들여 철군하였다.

그러나 고려 국왕의 친조는 처음부터 전쟁을 끝낼 명분에 불과한 것으로 실현될 수 없는 것이었고, 거란의 주된 목적은 바로 강동 6주의 반환에 있었다. 이는 거란이 1012년(현종 3) 강동 6주의 반환을 강하게 요구하였다는 사실을 통해서도 알 수 있다. 이에 고려는 송과의 국교를 재개하는 동시에 거란과의 관계를 끊었다. 이것을 계기로 거란은 1018년(현종 9) 다시 고려를 침입하였다(3차 침입). 거란군은 3차 침입 때도 강동 6주를 점령하지 못한 채 우회하여 개경부근까지 이르러 국왕의 친조를 조건으로 철군하다가, 강동 6주의 한 곳인 구주(龜州)에서 강감찬(姜邯贊)이 이끈 고려군에게 섬멸당하였다.

거란의 고려 침입이 좌절됨으로써 동아시아 세계는 고려·송·거란의 3국이 힘의 균형 상태를 이루게 되고, 고려는 대외관계의 안정을 바탕으로 송,

거란과의 활발한 문물교류를 통해 사회 발전을 이룰 수 있었다.

(2) 금과의 관계

한반도 북부와 만주 일대에 거주하면서 거란과 고려의 지배를 받던 여진족이 12세기 초 여러 부족을 통일하여 1115년(예종 10) 금(金)을 건국하였다. 거란은 여진을 제어하기 위해 고려에 원병을 요청하였으나, 고려는 실리를 우선하는 전통적 대외정책에 따라 양자의 전쟁에 관여하지 않았다. 오히려 1117년(예종 12) 금이 거란을 공격하자, 고려는 거란이 점유하고 있던 압록강 유역의 보주(保州, 지금의 의주)를 점령하였다. 보주는 교통과 교역의 중심지이자 강동 6주의 안전을 위협하는 거란의 거점지역이었다. 금은 이를 인정해 주는 대신 형제의 맹약을 맺을 것을 요구하였다. 금은 고려와 거란을 이간시키려는 목표가 있었고, 고려는 신흥 강국 금과의 관계 개선과 함께 영토적 실리를 획득하였다.

연운 16주 수복을 꿈꾸던 송은 1121년 금과 연합해서 거란을 공격하고자 하였다. 고려는 송에 사신을 보내 금과의 동맹이 위험하다고 경고하였다. 이는 두 나라가 동맹을 맺는 것이 고려에게 이익이 되지 않는다는 실리적 측면 때문이었다. 송은 고려의 경고를 무시하고 1125년 금과의 함께 거란을 공격하여 멸망시켰지만, 1126년 금의 공격을 받아 수도가 함락되고 황제가 잡혀가는 비극을 맞이하였다. 이후 송은 양자강 남쪽으로 내려가 남송(南宋)을 건국하게 된다. 중원의 패자로 군림하게 된 금은 고려에 대해 군신관계를 요구하였다. 이와 같은 여진의 요구에 대해 고려조정에서는 찬반의 논의가 있었지만, 결국에는 그들의 요구를 받아들여 금과 조공관계를 맺게 된다. 현실적으로 금의 세력이 너무 강대해진데다가 이자겸(李資謙)이 자신의 권력 유지를 위해 고려는 대외적 평화책을 선택하였다. 이를 통해 금과의 군사적 충돌은 피할 수 있었지만, 고려의 전통적 정책이던 북진정책은 타격을 받게 되고, 이에 따라 일부 지배층의 반발은 1135년 묘청의 난으로 폭발하게 된다.

이후 동아시아의 국제질서는 금의 절대적 우위를 인정하는 가운데, 고려, 금, 남송의 삼각관계가 새로이 정립되어 이후 약 1세기 걸쳐 안정된 평화 시기를 맞이하였다.

3) 북방민족과의 교류

고려는 요나 금에 대해서 조공체제를 바탕으로 하는 외교관계를 수립하였다. 그들의 연호나 역법을 받아들임으로써 상징적으로 종속관계를 유지하였다. 고려는 요나 금의 강력한 무력에 승복하는 자세를 취했지만 송에 대한 것과 같은 것은 아니었다. 고려는 북방민족과 외교관계를 맺고서도 여전히 송에 대해 우호적 관계를 유지하고자 하였다. 한편 요와 금은 송을 견제하기 위해서도 고려에 대해 종주국으로서의 위치를 확고하게 할 수 없었다. 따라서 실질적 외교에 있어서는 쌍무적인 대등한 관계를 바탕으로 한 불간섭주의 내지 유화정책을 구사하여 원만한 관계 유지에 노력하였다.

이러한 정치·외교적 교류에 수반하여 경제적·문화적 교류도 이루어졌다. 조공을 통해 국가적 차원의 무역뿐만 아니라 조공에 수반하는 사신들에 의한 사행무역(使行貿易)이 활발히 이루어졌다. 이들 지역에 파견되는 사신단은 대략 40~50명 정도였는데, 1년에도 몇 차례씩 상호간의 왕복이 있었기 때문에 무역량은 상당한 것이었다고 추측된다. 사신단의 왕래에 수반하여 서로 간에 문물을 전수해 주기도 하였다. 한편 양국의 국경지대에는 호시장(互市場)인 각장(権場)이 개설되어 양국 상인들 간의 교역이 이루어졌다. 금, 은, 공예품, 식량, 포목, 문방구 등의 물품이 북방으로 수출되었고, 단사(丹絲), 양(羊), 모피, 말, 무기 등의 물품이 고려에 수입되었다.

3. 몽고와의 관계

1) 대몽항쟁기의 대외정책

고려의 등거리 실리외교 정책은 몽고의 등장 이후 무너지기 시작하였다. 1206년 칭기스칸은 제국을 건설하고 동쪽으로 세력을 확장하여 1121년에는 금을 정복하였다. 고려와 몽고가 처음 접촉한 것은 1216년(고종 3) 몽고가 금을 공격하자 금의 지배아래 있던 거란족이 각지에서 봉기하여 그 한 갈래가 고려로 밀려들어 오면서부터였다. 고려와 몽고 연합군은 1218년(고종 5) 거란족을 강동성(江東城)에서 멸한 후 양국은 처음으로 공식적 관계를 맺었다.

이후 몽고의 무리한 세공(歲貢) 요구에 대해 고려는 받아들일 수 없었고, 그런 가운데 몽고사신 저고여(著古與)가 귀국길에 피살되는 사건이 발생하여 양국관계는 파탄을 맞이하였다. 1231년(고종 18) 몽고군의 침입으로 전쟁이 시작되어 이후 1258년(고종 45)까지 약 30여 년 동안 무려 6차례에 걸쳐 대규모 전쟁이 일어났다.

몽고의 1차 침입이후 고려는 강화도로 수도를 옮기고 몽고와의 장기적 항전태세를 갖추었다. 고려는 몽고군의 침입에 대응하여 수성청야(守城淸野) 작전을 구사하여 백성들을 섬과 산성으로 입보(入

강화 고려궁지

사적 133호. 고려가 몽골의 침략에 대항하기 위해 개경에서 강화도로 수도를 옮긴 1232년부터 다시 환도(還都)하는 1270년까지 39년 동안의 고려궁터이다. [출처 : 문화재청 국가문화유산포털]

(保)시킴으로써 장기전을 준비하였다. 한편으로는 사신을 보내어 강화하고자 하는 전략도 함께 구사하면서 항전을 계속하였다. 전쟁이 장기화하자 몽고는 전쟁종식의 명분으로 고려에게 두 가지 요구조건을 내걸었다. 강화도에서 개경으로 환도할 것과 국왕이 직접 몽고 황제에게 항복하는 국왕의 친조(親朝)였다. 고려는 1259년(고종 46) 이 요구조건에 동의하면서 강화를 하였다. 그렇지만 두 가지 조건 중 국왕의 친조는 끝내 거부한 채 국왕 이름으로 왕족을 대신 보내기도 하고, 때로는 관료를 왕족으로 내세워 보냈다가 발각되기도 하였다. 결국 국왕 대신 고종의 태자가 몽고에 파견되어 항복의 뜻을 전하였다. 개경 환도도 이때부터 10여 년이 지나서 이루어졌다.

대몽항전기 고려의 대외정책은 한마디로 '벼랑 끝 외교' 전술과 같은 것이었다. 강력한 몽고제국에 맞서 한편으로는 협상하고 한편으로는 저항하면서, 국내적으로 무려 16년간에 걸친 고려대장경의 조성이라는 거대한 사업을 통해 국력을 결집시켰다. 이러한 고려의 대외정책으로 인해 고려가 몽고에 항복한 이후에도 몽고는 고려를 직접 지배하기 보다는 독립국으로서의 지위를 유지시켜 간접적으로 지배하는 방법을 선택하였다.

2) 불개토풍(不改土風)의 원칙

뒷날 원종으로 즉위하는 고려 태자가 1259년 강화를 위해 쿠빌라이를 만났을 때 쿠빌라이는 크게 반기면서 앞으로 고려의 제도와 풍속을 존중하겠다는 대고려정책, 이른바 불개토풍의 원칙을 밝혔다. 이 불개토풍의 원칙은 이후 원이 고려에 내정간섭과 개입을 할 때마다 이를 막아내는 유효한 지침이 되었다. 이를 흔히 '세조구제(世祖舊制)'라고 한다.

쿠빌라이가 집권하기 이전까지 몽고의 대외정책은 이른바 6사(六事)로 표현되는 정복과 약탈의 대외전략을 구사하였다. 6사란 왕족이나 자제를 인질로 삼는 입질(入質), 호구조사, 몽고군에게 식량과 조부(租賦)를 바치는 일, 정복사업에 군사를 제공하는 조군(助軍), 다루가치[達魯花赤] 설치, 역참(驛站)의 설치를 말한다. 몽고는 6사를 내걸고 만약 이것을 수용하지 않으면 무자비한 파괴와 살육을 일삼는 정복전쟁을 벌였다. 이는 군사적 기동력과 현지성이 요구되는 전략물자를 절실하게 필요로 했던 유목민족 특유의 대외정책이었다.

1260년 쿠빌라이의 즉위는 몽고와 고려 양쪽의 지배세력이 크게 변동하는 계기이자, 양국 관계에서 하나의 큰 전환기가 되었다. 원나라는 쿠빌라이의 집권을 계기로 정복 약탈의 대외전략을 구사했던 유목계 본지파(本地派) 대신 농경계 한지파(漢地派)가 정권을 장악하였다. 한지파는 종래 화이론에 입각한 중국의 전통적 대외정책을 채택하였다. 한편 고려 역시 1259년 몽고와의 강화를 계기로, 항전론을 주장하던 무신정권이 붕괴되고 문신 중심의 왕정복고가 이루어졌다.

쿠빌라이는 아직 끝나지 않은 남송 정벌과 왕위계승전의 와중에, 고려태자가 그를 찾아 온 것은 그의 정치적 입지를 굳히는 결정적 명분으로 삼았다. 쿠빌라이가 고려왕실의 존재와 고려의 제도·풍속을 그대로 인정한 것도 이러한 사정이 반영된 것이었다고 볼 수 있다.

3) 원 간섭기 고려사회

비록 불개토풍의 원칙이 적용되었지만 1367년 원이 멸망할 때까지 약 100년 동안 고려의 자주성은 심각하게 침해되었다. 먼저 그들과 접경한 북부지역 및 남부의 일부를 빼앗아 고려의 국력을 크게 약화시켰다. 또 다루가치를 파견하여 각종 내정 간섭을 하고, 고려에 군사를 주둔시켜 정치·군사적으로 고려를 통제하였다. 또 충렬왕대에는 정동행성(征東行省)을 설치하여 정치적 압력을 강화시켜 갔다. 원은 정동행성을 통하거나 사신을 직접 파견하여 고려 국정 전반에 걸쳐 간섭을 행하였다. 경제적으로는 해마

사료

이때 활리길사(闊里吉思)가 행성평장(行省平章)이 되어 노비의 부모 중에 하나가 양인이면 그것을 양인으로 되게 하려 하였으나 재상들은 누구도 이것을 제지하는 자가 없었다. 김지숙이 말하기를 "세조가 일찍이 첩첩을(帖帖刀을) 보내 나라를 감독하게 하였을 때 조석기(趙石奇)란 자가 양인으로 될 것을 호소하자 첩첩을은 원나라 제도를 적용코자하여 세조에게 보고하였다. 이에 세조가 조서(詔書)로써 우리나라의 옛 습관을 좇게 하였다. 이러한 선례가 역력함에도 불구하고 그것을 변경하는 것은 옳지 않다."라고 하였으므로 활리길사는 다시 말을 하지 못하였다.

『고려사』 열전21, 金之淑 傳

다 막대한 양의 공물을 요구하여 이를 마련하느라 고려의 재정은 파탄상
태에 빠졌다. 사회적으로는 그들의 법제를 실시하여 고려의 사회체제를 변
화시키려 하였다.

원은 왕실을 통제하기 위해 고려를 부마국으로 삼았다. 왕위계승 과정에
서 빈번히 영향력을 행사하여 '중조(重祚)'라는 특이한 왕위계승이 이루어지
기도 하였다. 이 과정에서 지배층의 분열을 이끌어 내어 원에 대한 정치적
예속성은 더욱 심화되었다. 이들 부원세력(附元勢力)들은 심지어 고려를 독
립국의 위치를 내던지고 원의 한 지방영역으로 편입시키고자 하는 입성(立
省)을 책동하기도 하였다.

고려는 종래 황제국의 위상에서 강등되어 제후국으로서 위치하게 되었
다. 그에 따라 정치제도도 상당히 변화되어 중앙의 정치제도인 3성(省) 6부
(部)체제는 그 격(格)이 낮추어지고 통합되어 1부(府) 4사(司)체제로 바뀌었
다. 용어의 사용도 변화가 있었다. 종래 조(祖)나 종(宗)의 고려국왕의 호칭
은 충렬왕, 충선왕 등 충(忠)자 돌림의 왕으로 강등되었고, 그에 따라 호칭
도 왕이 스스로를 일컬을 때 '짐(朕)'이라는 용어는 '고(孤)'로, 태자는 '세자'
로, 황제의 명령인 '칙(勅)'은 제후의 명령인 '교(敎)'로 바뀌는 등 많은 용어
상의 변화가 일어났다.

고려와 원은 종속국과 종주국의 관계로 정립되면서 양국 간의 인적·문
화적 교류도 활발하게 일어났다. 원에 간 고려인들에 의해 고려의 풍속이
'고려양(高麗樣)'이라 불리면서 전해지고, 또 몽고의 풍속이 고려사회에 전
해지기도 하였다. 한편 문인들의 활발한 교류 속에서 중국의 선진문물이
고려에 전수되어 고려의 문물 발전에 크게 이바지 하였다. 그 중 성리학의
수용은 사상적 면에서 큰 영향을 끼쳐 이후 조선이 건국되는 이데올로기
로 작용하였다.

중조(重祚)

한번 왕위를 물러난 국왕이 다
시 왕위에 오르는 현상. 고려후
기 충렬왕, 충선왕, 충숙왕, 충혜
왕은 두 번 왕위에 올랐기 때문
에 전년과 복위년으로 나뉘어
연도가 서술된다. 이러한 중조
현상은 원 간섭기 고려의 자주
성이 크게 침해된 대표적 사례
이다.

【참고문헌】

고병익, 『동아교섭사의 연구』, 서울대학교출판부, 1970.

김상기, 『동방사논총』, 서울대학교출판부, 1974.

김순자, 「고려와 동아시아」, 『한국역사입문』 2 중세편, 풀빛, 1996.

김순자, 『한국 중세 한중관계사 연구』, 혜안, 2007.

박경안, 「고려전기 다원적 국제관계와 국가문화 귀속감」, 『동방학지』 129, 연세대학교 국
    학연구원, 2005.

박종기, 「고려시대의 대외관계」, 『한국사』 6, 한길사, 1994.

채웅석, 「11세기 후반~12세기 전반 동북아시아 국제정세와 고려」, 『전쟁과 동북아의 국
    제질서』, 일조각, 2006.

학습목표

◆ 고려 불교의 사상적 흐름과 전개에 대해 살펴본다.
◆ 고려시대 유학의 흐름과 성리학 수용에 대해 살펴본다.

1. 고려 불교사의 흐름과 특징

1) 불교의 위상과 제도

오늘날 우리가 익숙하게 사용하는 종교라는 용어는 근대 일본에서 번역된 말이며, 개인적인 신앙에 초점을 맞춘 근대적인 개념을 내포하고 있다. 이러한 근대적 개념과 달리 전근대 사회에서 종교는 개인의 신앙만이 아니라 사회 전반의 구조와 유기적인 관련을 갖고 있었다.

불교는 삼국시대에 수용되었고, 고려 말까지 지배적인 사상, 종교로서 존재하였다. 불교는 고려 사람들의 출생, 결혼, 장례, 제례 등 인생의례와 인생관에 깊은 영향을 미쳤다. 또한 사원은 수행과 신앙의 공간이자 진휼, 시장, 금융 등 다양한 사회적 기능까지 수행하였다. 왕실, 귀족 등 지배 계층은 사원을 원당(願堂)으로 장악함으로써 면세지로서의 사원전을 확보하는 현실적인 욕구뿐 아니라 사후의 세계에서도 안식을 보장받으려는 신앙적 욕구까지 가지고 있었다.

한편, 삼국시대 이래 존재하였던 향도(香徒)가 고려시대에는 신앙공동체이자 지역공동체로서 기능하였다. 향도는 신앙을 매개로 불상, 탑, 종 등을 조성하였고, 지역 사회의 공동체적 유대를 강화하였다.

고려시대에는 국가적 불교의례가 활발하게 설행되었는데, 대표적 행사로서 연등회와 팔관회가 있다. 연등회는 국왕으로부터 일반민까지 모두 참여하는 전국적인 축제로서 불교를 통해 공동체의식과 일체감을 조성하는 기능을 갖고 있었다. 순수한 불교의례인 연등회에 비해 팔관회는 토착적인 신앙을 불교적 세계관에 수용한 불교의례였다.

또한 팔관회는 지방관의 봉표조하(奉表朝賀)와 외국인의 조하를 통해 고려의 다원적 천하관을 표방한 의례로서 중시되었다. 이외에도 다양한 불교의례가 정기적, 비정기적으로 설행되었는데, 농경에 관련된 기원이나 전쟁, 반란, 천재지변, 질병 등 각종 국가적, 사회적 문제를 해결하기 위한 방편으로 기능하였다.

불교는 국교적인 지위를 갖는 한편으로 승계(僧階)와 승록사(僧錄司), 승정(僧政) 등을 통해 국가의 통제를 받았다. 곧 승려로의 출가는 국가의 규제를 받았고, 승과를 통해 승계를 주고 승관과 주지 취임의 자격을 부여하였다. 이와 같이 불교가 세속적인 관료체계로 통제되는 것과 달리 불교의 초세속적인 권위를 인정하는 제도로 국사(國師)·왕사(王師) 제도가 마련되기도 하였다.

2) 선종 사원의 확대와 변화

화엄종은 신라 중대 이후 사회를 이끌어가는 주도적 사상으로 존재하였다. 이러한 경향은 불국사, 석굴암의 창건이나 해인사, 범어사 등 화엄십찰(華嚴十刹)이 지방까지 확산되었던 것에서 잘 드러난다. 그러나 하대에 이르러 화엄종은 종래의 실천적인 경향이 약화되고, 관념적이고 보수적인 경향으로 나아가게 되었다.

이러한 분위기에서 화엄종 승려들은 당시 새롭게 수용되고 있었던 선종에 점차 관심을 갖기 시작하였다. 선종은 9세기 이후에 당에서 널리 확산되었는데, 많은 신라 승려들이 중국 선종계로 구도 행각을 떠나는 것이 유행하였다. 그런데 신라 선승들에게 가르침을 준 당의 선승들은 대부분 마조도일(馬祖道一)의 계통이었다.

당대 선을 대표하는 마조도일은 마음이 곧 부처[卽心是佛]라고 주장하였다. 그는 수행에 의해 미혹한 마음을 부처의 마음으로 전환하는 것이 아니라 일상의 있는 그대로의 마음이 도[平常心是道]라고 하였다. 이와 같이 수행이 필요 없고, 있는 그대로의 일상을 있는 그대로 긍정하는 사고는 그것에 수반하는 실천의 형태로서 현실의 있는 그대로의 모습을 그대로 이상적 상태로 간주하는 평상무사(平常無事)의 사상을 도출하였다.

그런데 당 회창 연간(841~846)에 전국의 사원을 철폐하고 승려를 환속시키는 불교탄압정책이 단행되자 신라 유학승들이 법난을 피하기 위해 신라로 돌아왔다. 이들 선승들은 각 지방에서 지방 호족의 후원을 받아 선종 사원을 건립하면서 점차 그 세력을 확산시켜 나갔다.

선종 사원이 전국적으로 확산되면서 수도 경주에 치우친 문화가 지방사회에 확산되었다. 신라 말의 선승들은 최치원과 같은 도당유학생과 마찬가지로 당에 유학한 경험을 갖고 있었다. 선승들이 각 지역에서 선종 사원을 건립하여 이른바 구산선문이 전국적으로 형성되었다. 이들 선종 사원은 지방에 최신의 지식문화를 전파하였고, 도당유학생과 함께 당에서 형성되었던 중국문명을 확산시키는 장으로 기능하였다.

이와 같이 선종이 확산되면서 화엄종 내부에서는 이에 대한 대

구산선문지도

응방안이 다각적으로 모색되었다. 화엄종은 화엄조사에 대한 숭배나 화엄결사(華嚴結社)를 전개하는 등 조직적인 대응을 모색하였다. 이러한 노력을 통해 화엄종은 교단의 체계를 어느 정도 정비하게 되었다. 그러나 당시 혼란한 시대상황은 후삼국 정립기로 이어지면서 화엄종 교단은 남악파(南岳派)와 북악파(北岳派)로 대립하였다. 북악의 희랑이 고려 왕건을 지지하고, 남악의 관혜가 후백제 견훤을 지지하는 것에서 드러나듯이 고려와 후백제의 정치적 대립과도 연관되었다.

9세기 중반 이후 각지에서 귀국한 선승들은 독자적인 산문을 개설하고 그 지역의 지방 세력과 결합하면서 독립된 세력권을 형성할 정도였다. 그러나 고려왕조가 등장하면서 지역의 호족은 지배질서에 편입되거나 해체되었고, 각지의 선문도 예외가 될 수 없었다. 개경을 중심으로 국가의례를 담당하는 각종 사원을 건립하고 화엄종, 법상종 등 교종이 다시 부상되었다.

광종은 불교 교단에 대한 정비작업을 본격적으로 추진하였다. 광종은 선교일치론(禪敎一致論)을 표방하는 법안종(法眼宗)을 중국에서 받아들였다. 한편으로 화엄종의 균여(均如)를 발탁하여 후삼국 이래의 남악파와 북악파로 분열된 화엄종단을 통합하게 하였다. 균여는 신라 중대 이래의 화엄종과 법상종간의 대립을 '성상융회(性相融會)'라는 각도에서 극복하고자 하였다. 그러나 성종이 최승로를 등용한 이후에 유학이 지배이념으로 채택됨으로써 불교가 가졌던 체제이념으로서의 기능이 축소되었다.

현종대에 현화사(玄化寺)가 창건되고 법상종이 부각되었으며, 법경(法鏡), 정현(鼎賢), 해린(海麟), 소현(韶顯) 등이 국사·왕사로 책봉되어 교단을 이끌었다. 이어 문종대에 흥왕사(興王寺)가 창건되고 화엄종이 왕실의 지원을 받았다. 법상종과 화엄종은 대표적인 교단으로 존재하였으며, 후원 세력과 연계되어 대립하기도 하였다.

이러한 상황에서 화엄종에서 대각국사 의천(義天)이 출현하여 불교계의 변화를 모색하였다. 그는 송의 화엄교학과 천태사상에 관심을 갖고 송에 유학하여 화엄종, 천태종, 운문종 등의 승려들과 교류하였다. 그는 원효의 계승을 자처하고, 송에서 흡수한 새로운 불교학을 통해서 그 이념적 기반을 찾으려고 하였다. 그는 송, 요, 일본에서 불교 경전과 주석서를 널리 수집하여 교장(敎藏)을 편찬하였다. 또한 천태종을 개창하여 불교 교단을 통합하고, 왕권 강화의 계기를 마련하고자 하였다.

의천이 천태종을 개창한 후 선승들을 포섭하면서 선종은 최대의 타격을 입었다. 12세기에 이르러 가지산문과 사굴산문을 중심으로 선문이 부흥하고, 이자현(李資玄), 윤언이(尹彦頤) 등으로 대표되는 거사선이 확산되면서 선종이 다시 부각되었다.

3) 송대 선(禪)의 수용과 불교계의 변화

북송 이후 송의 선종은 운문종, 임제종, 조동종 등에 의해 주도되었다. 송대 선은 수행이라는 면에서 보면 공안선으로 대표되며, 크게 문자선과 간화선으로 나누어진다. 특히 공안 비평을 중심으로 한 문자선이 12세기 이후 고려 선종에 널리 수용되었다. 문자선은 지눌, 혜심 등이 주도한 수선사뿐만 아니라 가지산문, 희양산문 등 다양한 선문에 의해 수용되었다.

문자선의 성행은 13세기에 고려 선종이 편찬하거나 간행한 서적을 통해서 확인할 수 있다. 특히 수선사에서 혜심이 제자들과 함께 편찬한 『선문염송집(禪門拈頌集)』은 그러한 사상적 경향을 잘 보여준다. 이 책은 당에서 북송까지 선문 조사에 관한 고칙 공안과 그것에 대한 착어를 방대하게 모은 공안집이다.

이 책의 편찬은 『종문통요집(宗門統要集)』, 『선종송고연주집(禪宗頌古聯珠集)』 등 송의 공안집의 영향을 받았고, 운문종, 조동종, 임제종의 다양한

■ 공안선
선문에 공유되는 고전으로서 수집, 선택된 선인의 문답 기록인 공안을 참구하여 수행하는 것이며, 그 방법은 문자선(文字禪)과 간화선(看話禪)이 있다.

■ 문자선
공안의 비평과 재해석을 통해 선리(禪理)를 밝히는 것으로 대어(代語), 별어(別語), 송고(頌古), 염고(拈古), 평창(評唱) 등이 그 주된 수단이다.

어록을 활용하여 이루어졌다. 『선문염송집』은 간화선과 관련된 선적이 아니라 공안 비평을 집성한 문헌이며, 고려 선종에서 12~13세기에 성행하였던 문자선에 대한 관심과 이해가 반영된 것이다.

한편, 12세기 후반에 무신란이 일어나면서 무신정권과 화엄종, 법상종 교단이 대립, 항쟁하면서 기존 불교계는 커다란 타격을 받았다. 이후 무신정권이 불교계를 재편하는 정책이 추진되고, 불교계 내부의 변화와 함께 선종과 천태종이 부각되었다. 선종에서는 13세기 전반에 수선사가, 13세기 후반 이후에는 가지산문이 각각 주도적인 역할을 하였다. 한편 천태종에서는 백련사(白蓮社)가 결사를 통해 새롭게 부각되었다.

이어 원 간섭기로 바뀌면서 가지산문, 묘련사(妙蓮寺) 계통, 원에 사경승(寫經僧)을 파견함으로써 부각된 법상종 등이 부상하였다. 묘련사는 왕실과 원 황실의 원찰로 건립되었으며, 권문세가인 조인규(趙仁規) 가문에서 4대에 걸쳐 4명의 승려가 장악하였다.

이러한 불교계의 동향과 함께 14세기 이후에는 문자선보다 간화선이 성행하였다. 이러한 동향은 14세기 전반기에 『몽산법어(蒙山法語)』와 『선요(禪要)』의 수용으로 알 수 있다. 이러한 서적은 간화선을 정형화하고 대중화하기 위한 일종의 매뉴얼이다. 아울러 이러한 서적은 남송, 원에서 간화선이 성행하였던 경향을 반영하는 텍스트이며, 당시 원과 고려와의 직, 간접적인 교류 양상을 보여준다. 그리하여 고려 말의 선종을 대표하는 태고보우, 나옹혜근 등이 간화선을 절대시하였고, 당시 불교계뿐만 아니라 사대부 계층까지 간화선 수행이 유행하였다.

나아가 고려 말의 선종은 임제선(臨濟禪) 법통설(法統說)을 강조하고, 유심정토설(唯心淨土說)을 표방하는 등 선종의 종파적 우월성을 강조하는 선종 절대화의 경향으로 나아갔다. 이러한 경향은 다양한 종파와 함께 존재

▌간화선
특정한 공안에 모든 의식을 집중시켜, 그 한계점에서 극적인 깨달음의 체험을 얻고자 하는 방법이다. 남송의 대혜종고(大慧宗杲, 1089~ 1163)가 완성하였고, 이후 동아시아 사상계에 널리 유행하였다.

하던 선종이 고려말에 이르러 명실상부하게 불교계의 주도권을 장악하면서 스스로의 우월성과 정당성을 주장하기 위한 의도에서 표방한 슬로건이었다. 이러한 경향은 불교의 사상적 발전이 한계에 달한 결과이기도 하지만, 내부적으로 불교가 새로운 방향을 모색할 수 있는 길을 차단하였다. 이러한 사상적 한계로 인해 불교는 성리학에 대한 대응을 하지 못하였고, 사상적 주도권을 상실하면서 유교 중심의 사회구조로 전환되었다.

2. 유학의 동향과 성리학의 수용

1) 유교 정치이념과 신유학 수용

고려가 불교 중심의 사회구조라 하더라도 불교 자체가 현실사회의 운영에는 한계를 갖고 있다. 다시 말해 불교는 현실사회를 운영하는 원리와 방법론을 구체적으로 갖고 있지 못하였고, 오히려 그러한 기능은 동아시아 사회에서 전통적으로 유교에 의해 제공되었다

고려는 건국 초기부터 천명론, 민본론 등 유교 정치이념이 적극적으로 활용되었다. 태조는 천명론을 통해 고려 건국을 정당화하였다. 또한 태조는 「훈요십조」를 통해 왕도주의에 입각한 민본정치를 강조하였고, 국가 운영의 기본적인 원리로써 유교정치이념을 표방하였다.

성종대에 최승로는 고려 초의 국가 운영 전반에 걸친 문제점을 지적하고 그 대책을 제시하는 시무책에서 불교의 사회적 폐단을 지적하면서 유교와 불교의 역할과 기능이 다름을 제시하여 유교적 정치질서를 강화하고자 하였다.

이러한 유교적 정치이념의 강조는 유교적 의례의 정비와 유학 부흥을 위한 학제 정비로 이어지게 되었다. 고려는 왕실례와 국가례를 정비하고 시행

하여 왕실의 권위와 명분을 세우고자 하였다. 또한 국자감, 향교 등 교육제도가 정비되고, 과거제가 시행되면서 유교 경전에 대한 이해가 점차 심화되었다. 당시 유학의 학문적 수준은 최충을 통해서 어느 정도 짐작할 수 있다. 최충은 당시 북송의 신유학을 수용하여 심성론적 경향을 심화시켜 나갔고, 이를 구재학당이라는 사학을 통해 후진을 양성하였다. 이러한 신유학의 수용은 당시 고려와 송의 다양한 문화적 교류를 통해서 점차 확산되고 있었다.

무신란 이후 유교는 무신정권에 부용적인 성격으로 전락하였다. 그러나 14세기에 몽골제국이 주자학을 관학으로 삼고, 과거 시험의 기준으로 삼게 되면서 동아시아 사상계에 성리학이 확산되기 시작하였다. 성리학의 사상체계에서 기본원리인 이기론은 보편적이고 불변적인 이(理)와 현상적이고 가변적인 기(氣)로써 자연과 인간, 사회를 설명한다. 이는 태극이나 도로 표현되면서 법칙, 원리, 도덕률로서 기에 질서를 주는 통제자로서 형이상(形而上)을 이루고, 기는 음양으로 대체되면서 현상으로서 이의 주재를 받아야 할 존재이며 끊임없이 생멸하는 것이므로 형이하(形而下)를 이루게 된다. 이러한 이기론을 토대로 하여 인간의 심성을 설명한 인성론(人性論)과 도덕 실천방법을 설명한 수양론이 체계화되었다.

심성의 수양이론은 거경궁리(居敬窮理)로 요약된다. 거경은 외물로 향하는 마음을 안으로 집중하여 도덕적 의지와 양심의 소리를 확인하고 자신이 도덕적 실천의 주체임을 자각하는 것이며, 항상 선(善)에 대하여 깨어 있을 것이 요구된다. 궁리는 격물치지(格物致知)와 통한다. 격물은 사물에 대하여 그 이치를 극한까지 탐구하는 것이고, 치지는 자기의 지식을 확충하여 완성하는 것으로 독서궁리라는 지적 작업을 중시한다.

이(理)의 구체적 내용은 삼강오륜(三綱五倫)으로 표현된다. 부자, 군신,

부부, 장유, 붕우의 관계를 규정한 오륜은 천리의 사회적 구현이었으며, 삼 강은 그 중에서 특히 군신, 부자, 부부의 관계를 상하 주종관계로 강조한 것이다. 성리학은 이(理)의 보편성을 통해 유교적 윤리도덕과 명분론적 보 편성을 가르치며, 인간은 명분론적 질서 속에서 자기 지위에 합당한 일을 성실하게 수행해야 할 존재로 설명한다.

그러한 내용의 도덕적 실천은 인간의 마음속에 본래 존재하고 있는 이, 즉 본연의 성에 바탕을 둔 것으로 합리화하게 된다. 이(理)는 이러한 유교 적 윤리도덕에서 나아가 관료제적 통치질서, 신분제적 사회질서, 가부장제 적 종법제적 가족질서를 포함하는 명분론적 질서였던 것이다.

명분론에서는 사람의 상하, 존비, 귀천이 정해진다고 보고 거기에 나 타나는 차별을 당연한 것으로 여긴다. 나아가 이 차별은 지주전호 관계뿐 만 아니라 군신, 부자, 부부 관계 등에 모두 적용되었으니, 그것이 곧 사회 윤리였다. 이러한 사회윤리는 이는 하나로 평등하나 동시에 각각으로 나뉘 어 차별성을 지닌다는 이일분수론(理一分殊論)에 의해 강화되었다. 모든 사 회구성원은 상하존비의 차등적 상태로 각각의 직분을 가지고 유기적 관계 속에서 전체사회를 구성한다는 것이다.

성리학 이전의 성학론은 천명사상에 입각해서 하늘을 대신해서 인민을 다스린다는 의미에서 군주학, 제왕학이었다. 곧 군주만이 천명의 대행자로 서 하늘의 의사가 반영된 민의 의사를 존중하는 민본론, 위민론을 내세웠 던 것이다. 그런데 성리학에서는 성인가학설(聖人可學說)을 통해 군주뿐만 아 니라 사대부를 포괄한 지배층 일반의 수기와 치인의 학문정치론을 제기하였 다. 당의 지배층이 혈연적으로 태어나면서 주어진 것이라면 송의 사대부는 학문적 능력과 실력으로 정치적으로 성장하여 지배층으로 등장하였다.

2) 고려말 성리학의 수용

성리학은 고려와 원의 긴밀한 정치적 관계와 문화적 교류를 통해 본격적으로 수용되었다. 충선왕은 원의 문화 수용에 적극적이었고, 원의 수도인 대도(大都)에 만권당(萬卷堂)을 설치하여 원과 고려의 유학자들이 교류하는 장을 제공하였다. 또한 고려인이 원의 과거에 적극적으로 응시하도록 하였다. 1313년에 다시 시행된 원의 과거 시험에서 주희(朱熹)의 주석서인『사서집주(四書集註)』가 수용되었기 때문에 성리학은 국가의 공인을 받은 학문이었다. 따라서 고려 사회에서 성리학에 대한 관심이 점차 확산되었다. 성리학에 대한 관심은 『사서집주』를 비롯한 다양한 성리학 관련 서적뿐만 아니라 원의 다양한 출판 서적의 수입으로 이어졌다.

이러한 성리학의 수용과 함께 사대부들이 불교에 대한 비판을 본격적으로 제기하였다. 그런데 사대부 계층의 불교 비판은 대체로 사회경제적 모순에 대한 것이었고, 여전히 유교와 불교의 조화를 표방하는 경우가 적지 않았다. 나아가 당시 성리학이라는 새로운 사상을 수용하는 사상적 기반으로서 불교가 일정한 역할을 하였다.

본래 성리학은 북송 이후 불교와 도교에 대항하여 유교 내부에서 새로운 사상체계를 형성하고자 한 사상운동의 결과라고 할 수 있다. 따라서 송의 유학자들은 불교를 비판하고 성리학의 사상체계를 형성하는 과정에서 불교의 이론과 수행체계의 영향을 받았다. 마찬가지로 고려사상계에서 성리학을 이해하고 수용하는 과정에서 불교의 영향을 받았다. 고려의 사대부는 불교계와 폭넓게 교유하였으며, 불교의 이론과 실천 에 깊은 관심을 가졌다. 이러한 불교에 대한 이해는 사대부가 성리학의 인성론, 심성론, 수양론 등을 이해할 수 있는 사상적 기반을 제공하였다.

【참고문헌】

도현철, 『고려말 사대부의 정치사상연구』, 일조각, 1999.

조명제, 『고려후기 간화선 연구』, 혜안출판사, 2004.

조명제, 『선문염송집 연구—12~13세기 고려의 공안선과 송의 선적』, 경진출판사, 2015.

조명제, 「고려후기 수선사의 결사운동과 사상적 위상에 대한 재검토」, 『불교학연구』 56, 불교학연구회, 2018.

채상식, 『고려후기불교사연구』, 일조각, 1991.

허흥식, 『고려불교사연구』, 일조각, 1986.

학습목표

◆ 고려시대 여성의 지위를 각 분야를 통해 미세하게 접근하여 그 위상을 알아본다.
◆ 고려시대 가족의 형태에 대해 알아본다.

1. 가족과 여성

친족은 친척이라는 말로 사용된다. 현재 민법상 친족 규정에는 혈연을 매개로 하는 혈족과 혼인을 매개로 하는 인척으로 구성된다. 인척은 후천적으로 맺어지는 관계인 반면, 혈족은 태어나면서 결정되는 관계이므로 친족의 조직원리와 형태에 대한 연구는 주로 혈족을 중심으로 이루어진다. 친족의 조직원리는 기준점에서 '조상'을 중심으로 하는 원리와 '나'를 중심으로 하는 원리로 나뉜다. 조상중심의 원리에 의거한 친족조직은

고려여인의 얼굴
거창둔마리 고분벽화 주악 천녀의 얼굴은 고려 여인의 둥근 얼굴과 큰 눈을 형상화 하고 있다.
[출처 : 문화재청 국가문화유산포털]

특정 인물(시조)의 후손들이 결합하는 '친족집단'의 형태를 띤다. 예를 들어 '경주김씨의 △△파' 또는 '밀양박씨의 △△파' 등으로 묶여진다.

이와 달리 '나'를 중심으로 하는 친족조직은 양측적(兩側的) 계보관계에 입각하여 '나'를 정점으로 방사형으로 뻗어나가는 형태를 띤다. 이 안에는 '나'의 부모→부모의 부모, 나의 자녀→자녀의 자녀 등과 같은 직계인물과 직계인물의 형제자매 및 그들의 근친으로 이루어지는 방계인물이 포함된다. 이러한 친족관계는 나를 매개로 성립하고 나의 관점에서만 일정한 범위를 형성하며, 대개 나의 사망과 더불어 의미를 잃게 된다.

고려사회는 여러 이견이 있지만 현재 본인 중심의 양측적 계보관계가 우

월하다고 보고 있다. 즉 친족의 구성에 '나'를 중심으로 하는 부계뿐만 아니라 모계와 처계의 비중도 크다는 것이다. 이러한 친족관계는 상피제나 오복제, 그리고 음서제도 등을 통해서도 알 수 있다. 상피제는 친족이 같은 관서 내에서 관직을 가짐으로 인해 생길 수 있는 정실인사를 막기 위하여 관직을 임명할 때 서로 피하는 제도이다. 상피제의 범위를 보면, 부계는 본인을 기준으로 4대이고, 4대 안에 남자형제는 6촌까지이다. 여자형제의 남편의 경우에는 4촌까지 같은 관서의 관직에 있는 것을 금하였다. 그리고 모계는 외조나 외숙, 외사촌, 이종사촌 등의 사람들도 포함한다. 처계는 처의 형제 또는 그 남편과 부인들도 포함된다.

오복제는 상례에 상복을 입는 친족의 범위와 상복의 종류를 정한 법이다. 아버지의 상에는 가장 높은 단계의 상복인 참최(斬衰) 3년복을 입고, 어머니상에는 자최(齊衰) 3년복을 입으며, 조부모상에는 그보다 낮은 단계의 상복을 입는다. 그런데 당시 이웃나라였던 중국에 비해 고려의 오복제는 상대적으로 처족이나 외가에 대해 큰 비중을 두었다. 즉 중국에서는 외조부의 상에 5개월 간의 상복을 입는 것에 비해 고려의 경우는 1년 상복을 입으며, 중국에서 상복을 입지 않았던 처의 형제에 대해서 고려는 상복을 입었다. 이것은 고려가 처족이나 외족이 친족내에서 차지하는 비중이 높았음을 의미하는 것이고, 그만큼 여성의 지위가 높았음을 보여주는 것이다.

음서제도를 통해서도 친족의 범위를 알 수 있다. 중국의 경우 부계에 한정된 것에 반해 고려는 외조, 외삼촌, 외고조 등도 포함된다. 음서대상의 판문을 보더라도 아들→내외손→생(甥: 누이의 아들), 질(姪: 형제의 아들)의 순으로 확대되어 딸의 경우라도 차별을 받고 있지않음을 알 수 있다. 특히 공신이나 왕의 후손에게 1세대마다 공식적으로 내리는 음서의 경우 음서의 대상을 내현손(內玄孫)의 현손, 외현손(外玄孫)의 현손 그리고 심지어 협

■ 상피제(相避制)
일정한 범위 내의 친족간에 동일관사(同一官司)나 또는 통속관계(統屬關係)에 있는 관사(官司)에 취임하지 못하도록 하거나 혹은 청송관(聽訟官)·시관(試官) 등이 될 수 없도록 하는 제도(制度).

■ 오복제(五服制)
다섯 가지 상복(喪服)의 제도. 친속(親屬)의 등급에 따라 오복(五服), 즉 참최(斬衰)·자최(齊衰)·대공(大功)·소공(小功)·시마(緦麻)로 나뉜다.

■ 음서제(蔭敍制)
공신(功臣)과 5품 이상의 고급 관료 자제들에게 부조(父祖)의 문음(門蔭)으로 관직이 주어지는 제도

협오녀(挾五女)
여자가 1명이라도 들어 있는 모든 계보로서 여자가 5명까지 게재되는 것을 말함.

오녀(挾五女)를 지정하고 있다.

다음은 가족의 유형에 대해 살펴보도록 한다. 가족이란 친애의 정으로 맺어진 일정 범위 내의 혈통 관계자 집단이다. 그 성원은 부부와 자식 및 혈연적 근친자와 입양에 의해 가족이 된 자에 한정된다. 고려시대의 가족 형태는 고려후기의 호구단자와 국보호적을 통해 그 면모를 짐작할 수 있는데, 고려전기 가족 형태를 알 수 있는 자료는 거의 없다.

고려시대에는 부부가족 형태도 상당수 있지만, 방계가족 형태도 나타난다. 호주를 중심으로 볼 때 처부모와 사는 경우, 기혼한 딸과 사는 경우, 시부모와 사는 경우, 기혼한 아들과 사는 경우 등이다. 예를 들어 정도전의 아버지 정운경(鄭云敬)은 일찍이 어머니를 여의고 이모집에서 자랐으며, 고려후기 문신인 이공수(李公遂)는 매부집에서 자랐고, 같은 고려후기 문신인 윤택(尹澤)은 세 살에 고아가 되어 조부에게 의탁되었고, 커서는 고모부에게 글을 배웠다. 무인집권기의 문신인 허공(許珙)은 처제의 딸을 양육하였고, 절부(節婦) 조씨(曹氏)는 열세 살에 출가하여 과부가 된 이후 그 언니에게 의탁하다가, 그의 딸을 출가시킨 뒤에는 딸과 함께 살다가, 딸이 일찍 죽자 외손녀와 함께 살았다.

2. 가정과 여성

여성의 혼인연령은 15세에서 18세에 하는 것이 일반적이나 24~25세의 경우도 눈에 띤다. 남성의 경우 평균 20세를 넘었다. 혼인 연령이 늦은 것에 대해서는 여러 원인을 들고 있는데, 이 시기 혼인이 같은 계층 또는 문벌 중심으로 이루어졌기 때문이다.

다만 인근의 중국이나 일본은 율령에 혼인 연령이나 혼인을 주관하는 주혼자를 명시한 것에 비하여 고려는 이에 대한 자료를 찾을 수 없다. 이는 관련 사료의 부족이라는 면도 있지만 고려의 혼인은 상대적으로 자유로웠음을 반영하는 것이 아닌가 한다.

고려의 혼인형태는 남귀여가혼(男歸女家婚)이다. 이는 남편이 처가에 일정기간 머무는 것을 가리킨다. 곧 고려시대 여성들은 혼인 직후부터 친정에서 생활하였다. 친정부모와의 생활은 여성의 가내 권한을 강하게 해주는 여건이 된다. 이러한 혼인형태가 성립하게 된 배경은 여성이 결혼으로 거처를 옮기게 되면 친정의 노동력의 일정부분이 상실된다는 점, 또 아들과 딸이 재산상속 등 제도적으로 차별받지 않는 사회와 양측적 친속관계 등이다.

호적에 의하면 혼인한 부부가 혼인 후 3년 또는 24년 동안 부인의 친정집에서 생활한 뒤 남편 집으로 돌아가고 있다. 이렇게 사위가 처가살이를 하는 기간이 일정하지 않았던 것은 아마 처가의 경제력이나 관직생활, 처가의 가족구성 등 여러 요인에 의해 결정되었기 때문이다.

한편 고려의 혼인의 형태가 남귀여가혼이므로 외조부가 외손과 함께 거주하는 경우가 일반적이기 때문에 출가외인이라는 관념이 크지 않았다.

무인집권기와 원간섭기를 거치면서 고려의 혼인제는 변질되었다. 먼저 근친혼의 규제 범위가 확대되었다. 왕실혼의 경우는 기본적으로 족내혼을 하는 것이 일반적이었다. 그런데 충선왕이 원공주인 계국대장공주를 맞이하기 전에 정비(靜妃) 왕씨와 혼인을 하였던 것을 원에서 비난하자 충선왕은 왕실과 통혼할 수 있는 15개 가문을 선정하였다. 한편 근친혼 규제 특징 가운데 주목되는 점은 처가와 외가와의 혼인 규제가 집중된다는 것이다. 이는 고려말 성리학의 도입으로 부계 중심의 친족관념이 등장한 것과 관련된다.

그리고 이 시기 혼인제의 변질로 주목되는 것은 일부다처제가 등장하는 것이다. 고려의 혼인이 일부일처인가 일부다처인가에 대해서는 학계에도 논란이 있지만 고려후기에 다처에 대한 규제를 하고 있는 것으로 보아 일부일처에 대한 법률적 강요는 계속되었던 것으로 보인다.

즉 몽골과의 전쟁이 끝난 뒤 충렬왕 때의 재상 박유(朴褕)가 국왕에게 '일부다처(一夫多妻)'를 건의하였다가 개경의 여성들에게 돌팔매질을 당했다는 사례에서 당시 여성들의 일부일처 고수에 대한 신념을 알 수 있다.

다음은 여성의 이혼과 재혼, 그리고 수절에 대해 알아보도록 한다. 이 시기 여성의 이혼과 재혼에 대한 규제는 사실상 없다. 이혼은 부부의 합의 하에 이루어지거나 부부 중 한쪽이 의절(儀絶)을 범했을 경우 이루어졌지만 남편이 일방적으로 처를 버리는 경우도 있었다. 물론 이러한 기처(棄妻)의 예는 상례적인 것은 아니며, 무인집권기 등 특수한 시기에 일부의 세력가에 의해 자행되는 현상이다. 예를 들어 명종 대의 무신인 송유인(宋有仁)이 정중부의 딸과 혼인하기 위하여 처를 버리는 경우이다. 또한 아주 드물지만 여성도 필요에 의하여 남편을 버리기도 하였다. 그러나 이혼의 이유가 적법하지 않는 경우는 국가에서 법으로 이를 금지하였다. 몽골과의 전쟁이 끝난 후 남성들에 의하여 집단적으로 이혼청구가 이루어지는데, 국가에서는 이를 천재(天災)라고 하여 허락하지 않았다.

한편 재혼은 이혼에 이어 행해지는 것인데, 이에 대한 어떠한 제약도 없어서 자유롭게 행할 수 있었다. 그러나 여성의 경우는 현실적으로 재혼하는 사례는 많지 않았다. 이것은 여러 측면에서 그 원인을 찾을 수 있다. 즉 남성의 재혼 상대마저도 처녀가 대부분이었다는 것, 유교의 영향으로 재혼보다는 수절을 이상적으로 여기는 사회적 통념, 그리고 자식을 데리고 재혼하기는 정황상 어려운 점 등이다. 특히 전남편의 자식을 데리고 재혼할 경우 아이의 친부와 양부 및 그 가족에 대한 친족관계, 재산상속 등 여러 가지 문제가 파생되었던 것이다.

그러나 이러한 문제에도 불구하고 자식을 데리고 재혼하는 여성이 있기 때문에 형법에 남편이 재혼한 아내가 데리고 온 자식을 강간한 경우 엄벌에 처하는 조문도 발견된다. 한편 재혼할 때 데리고 온 자식을 의부가 장성할 때까지 양육하는 사례도 찾아진다.

여성의 수절의식은 일반적으로 '열녀(烈女)'라는 단어와 연관된다. 열녀는 남편이 죽은 뒤 수절을 한다거나, 따라 죽거나, 외간남자의 정조 유린 위협에 죽음을 무릅쓰고 대항해 정절을 지킨 여성을 일컫는 단어이다. 이러한 열녀에 대한 기록은 고대 설씨녀와 도미부인에게 찾아볼 수 있는데, 이때의 수절은 남편의 생존시까지이다. 이는 "지금 남편을 잃고 혼자가 되었으니 절개를 지킬 필요가 없습니다. 하물며 왕을 모시는 일인데 어찌 감히 어기겠습니까?"라는 도미부인의 말에서 엿볼 수 있다. 그러나 통일신라시대에 이르면 일반적인 의미의 '수절녀'가 등장한다. 김유신의 아내 지소부인은 남편이 죽은 뒤 승려가 되었다.

고려전기 성종의 비인 문덕왕후(文德王后) 유씨(劉氏)나 충선왕비인 순비(順妃) 허씨(許氏)는 왕과의 혼인이 초혼이 아닌 재혼이었다. 일국의 왕이 이미 혼인했던 여자를 부인으로 맞아들이는 것으로 보아 고려시대는 여자의 절대적 순결을 요구한 것은 아니었다.

따라서 고려시대에는 이러한 열녀를 찾아보기는 어렵다. 다만 조선시대에 편찬되었던 『고려사』에 처음으로 열녀전이 등장한다. 『고려사』 열녀전 서문에 '출가 전에는 어진 딸이 되고 시집가서는 어진 아내가 되어 일단 변고를 당하면 열녀가 되었으나 후세에 부녀에 대한 교훈이 내실에 보급되지 못

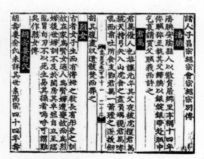

『고려사』 열녀전 서문

『고려사』 열녀전은 대부분 부인이 목숨으로써 남편의 목숨을 지킨 경우와 왜구의 침입에 자신의 정절을 지킨 경우를 기록하고 있다.

하였다. 그러니 그들 중에서 홀로 우뚝 서서 난을 당하자 칼날을 무릅쓰고 목숨을 버리고 정조를 지키는 것은 아아! 참으로 어려운 일이라 하겠다.'라고 기록되어 있다. 따라서 이 열녀전에 수록된 인물은 대개가 고려후기에 목숨을 바쳐 남편을 위기에서 구하거나 왜적에 의한 정조유린의 위협에 목숨을 던지는 경우였다.

이러한 열녀전의 수록은 조선시대에 성리학이 통치이념으로 정립되면서 나타난 현상이라고 할 수 있다. 물론 성종대부터 6도에 사람을 보내 효자(孝子)·순손(順孫)·의부(義父)·절부(節婦)를 찾아 표창하는 등 국가에서는 비정규적으로 이들에 대한 포상을 행하였다. 또 이러한 포상에 절부뿐만 아니라 의부도 포함이 되고 있다는 것도 주목할 점이다. 의부는 새로 장가들지 않고 혼자 사는 남편을 가리킨다.

그러나 고려시대는 여성의 수절의식이 강요되지 않았다. 이것은 양측적 친족관계로 인해 순수한 부계혈통의 유지 필요성이 없었으며, 또 불교와 한당유학에서는 정절을 부부의 쌍무적 도덕으로 보았기 때문이다.

고려말기에는 이러한 열녀의 등장과 함께 고위층 부인들의 재가 금지가 논의되며, 가묘(家廟) 설치와 친영제(親迎制) 도입 등이 주장된다. 이것은 비부계적인 친족구조에서 부계 중심의 친족구조로의 변화를 의미하며, 수절의식이 남편 사후까지 요구되는 것이 관행으로 되어갔다.

3. 호주로서의 여성

고려시대 가족 내에서 여성의 지위는 호적에서 가장 잘 드러난다. 한 예로 여주이씨 호구단자 4건의 경우, 호주가 남자인 경우와 여자인 경우가 반반이다. 호주가 여자인 사례를 보면, 두 건 모두 모(母)와 아들로 호구가 이루어져 있다. 그런데 모의 나이가 각각 60살과 63살이며, 동거하는 아들의 나이도 28살에서 44살까지 기록되어 있다. 이 사례에서 장성한 아들이 있는데도 불구하고 어머니가 호주를 승계하고 있음을 알 수 있다.

　고려의 호적은 원칙적으로 동거주의에 입각하여 작성되므로 현실의 생활 공동체를 그대로 반영하고 있다. 즉 가족의 대표자로서 배우자가 자녀보다 우선하였음을 알 수 있다. 현실적으로도 집안에서 여성은 가계를 운영하고 노비와 토지를 관리하여 남편 사후 가장노릇을 하였다. 아울러 여성들은 영리추구를 위한 경제적 활동도 가능하였다. 노비를 시켜 고리대와 상업, 무역을 통해 부를 축적하기도 했다. 이는 조선시대와 같은 내외법이 없어 여성의 활동이 자유로웠다는 점과 고려의 국가이념인 불교에서도 영리추구를 죄악시하지 않고 고리대 역시 긍정하는 분위기도 작용했기 때문이다. 이로써 여성들의 이윤추구활동에 대해 어떠한 제약을 받지 않았던 것이다.

　혼인으로 이루어진 재산에 대해 부부공재(夫婦共財)였는지 부부별재(夫婦別財)였는지를 알아보도록 한다. 고려시대에는 재산을 절에 시주하는 경우가 종종 있었는데, 이 때 남편과 부인이 자신 소유재산을 별도로 시주하고 있다. 『가정집(稼亭集)』에 광주에 있는 신북선사를 중흥할 때 남편 박씨는 오산의 좋은 땅 15결을, 그 부인 김씨는 별도로 돈 5백 꾸러미를 시주했다. 또 『목은시고(牧隱詩藁)』에 보법사 중흥을 위해 땅을 시주한 사람의 경우를 보면, 김포현·수안현·동성현에 있는 남편의 조업전과 김포현·동성현에 있는 부인의 조업전을 각각 시주했다고 기록되어 있다. 같은 지역의 토지라 하여도 남편과 부인은 자신의 소유토지를 별도로 시주하고 있다. 이렇게 같은 절에 별도의 이름으로 시주하고, 또 같은 지역인데도 소유지를 구분하여 기록하였다는 것은 부부간의 재산이 공동소유가 아니었음을 반증하는 것이다.

다음은 재산처분권에 대해 살펴보자. 부인 자신이 소유한 토지를 별도로 시주할 수 있었다는 사실은 자신의 재산을 처분할 수 있는 권한이 있었다는 의미가 된다. 또 무인집권기 무인 노극청은 가세가 기울어 가옥을 팔고자 하였으나 오랫동안 팔리지 않았다. 그런데 자신이 출타 중일 때 부인이 집을 팔았다. 노극청은 귀가 후 집값을 너무 많이 받았다고 하여 그 일부를 돌려주게 하였다. 여기서 부인이 남편과 의논하지 않고 단독으로 가옥의 금액을 흥정하고 또 팔았다는 사실은 매매의 주체도 부인이 될 수 있음을 가리킨다.

그리고 남편의 노비를 부인에게 증여하는 것은 쉽게 인정되었으나 아내가 남편에게 노비를 주는 것은 확실한 증필(證筆)이 있을 경우에만 인정하였다. 이는 남편이 아내의 노비를 마음대로 자신의 소유로 만드는 것을 방지하기 위한 조치이다. 즉 부인의 재산을 남편에게 주는 경우에는 확실한 증거가 있어야 하는데, 이는 부인이 소유한 재산을 남편이 마음대로 팔 수도 없도록 한 것이다. 또한 부인이 소유한 토지를 매매한 경우 최종적으로 증필해야 하는 자는 남편이 아니라 부인이었다.

한편 호적에 기록된 형제자매의 서열순서는 무조건 아들 우선이 아니라 출생순서였다. 즉 누이와 남동생이 있는 경우 호적의 기록은 누이가 먼저 기재되었다. 묘지명 등의 기록에서도 자녀수를 기록하는 경우, 무조건 '몇 남 몇녀'라는 식으로 기록하지 않고 출생 순서에 따라 딸이 먼저일 경우에는 '몇녀 몇남'이라고 기록하고 있다. 이것은 매우 사소한 문제인 듯 싶지만 당시 여성의 지위를 단편적으로 잘 드러내 주는 것이다.

그리고 고려시대 여성의 지위는 재산상속법에서도 잘 나타난다. 상속은 남녀균분이었으며 자녀가 없이 사망한 경우의 부부 재산은 각각 자신의 친가로 귀속되는 것이 원칙이었다. 이러한 원칙이 생겨나게 된 배경으로 위에서 언급한 남귀여가혼을 들 수 있다. 즉 노동력이 생산량과 직결되는 전근대사회에서 사위가 처갓집에 머물고, 경우에 따라서는 이곳에서 자식을 낳고 길렀기 때문에 이들의 가족 노동력은 처갓집의 재산증식과 직결되므로 이에 대한 적절한 지분을 인정한다는 것이다. 13세기 후반기 충렬왕대에 활동한 나유의 경우, 그는 여자형제만 다섯 있는 집안의 유일한 아들이었다. 어머니가 재산을 분배해 주면서 그에게 특별히 노비 40구를 더 주었다. 그러자 그는 어머니의 자애로움에 해가 되는 일이라며 거절하자 어머니는 그의 말을 따랐다고 한다. 또한 딸의 상속분은 혼인 후에도 남편재산으로 흡수되지 않고 본인의 소유로 유지된다.

다만 직역과 관련된 토지의 경우 적자–적손–동모제–서손–여손의 순서로 상속되고 있어 딸과는 무관한 듯 보인다. 그러나 이것은 여성이 국가의 공식적인 직역의 대상이 될 수 없었기 때문이며, 이 토지 역시 딸의 자손에게도 상속될 수 있었음을 볼 때, 딸도 일정한 권리가 있음을 말해준다. 공음전이 아들이 없을 경우 사위에게 상속되는 것도 같은 맥락이다.

고려시대에는 아들이 없어도 딸이나 외손자가 제사를 지낼 수 있었다. 제사는 주로 절에서 재(齋)의 형태로 행했으며, 형제자매가 돌아가면서 비용을 대는 윤회봉사나 특정인을 맡아서 하는 분할봉사가 일반적이었다. 여성은 남녀균분상속에 따라서 자신의 재산으로 제사를 주관할 수 있었다. 제사가 절에서 이루어졌으므로 여성들은 제수 준비에서도 벗어날 수 있었다.

사료

정종 12년판에 전정연립은 적자가 없으면 적손으로 적손이 없으면 동모제로 동모제가 없으면 서손으로 하고 서손이 없으면 여손으로 하라.
『고려사』, 지38, 형법1, 호혼조

충혜왕 4년에 병이 나자 자녀들을 앞에 불러 놓고 이르기를, "오늘날 형제간에 화목하지 못한 자가 많은데 그것은 서로 재물 다툼질을 하기 때문이다."라고 하고 아들 윤찬을 시켜 문건을 만들게 하여 재산을 고루 나누어 주게 하였다.
『고려사』, 열전22, 윤선좌전

부모와 의논하지 않고 까닭 없이 처를 버린 자는 벼슬을 빼앗아 부처하였다.
『고려사』, 지38, 형법1, 호혼조

공은 어려서 아버지를 여의 였는데, 학문을 좋아 둘 나이가 되자 의부가 집이 가난하다고 하여 공부를 시켜려 하지 않고 그 아들도 함께 동업하도록 하였다. 그 어머니가 불가하다고 고집하며 말하기를, "첩이 의식때문에 주백을 부끄럽게 하였습니다. 그러나 그 유복자가 다행히 지금 자라나 학문에 뜻을 둘 나이가 되었으니, 이 아니 의아비가 본래 속했있던 무리에 속하게 하여 그 뒤를 따르게 하는 것이 마땅할 것입니다. 만일 그렇지 못다면 내가 무슨 얼굴로 지하에서 전 남편을 다시 보겠습니까?"라고 하니 드디어 그 뜻대로 용단을 내렸다.
『고려묘지명집성』, 「이승장 묘지명」

【참고문헌】

권순형, 『고려의 혼인제와 여성의 삶』, 혜안, 2006.

김난옥, 「고려후기 여성의 법적 지위-범죄와 형벌을 중심으로-」, 『한국고전여성문학연구』 19, 한국고전여성문학회, 2009.

김현라, 「고려시기 여성의 지위-당·송·원과의 비교를 통하여-」, 『지역과 역사』 28, 부경역사연구소, 2011.

노명호, 「가족 제도」, 『한국사』 15, 국사편찬위원회, 1995.

노명호, 「가족과 여성」, 『새로운 한국사 길잡이(상)』, 지식산업사, 2008.

이종서, 『고려 조선의 친족용어와 혈연의식』, 신구문화사, 2009.

정용숙, 『고려 왕실 족내혼 연구』, 새문사, 1988.

정용숙, 『고려시대의 후비』, 민음사, 1992.

최재석, 「고려조에 있어서 토지의 자녀균분상속」, 『한국사연구』 35, 한국사연구회, 1981.

학습목표

◆ 고려시대 민은 국가에 어떤 부담을 지고 있었는지를 생각하여 보자.
◆ 고려시대 민은 국가에 어떤 이유로 저항하였는지를 생각하여 보자.

1. 민의 부담과 생활

고려시대 민(농민·천민), 피지배층은 직접 생산자이면서 국가의 지배를 받는 통치의 대상으로 오늘날 민중에 비유할 수 있는 존재이다. 민의 존재에 대한 기록은 민(民), 인민(人民)이라는 용어가 많이 사용되었다.

고려시대 민은 생산의 주체로, 주로 농업을 생업으로 하고 있으므로 농민으로 통칭되기도 한다. 이들은 국가에 삼세(三稅) 등의 기본세를 부담하였다. 민은 정호(丁戶)층과 백정(白丁)층으로 분류하였고, 정호층은 다시 족정층과 반정층으로 나눌 수 있다. 나누는 기준은 토지소유와 노동력 보유 등 경제력 차이였다.

정호층은 농업 이외에도 향역(鄕役)과 군역(軍役) 등을 국가에 부담하는 특정 직역을 가졌다. 그러나 이들은 지배질서에 참여할 권한이 있다는 점에서 넓게는 지배층의 범주에 속한다고 할 수 있다.

반면 백정층은 직역이 없는 일반 농민층으로, 자기 소유의 토지인 민전(民田)을 경작하거나 국·공유지 및 지배층, 양반의 소유지를 빌려 경작하였다. 이들 백정층은 국가에 조세·공부·요역의 삼세, 즉 조(租)·포(布)·역(役)을 부담하였다. 따라서 민이라는 범주에는 백정층을 주요한 대상으로 한다. 먼저 고려시대 민은 삼세를 어떻게 부담하고 있는지를 살펴보자. 조는 전조(田租)로 토지를 기준으로 부과되었는데, 매년 수확량의 10분의 1이었다. 다만 조는 국가의 조세감면 규정, 즉 토지의 작황을 10등분으로 나누어 그 피해가 4등분(40%)을 넘으면 면제되었다. 이때의 조는 지세(地稅)적인 성격을 가진다. 따라서 모든 토지에서는 국가에 조를 부담하였지만, 전시과와 같은 수조권 분급체계에서 조의 일부가 분급되거나 면조(免租)되는 경우도 있었다. 조의 품목은 여러 자료들을 고려할 때 백미(白米)·조미(糙米)·벼(租) 등의 쌀과 조·보리·콩 등의 잡곡류가 중심이었다.

포는 세포(稅布)·조포(調布) 등으로 사용되었으며, 징수 기준이 뚜렷하지 않으나 9등호제가 징수기준이었을 것이다. 이는 군현단위로 부과하였으며 또 각 군현은 다시 개별 농가를 대상으로 부담의 액수를 분담하였다. 다만 포는 한해 수확 농작물의 피해가 60%를 넘으면 조와 함께 면제되었다. 포의 품목은 평포(平布)·중포(中布)·저포(紵布)·면포(綿布) 등 직물류가 중심이었다. 1066년(문종 20) 쇠가죽과 쇠힘줄을 평포로 환산하여 바치도록 한 것과 1114년(예종 9) 평포절납제를 시행한 것을 고려할 때 평포가 중심이었고 환산 기준이었다.

역은 민이 국가에 무상으로 제공하는 노동력인데, 『고려사』에 의하면 '나라의 제도에 나이 16세가 되면 정으로 삼아 비로소 국역에 복무하게 하고 60세가 되면 역을 면제한다'고 기록하고 있다. 역의 징발 대상은 16세에서 60세까지의 정이다. 역에는 정역인 군역과 잡역인 요역이 있다. 이러한 역도 한해 농사의 작황 70%가 손실되면 조·포와 함께 면제하였다.

군역은 3년마다 1년을 경군의 역을 지는 동안에 군인전을 지급받아 여기서 나오는 비용으로 군복이나 양식·무기를 구입하였다. 즉 군인 스스로가 군역에 드는 경비를 조달한 셈이다.

요역은 군현단위로 징발되어 일부는 국가차원의 역에 동원되고 나머지 대부분은 군현 차원의 역에 충당되었다. 즉 축성, 궁궐이나 사원의 영조와 수리, 산릉역, 조선 등의 토목공사, 임금이나 사신의 행차와 관련된 역 등은 대체로 국가차원으로 동원된 것이었는데, 이들 역은 주로 그 역의 일과 관련된 주변의 군현에서 동원되었다. 이에 따라 개경을 비롯한 경기 주현의 부담이 상대적으로 많았다. 정종 때 서경천도의 추진과 관련하여 개경 지역의 민이 징발된 사실을 비롯하여, 현종 때 개경의 나성 축조, 문종 때 흥왕사의 건립 등 국가 차원의 대대적인 역사(役事)가 있었을 때, 그 역의 대부분을 부담하였던 것은 경기 주현의 민이었다. 군현 차원의 역으로는 지방 군현 자체의 토목공사를 비롯하여 공물을 조달하기 위한 공역(貢役), 수취과정과 관련된 수역(輸役) 등이 주류를 이루었다.

요역은 1년에 약 20일 정도 징발되었으며 그에 필요한 경비는 스스로 준비하였다. 의종 때 궁궐공사에 나갔던 인부가 가난으로 식량을 마련하지 못하여 같이 노동하던 사람의 밥을 한술씩 얻어먹다가 이를 미안하게 여긴 아내가 자기 머리를 자른 비용으로 식사를 준비하여 주위의 경비를 스스로 준비하였다는 주요한 사례이다.

그밖에 민이 부담하였던 잡세로는 조세의 운반과 관련된 모미(耗米)와 수경가(輸京價), 즉 전조를 조운을 통하여 중앙으로 운반하는데 드는 운임이 있었다. 모미는 전조를 중앙으로 운송하는 과정에서 생기는 손실을 보충하기 위해 징수하는 것인데, 명종 때 전조 1석을 납입할 때 모미를 합하여 17두를 넘지 못하게 규제하였지만, 그 규정이 제대로 지켜지지 않았다. 수경가는 고려 말 공민왕 때 백문보의 차자에 의하면 '경상도의 토지는 세는 비록 다른 도와 같지만 그 운반비가 그 세의 배가 된다'고 할만큼 부담스러웠는데, 지역마다 차이가 있었음을 알 수 있다.

부곡제지역 민들은 일반 군현민이 부담하였던 삼세 외에도 별도의 부가적인 부담을 하였다. 즉 향·부곡의 민은 둔전과 같은 국·공유지의 경작, 소의 민은 금·구리·종이·소금 등 각종 공물의 생산에 동원되었다.

이와 같은 삼세는 민의 토지경작을 전제로 부과되었는데, 당시의 토지소유 구조를 어느 정도 반영한 것이었다.

다음으로 민의 생활을 이해하기 위해서는 민의 토지소유 형태와 규모가 어느 정도이고, 그를 통한 생활을 어떻게 하고 있는지를 살펴보자. 민이 어느 정도 규모의 토지를 소유하였는지는 정확하게 알 수 없지만, 통일신라 촌락문서의 토지소유 실태나 조선초기의 사례 등을 참고할 때 평균 1~2결도 소유하지 못하였을 것으로 유추된다. 1결의 규모는 오늘날의 약 1,200(약4,000㎡)~1,500(약5,000㎡)평 정도이다. 1결의 생산량은 토지의 비척도(상등전·중등전·하등전)에 따라 차이가 있었는데, 수전 상등전의 경우 성종 때의 공전조 수취 규정에 의하면 15석 정도가 생산되었고, 한전 상등전의 경우 7.5석 정도가 각각 생산되었다. 토지의 경작은 부부와 2~3명의 자녀가 참여하여 순수한 가족 노동력으로 이루어졌다.

민은 이러한 생산물을 가족의 생활을 위한 식량, 국가에 대한 조세, 다음 해의 경작을 위한 종자 등으로 하였기 때문에, 민의 기본 생활비를 충당하기에 빠듯하였다. 따라서 민은 『고려사』 등에 기록되어 있는 것처럼 항상 고리대에 노출되어 자식을 팔아 빚을 갚을 수밖에 없는 현실이었다.

농민의 점심 (김홍도, 국립중앙박물관 소장)

이와 같이 민의 현실은 이규보의 『동국이상국집』에 의하면 '붉은 알몸

짧은 갈옷으로 가리고 하루에도 밭 갈기를 얼마였던가. 그리하여 벼의 싹 파릇파릇해지면 가라지 김매기에 괴로울 뿐. 풍년 들어 천종의 곡식을 거 둔다 해도 한갓 관청에 바치는 것일 뿐. 어쩌지 못하고 다 빼앗긴 채 돌아 오니 가진 것이라고는 한 알도 없네'라고 묘사되었고, 이인로의『파한집』에 도 '하루 종일 뙤약볕 아래 농사를 지어도 한말의 조를 얻을 수 없구나. 대 신 조정에 있기만 하면 앉아서 만석의 곡식을 먹을 수 있구나'라고 기록되 어 있는 사례를 통해 곤궁하였음을 알 수 있다. 따라서 민은 기본적인 생 활을 할 수 있는 토지의 소유 규모도 적었지만 자기의 토지나 혹은 타인의 토지를 빌려 경작하는 경우에도 지배층의 수탈로 인해 항상 어려운 처지에 놓여 있었다.

2. 민의 재생산구조

민은 어려운 여건 중에서도 안정된 삶을 이루기 위해 생산력의 발전을 주도하였다. 생산력의 발전은 토지의 개간을 통한 양적 확대와 농업기술의 발전이라는 두 방향에서 이루어졌다.

먼저 전자는 진전개간과 신전개간을 중심으로 이루어졌다. 진전개간은 국가에 의해 적극 장려되었는데, 그것은 광종과 예종대의 진전개간 장려 정책을 통해 알 수 있고, 예종대는 도로 옆의 토지가 개간되지 않으면 그 지역의 수령을 문책하였다는 사례를 통해서도 진전개간에 대한 국가의 의 지를 엿볼 수 있다.

남해 다랭이마을 계단식 논의 모습 [출처 : 남해군청]

신전은 산전개간과 연해안 저습지와 간척지 개간을 통해 이루어졌다. 산전개간은 서긍(徐兢)의 『고려도경』에 의하면 '평지가 적기 때문에 경작지가 산간에 많다. 그 높낮이 때문에 경작하고 개간하기가 대단히 힘들며, 멀리서 바라보면 사다리와 돌계단 같다'고 한 기록을 통해 볼 때 고려전기에 상당부분 이루어졌다. 저습지와 연해안의 간척지 개간은 12세기 이후 하거(河渠)와 방천·방조제 공사 등 수리시설의 발달과 관련하여 이루어졌다. 산전개간은 지배층보다 일반 민이 주로 개간을 담당하였을 것이고, 저습지와 간척지 등의 개간은 막대한 노동력이 필요하기 때문에 국가나 지배층이 주로 주도하였다.

다음으로 민은 농업기술의 발달에도 노력하였다. 농업기술의 발달은 수리시설, 다양한 품종의 개량, 그리고 시비기술 등으로 이루어졌다. 이러한 방법은 국가의 정책과 밀접한 관련을 가지지만 민이 주도하였다. 이와 같은 농업기술의 발달은 사노 평량(平亮)의 경우처럼 농사에 힘써 부를 축적하는 계층을 출현시키는 반면 재생산기반이 열악한 민을 유망하게 하여 농촌사회 내부에서의 계층분화를 진행시키기도 하였다.

한편 국가는 민을 기반으로 존재한다. 민의 경제적 안정은 국가재정의 안정을 의미한다. 국가는 민의 경제적 안정을 위해 생산활동의 제약요인을 줄이거나 생산활동을 지원하지 않을 수 없다. 국가 차원의 대책은 권농정책과 구휼제도 등이 주류를 이루었다.

권농정책은 재정기반과 관련이 있는 민의 생산활동을 보장하는 측면에서 추진되었는데, 즉 불필요한 노동력의 징발 금지, 종자의 대여, 농기구의 지급, 관우(官牛)의 대여 등을 통해 농업경영을 보조하였다. 그리고 권농정책은 군현에 파견된 수령을 통해서도 이루어졌는데, 그것은 수령의 여러 임무 중에서 농상, 즉 농업과 양잠을 권장하는 일을 점차 가장 중요하게 여겼고, 이를 수령의 평가에 반영할 만큼 중요하게 생각하였다.

또한 권농정책은 새로운 농업기술의 개발과 보급, 수리시설의 확충, 농서의 간행과 보급 등으로 나타났다. 이러한 권농정책은 농업기술의 발달과 생산력의 증대를 통해 민의 생산활동에 일정한 도움을 주었다.

구휼제도는 민의 부세나 공·사의 부채를 감면해주는 감면제와 농민에게 식량과 종자를 나누어주는 진대제가 있었다. 진대제는 국초에 정비된 의창제도를 통해 알 수 있는데, 춘궁기에 민들에게 식량과 종자를 빌려주어 민의 몰락과 농업의 재생산구조를 유지시키기 위한 것이었다. 이러한 시책은 다분히 명분적인 측면이 강하여, 민의 생활을 안정시키기 보다는 몰락방지라는 측면에서 추진되었기 때문에 이데올로기적 성향이 강한 것이었다. 그것마저도 의창이 갖는 고리대적인 요소 때문에 민의 구휼적인 기능이 약화되었다.

민들은 경제적 여건을 고려할 때 고리대를 이용하지 않을 수 없었다. 고리대는 쌀 15말에 이자 5말을 받도록 규정하고 있었으므로 아주 고율의 이자인 셈이었다. 인종 때 관청은 이자 놀이로 민들에게 강제로 썩은 곡식을 분배하는 일을 하기도 하였다. 따라서 민에게 고리대는 또 다른 부담으로 작용하여 농민몰락을 재촉하는 요인의 하나였던 것이다.

이상에서 살펴본 것처럼 고려시대 민의 생활을 위한 여건은 아주 열악한 반면에 국가에 부담하여야 할 의무는 상대적으로 많았다. 민은 이를 타개하기 위해 한편으로 토지개간·농업 기술개발 등을 통해 삶의 조건을 개선하기 위해 노력도 하였지만, 다른 한편으로 유망이나 봉기로 국가 혹은 지배층에 대항하기도 하였다.

3. 민의 항쟁

지배층과 피지배층의 사회적 모순과 갈등은 12·13세기 민(농민·천민)의 항쟁으로 표출하였다. 12·13세기 민의 항쟁은 신라 하대와 19세기 농민항쟁과 함께 한국사에서의 3대 농민항쟁 중의 하나이다. 항쟁의 규모나 지속성 등의 규모 면에서 다른 어떤 민의 항쟁에 결코 뒤지지 않는다.

12·13세기 농민항쟁이 발생할 수 있는 요인은 당시의 사회경제적 현상 속에서 찾을 수 있다. 첫째는 토지 탈점과 토지분급제의 모순이다. 토지 탈점은 최고 권력자의 한사람인 이자겸(李資謙)의 탈점 사례에서 알 수 있듯이 12세기 초에 나타나고 있었으며, 농민항쟁이 본격적으로 전개된 12세기 후반기부터 심각한 상황으로 전개되었다. 최충헌의 봉사 10조에 의하면 "관직에 있는 자들이 탐욕하여 공·사전을 빼앗고 겸병하여 한 집의 비옥한 토지가 주와 군에 차고 넘쳤습니다"고 하는 데서 알 수 있듯이 지배층

의 토지 탈점은 상당히 보편화되었음을 알 수 있다.

토지 탈점은 수조권 분급제에도 많은 영향을 미쳤다. 수조지의 탈점이 그것이다. 즉 1188년(명종 18) 『고려사』에 의하면 "무릇 주현에는 중앙과 지방에 있는 양반과 군인의 가전(家田)과 영업전이 있는데, 간교한 이민이 권세가에게 붙고자 하여 이 토지를 한지(閑地, 공한지)라 거짓으로 칭하여 권세가의 소유로 하였다"고 하는 것처럼 양반과 군인의 가전과 영업전이 권세가에게 탈점되고 있다. 토지 탈점의 현상이 일반화되면서 농민항쟁으로 폭발하는 빌미가 되었다. 반면 수조지의 탈점 현상은 크게는 수조권 분급자인 전주와 경작자인 전객, 탈점자와 수조권자 사이의 대립과 갈등뿐만 아니라 토지분급제에 기초한 고려전기 지배질서를 동요시키는 위험성을 안고 있다.

둘째, 농민에 대한 과중한 조세수탈이다. 1186년(명종 16) 『고려사』에 의하면 "백성은 나라의 근본이며 근본이 튼튼해야만 나라가 편안하게 된다. 근래에 수령이 그 백성을 수탈하면서도 두려워하고 꺼려함이 없으니, 고통을 견디지 못하여 유리하는 백성이 날로 늘어가고 있어 내가 매우 슬피 여긴다"고 하는 것처럼 수령의 과중한 조세의 수탈이 민을 유리시키는 원인의 하나였다. 그리고 1176년(명종 6) 『고려사절요』에 의하면 "시중 정중부와 아들 승선 균과 사위 복야 송유인이 정권을 마음대로 휘두르며 횡포하고 방자하다. 남적이 일어난 것은 그 원인이 이로 말미암은 것이다"고 하는 것처럼 농민항쟁의 원인을 정중부정권, 즉 지배층의 탐학에 있다고 파악한 점은 주목된다. 이러한 현상은 무신집권기 이후 자격이 없는 수령이 대거 지방에 파견됨으로써 조세수탈은 더욱 심하게 자행되어 민의 유망과 항쟁을 가속화시켰다.

셋째, 고려전기 군현체제 내의 구조적인 모순이다. 군현체제는 군현제와 부곡제의 복합적이고 계서적인 영역지배체제를 근간으로 운영하였다. 이러한 군현체제는 고려가 신라 하대 농민항쟁과 후삼국 통일전쟁을 마무리 짓고 새로운 국가질서를 수립하는 과정에서 형성되었다. 이 가운데 고려에 반대하였던 세력의 지역과 이전부터 전업적으로 물품을 생산하여 왔던 지역을 부곡제로 편성하였다. 따라서 부곡제의 민은 앞에서 언급한 것처럼 군현제의 민보다 조·포·역 삼세 외에 특정의 역을 추가로 부담하였다. 이들은 군현제의 민보다 사회경제적으로 열악한 조건에 놓여 있었다. 이와 같이 고려정부는 각 영역의 민에 대하여 독특한 수취체제를 운영하는 가운데, 국가의 재정 확보와 함께 대민지배를 관철하고자 하였다.

농업정책의 실패로 과도한 빚을 진 농민들이 정부의 농정을 규탄하고 있는 장면. 이를 통해 12·13세기 민의 항쟁을 유추할 수 있다. [전국농민총연맹 소장]

이러한 군현체제는 12세기 이후 자체의 모순이 드러나기 시작하면서 그러한 체제에 묶여 있었던 민들의 삶의 조건을 크게 악화시켰다. 그것이 결과적으로 민의 유망과 저항의 커다란 원인이었다. 따라서 12·13세기 항쟁의 원인을 고려전기 군현체제의 모순에서 찾을 수 있다.

고려전기 농업기술의 발달에 의한 생산력의 증가는 지배층에 의한 토지 탈점과 농장의 확대를 가져왔고, 아울러 국가에 의한 수탈도 증가되었다. 이에 대한 민의 저항은 먼저 유망(流亡)의 형태로 나타났는데, 이는 국가의 조세체계에서 벗어나려는 저항운동의 한 형태였다. 유망현상은 개경을 중심으로 한 경기·서해지역에서 시작되어 각 지역으로 확산되어 갔다. 12세기 초 『고려사』에 의하면 "유망이 계속되어 열집 가운데 아홉집이 비었다" 고 할만큼 전국에 걸친 광범위한 지역으로 퍼져나갔고, 유망의 현상은 속현이나 부곡제지역에서 확산되었다. 따라서 유망이 고려전기의 심각한 사회문제로 대두되자 유망민을 붙잡아 본관제지역으로 돌려보낸다거나, 혹은 유망이 심했던 속현이나 부곡제지역에 지방관인 감무를 파견하여 민을 진정시키려는 조치를 취하기도 하였다. 초기의 유망은 비록 조직적인 형태의 저항은 아니었지만, 향촌사회의 질서를 붕괴시킬 수 있다는 측면에서 지배층이 대단히 우려할 수밖에 없었다. 그러나 이들도 점차 초기의 단순 유망의 단계에서 벗어나 조직적인 무장세력으로 변화되었다. 1152년 홍주, 1155년 완산, 1162년 황해도와 강원도의 여러 지역에서, 1163~1164년 경상도를 비롯한 남부지방에서 유망민의 항쟁이 그것이다.

한편 12세기 지배층의 계속된 정쟁과 무신정변은 정치적 대변동을 거치면서 중앙의 통제력이 약화되어 무력적인 민의 항쟁으로 발전하였다. 특히 무신정권은 권력을 장악하자 그들의 손발이었던 무신들에 대한 논공행상과 자기세력을 지역으로 확산시키고자 하는 의도로 속현지역에 감무의 파견과 함께 외관의 문무교차제를 시행하였다. 이를 통해 무신정권은 각 지역의 조·용·조를 수취하여 경제적 기반을 구축하였다. 외관에 임명된 무신세력들은 오직 자신과 무신의 입지와 경제적 기반의 구축에 힘을 쏟아

민에 대한 수탈을 자행함으로써 농민항쟁을 촉발시키는 결과를 가져왔다.

무신정권기 농민항쟁은 서북면지역에서 시작되었다. 1172년(명종 2) 창주·성주·철주 등지에서 서북면지역에 대한 영역간의 갈등 격화와 지방관의 가혹한 수탈에 반발하여 봉기가 일어났다. 이러한 분위기에 편승하여 1174년 서경유수였던 조위총(趙位寵)이 '의종시해'와 부장(不葬)의 문제, 즉 무신정권에 반대한다는 명분으로 난을 일으켰다. 조위총의 난은 지배층 내부의 정치적 갈등에 따른 정쟁의 성격을 띠었지만 농민들이 적극 참여하면서 조위총의 의도와는 달리 수령과 향리를 공격의 대상으로 삼는 항쟁으로 발전하였다. 비록 일반 민이 독자적인 지휘부는 갖지 못하였지만 시종 중앙정부와 민의 대립관계가 전면에 부각되면서 정치적 변혁을 지향하게 되었다.

1176년 6월 조위총의 난은 중앙정부에 의해 진압되었지만 1177~1179년에 걸쳐 조위총 여중(餘衆) 혹은 유종(遺種)으로 불리는 무리들이 주변의 유망 민들을 규합하여 가주·위주·태주·연주·순주 등에서 계속 봉기를 일으켜 서북 일대는 한때 중앙정부가 통제할 수 없는 상태에까지 이르렀다.

서북면지역의 항쟁이 한창일 무렵 중·남부지역에서도 이른바 '남적(南賊)'이라 통칭되는 민의 항쟁이 곳곳에서 일어났다. 남적 중에서 가장 기세를 떨친 것은 1176년(명종 6) 정월에 공주 명학소(鳴鶴所)에서 일어난 망이(亡伊)·망소이(亡所伊)의 항쟁이었다. 이들의 항쟁은 부곡제 영역에 속한 소민(所民)이 중심이 되었다는데 큰 특징이다. 소민들은 일반 군현민들과 같이 동일한 수취체계에 놓여 있었지만 특정 역을 부담하고 있었기 때문에 유망의 현상이 심각하였다. 이와 같은 모순구조는 민의 저항을 강화시킬 수 있는 요인이었다.

이들의 봉기는 공주를 점령하고 부근의 직산·아산 등지까지 세력을 넓혀 충청도 일대를 거의 장악할 정도로 규모가 컸다. 명학소가 충순현으로 승격하는 성과를 얻기도 하였지만 왕조 자체를 부정하거나 정권을 타도할 단계까지 이르지 못하고 무신정권에 의해 진압되었다. 그 외에도 예산(1176), 익산·여주·진천·가야산(1177), 옥천·서산(1182), 남원(1200) 등에서도 저항이 일어났다.

경상도지역에서는 1190년 경주에서 대규모 봉기가 일어난 이후, 1193년 운문산을 거점으로 김사미(金沙彌)·초전(현 울산)의 효심(孝心)이 주도한 봉기가 일어났는데, 이들은 공동전선을 구축하여 경주일원을 공격하기도 하였다. 이들은 김사미의 살해 이후에도 밀성군(현 밀양시) 저전촌전투에서 지역의 여러 봉기세력과 연합전선을 구축하여 관군과 전투하였다는 점에서 앞의 항쟁보다 발전된 측면을 보여준다. 그 외에도 진주·안동(1186), 경주(1199), 합천·김해(1200) 등지에서도 계속하여 봉기가 일어났다.

『고려사』「최충헌전」에 수록된 만적의 봉기자료

천민들의 신분해방운동도 전개되었다. 그것은 정권의 심장부였던 개경에서 최충헌의 노비였던 만적(萬積)의 봉기이다. 1198년 『고려사』「최충헌전」에 의하면 만적은 북산에서 공사노비를 불러 놓고 "고관이 천민과 노비에서 많이 나왔다. 장수와 재상이 어찌 씨가 따로 있으랴. 때가 오면 누구나 할 수 있다. 우리가 왜 근육과 뼈를 괴롭게 하며 채찍 밑에 곤욕당해야 하겠는가. 누런 종이 수천 장을 잘라 모두 정(丁)자를 새겨 표지를 삼고 각기 그 주인을 쳐서 죽이고 천적(賤籍)을 불살라서 삼한에 천인이 없게 하자. 그러면 공경장상을 우리가 모두 할 수 있다"고 하며 무력 봉기를 꾀하였다. 이는 신분해방 뿐만 아니라 나아가 정권탈취를 도모하였다는 점에서 중요한 의미를 갖는다. 이것은 이의민 정권기에 천계 및 하층신분에 있던 사람들이 고위직으로 진출한데 따라 이들의 정치사회적 의식이 고조되었음을 반영한다. 이후 천민들의 항쟁은 개경(1203), 진주·밀성(1200) 등에서도 일어났다.

　민의 항쟁이 각 지역에서 계속되자 이전과는 다른 성격의 봉기들이 연이어 일어났다. 그것은 삼국의 부흥운동이다. 첫째, 신라부흥운동은 1202년(신종 5) 『고려사』에 의하면 "경주민이 반역을 도모하여 비밀리에 낭장동정 배원우(裵元祐)를 보내어서 전 장군 석성주(石成柱)가 귀양간 곳인 고부군으로 가 달래기를, 고려의 왕업이 거의 다 되었으니 신라가 반드시 다시 일어날 것입니다. 공을 왕으로 삼아 사평도(沙平渡)로서 경계를 삼으려 하는데 어떻겠습니까"고 하는 것처럼 경주의 재지세력 등이 중심이 되었음을 알 수 있다. 신라부흥운동은 석성주의 밀고로 실패하였지만 인근의 민들과 연합하여 정국병마사(正國兵馬使)라 자칭하기도 하였다. 이들은 모주를 세우고, 거사가 성공한 이후 한강을 경계로 영역을 양분할 것 등의 구체적 방안까지 세운 뒤 상주·청주·충주·원주에까지 격문을 돌리는 등 치밀하고도 일관된 계획 아래 조직적인 항쟁을 꾀하였다. 이것은 신라부흥이 갑자기 일어난 것이 아님을 말해주는 것이다.

　신라부흥운동이 경상도 및 강원도의 동해안 전역으로 확대되자 최충헌 정권은 태조의 옛 은혜에 대한 배신행위로 간주하여 강경 토벌을 하였다. 한 때 세력을 떨쳤던 항쟁군은 1204년 5월 결국 진압 당하였다. 신라부흥운동 이후 경주는 동경유수(東京留守)에서 지경주사(知慶州事)로 강등되었고, 관내의 주·부·군·현과 향·부곡 등은 안동과 상주에 나뉘어 예속되었다. 경상도의 명칭도 상진안동도로 개칭되었다.

둘째, 고구려부흥운동은 1217년(고종 4) 서경지역에서 일어났다. 농민출신 기두(旗頭) 최광수(崔光秀)는 동료 군졸들과 함께 봉기하여 서경을 장악하였다. 이들은 구고려흥복병마사(句高麗興復兵馬使)를 표방하면서, 요좌(僚佐)를 두고 정예군사를 모집한 뒤 서북면의 여러 성에 격문을 보내어 대규모의 항쟁을 꾀하였다. 그러나 최광수가 분대녹사 정준유(鄭俊儒)의 계략에 빠져 죽게됨으로써 고구려부흥운동은 실패하였다. 한편 고구려부흥운동이 일어나기 전에 진위현에서는 동정직 소유자들이 군대로 징병된 장정들과, 부세의 수탈과 가혹한 노동력 징발에 고통을 당한 촌락민이 합세하여 항쟁을 일으켰는데, 이들은 정국병마사(靖國兵馬使)라 자칭하고, 스스로를 의병義兵이라고 하였다는 점에서 의식의 성장을 엿볼 수 있다.

셋째, 백제부흥운동은 대몽항쟁기인 1237년(고종 24)에 일어났다. 초적 이연년(李延年)의 형제가 부세수탈과 역역동원을 피해 산골짜기로 유리하는 원율현과 이웃 담양현의 민을 규합하여 스스로 백적도원수(百賊都元帥)라 칭하면서 백제부흥을 표방하였다. 이들 부흥군은 '산림(山林)'과 '짚신을 신은 촌민(芒履村民)'이었다는 점에서 농민임을 알 수 있다. 그리고 이연년은 토벌군의 지휘사로 내려온 김방경을 사로잡아 도통(都統)으로 삼으려는 생각을 가지고 있었을만큼 기본적인 세력을 가지고 있었다. 부흥군이 주현에 격문을 보내고 군사를 이끌고 다니자, 지방관의 일부는 이에 내응할 만큼 세력은 증가하였지만 백제부흥운동도 곧 실패하였다. 이처럼 삼국부흥운동은 고려왕조를 부정하였다는 측면에서 다른 항쟁과는 다른 모습을 보여주었다는 의미를 가진다.

한편 민은 13세기 국가와 민의 모순구조, 즉 수취구조의 모순에 대해 저항만을 전개한 것이 아니라 이민족의 침략으로 인한 민족적인 위기, 즉 민족모순에 대한 항쟁도 전개하였다. 특히 이들은 지배층의 소극적인 항몽자세와는 달리 적극적인 항몽에 가담하였다. 몽고가 침략하자 마산의 초적 우두머리 두 명이 스스로 최우에게 정병 5,000명을 돕겠다고 제의하였고, 이들은 동선역 전투에 참여하여 승리를 거두는데 결정적인 역할을 마련하였다.

1232년(고종 19) 몽고병이 충주목를 공격하자 부사 우종주(于宗柱)와 판관 유홍익(庾洪翼) 등의 외관과 양반별초 등의 지배층은 모두 도망가고 대신 노군(奴軍)·잡류별초(雜類別抄) 등이 항전의 주체로서 몽고군을 격퇴하였다. 그러나 항전 이후 지배층이 은그릇의 유실을 이유로 노군 등을 탄압하려 하자 노군은 "몽고군이 이르렀을 때에는 모두 도망하여 숨어 성을 지키지 않다가 이제 와서 몽고군이 약탈해 간 것을 가지고 도리어 우리에게 죄를 뒤집어 씌워 죽이려 하니 어찌 먼저 도모하지 아니하랴"고 하면서 지배층을 살해하였다. 이는 민이 대몽항쟁에 적극 가담하였음을 방증한다. 이에 중앙정부에서는 안무별감을 보내어 노군을 위로하고 도령(都令)인 영사(令士) 지광수(池光守)에게 상과 벼슬을 줌으로써 사태를 수습하였다.

이상에서 살펴본 것처럼 민의 항쟁은 그들의 삶의 터전을 지키기 위해서 대몽항쟁을 전개하였을 뿐만 아니라 지배층에 대해서도 격렬하게 저항하였다.

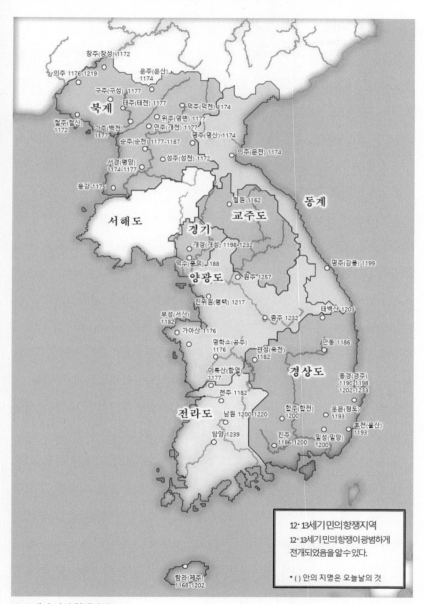

장주(창성) 1172

의주 1176~1219

운주(운산) 1174

구주(구성) 1177

북계

태주(태천) 1177

덕주(덕천) 1174

철쥬(철산) 1172

가주(백천) 1177

위주(영변) 1177

연주(개천) 1177

명주(명산) 1174

순주(순천) 1177~1187

성주(성천) 1172

의주(은천) 1174

서경(평양) 1174~1177

용강 1175

서해도

철원 1162

교주도

동계

경기

개경(개성) 1198~1232

덕수(풍목) 1188

명주(강릉) 1199

양광도

원주 1257

진위현(평택) 1217

부성(서산) 1182

중주 1232

태백산 1203

가아산 1176

명학소(공주) 1176

관성(옥천) 1182

안동 1186

미륵산(함열) 1177

경상도

동경(경주) 1190·1198 1202~1233

전주 1182

남원 1200~1220

전라도

합주(합천) 1200

운문(청도) 1193

담양 1239

진주 1186~1200

밀성(밀양) 1200

초전(울산) 1193

탐라(제주) 1168~1202

12·13세기 민의 항쟁지역
12·13세기 민의 항쟁이 광범하게
전개되었음을 알 수 있다.

• ( ) 안의 지명은 오늘날의 것

12·13세기 민의 항쟁지역

4. 항쟁의 의미

12·13세기 민의 항쟁은 지배층에 커다란 타격을 주었을 뿐만 아니라 항상 통치의 대상이 아니었음을 인식시켰다는 측면에서 의미가 있다. 민의 항쟁이 지속되자 지배층은 무력으로 진압하였지만, 탐학한 관리를 처벌하거나 약속할 수밖에 없었다. 따라서 탐관오리의 제거와 민의 생활 안정을 위한 정부의 노력, 즉 권농책을 이끌어 내었고, 부곡제지역을 없애는 등의 중세사회 변화에 영향을 미쳤다.

12·13세기 항쟁의 특징 중의 하나는 고려국가를 부정하는 의식이 등장하였다는 점이다. 삼국시대의 옛 영역에서 정국(靖國)·개국(改國)을 일컬으면서 정치적 변혁을 주장하는 삼국부흥운동이 그것이다. 둘째는 봉기의 중심지가 속현·부곡제지역 등 일반 군현에 비해 차별을 받았던 지역이라는 점이다. 이는 국가적인 수취 실현의 장치였던 군현제의 구조적인 모순이 비롯된 것이다. 셋째는 자연발생적이고 일회적·분산적으로 일어난 민의 항쟁이 지속되면서 지휘부의 의도와는 상관없이 민이 독자적으로 항쟁을 전개하거나 혹은 군현제에 규정된 지역권을 극복하여 투쟁목적이 다른 세력까지도 힘을 합쳐 활동한 점도 주요한 변화이다.

하지만 12·13세기 민의 항쟁은 고려사회의 모순구조, 부세수취의 직접적인 수탈자인 수령과 그에 기생하는 향리 등의 토호들을 타도의 주요한 대상으로 하였고, 고려 국가를 타도의 대상으로 삼지 못하였다는 측면에서 한계를 가진다. 지방관을 경질하고 향리를 처벌하는 무마책을 실시하면 항쟁은 약화되었다. 항쟁이 전국적으로 일어났지만 몇몇 사례를 제외하고는 항쟁세력을 연대하지 못하고 개별적으로 활동하였다는 측면에서도 한계를 가진다.

【참고문헌】

김기섭, 「고려전기 농민의 토지소유와 전시과의 성격」, 『한국사론』 17, 서울대학교 국사학과, 1987.

김용섭, 『한국중세농업사연구』, 지식산업사, 2000.

김호동, 「12, 13세기 농민항쟁의 전개와 성격」, 『한국사』 6, 한길사, 1994.

박종기, 「13세기 농민항쟁의 원인과 배경」, 『한국사』 6, 한길사, 1994.

박종진, 「수취구조와 농민생활」, 『한국사』 5, 한길사, 1994.

위은숙, 『고려후기 농업경제연구』, 혜안, 1998.

이정신, 『고려 무신정권기 농민·천민항쟁 연구』, 고려대학교 민족문화연구소, 1997.

이정신, 「신분제의 동요와 농민·천민의 봉기」, 『신편 한국사』 20, 국사편찬위원회, 2002.

이정희, 『고려시대 세제의 연구』, 국학자료원, 2000.

이종봉, 『한국중세 도량형제 연구』, 혜안, 2001.

채웅석, 「13세기 향촌사회의 변동과 민의 대응」, 『역사와 현실』 3, 역사비평사, 1990.

III

중세2

1. 조선의 건국

성리학을 이념으로 성장한 신진사대부는 1356년(공민왕 5) 기철(奇轍) 등 친원파를 제거하면서 고려왕조가 안고 있던 모순들을 개혁하고자 하였다. 공민왕은 신돈(辛旽)을 등용하여 반원 개혁정치를 본격화하였으며, 성균관을 중영(重營)하여 성리학을 진흥시키고 신진사대부들을 성장시켰다. 그러나 권문세족의 반발로 말미암아 신돈이 제거되면서 개혁은 끝내 실패하였고 공민왕은 살해당하였다.

공민왕에 뒤이은 우왕(1374~1388)은 권신 이인임(李仁任)의 추대를 받아 왕위에 올랐는데, 공민왕의 개혁에 반발하는 권문세족의 횡포와 보수반동을 제어하지 못하였다. 권문세족의 횡포는 극에 달하였으며 홍건적과 왜구가 창궐하여 국토는 황폐해졌고 농민의 생활은 더욱 피폐해졌다. 홍건적과 왜구의 토벌과정에서 최영(崔瑩)과 이성계(李成桂)는 뛰어난 공을 세웠고, 이성계는 1388년(우왕 14)에 최영과 협력하여 이인임 일파를 몰아내고 권력의 중심으로 크게 부상하였다.

한편 1368년에 건국된 명(明)이 1388년(우왕 14)에 옛 쌍성총관부 땅을 직속령으로 만들기 위해 철령위(鐵嶺衛)를 설치한다는 통고를 해오자, 최영은 이성계를 보내어 요동을 공격하도록 하였다. 그러나 처음부터 요동공격에 반대했던 이성계는 위화도에서 회군하여 개경으로 돌아와 우왕을 폐하고 창왕을 세웠다.

위화도 회군 이후 조준(趙浚)의 전제개혁 상소를 기점으로 신진사대부는 역성혁명과 전제개혁 문제를 두고 견해 차이가 생겨 급진개혁파와 온건개혁파로 분열하였다. 정도전을 중심으로 한 급진개혁파는 성리학을 수용했으나 개방적인 학문관을 견지하면서 『주례(周禮)』를 정치사회적 모델로 받아들이면서 왕권 중심의 일원적인 통치체제를 구축하려 했다.

반면, 정몽주를 대표로 하는 온건개혁파는 성리학 중에서도 남송대의 정주학(程朱學)의 기본입장에 충실한 학문적 경향을 보였다. 이들은 군신(君臣)의 명분을 내세워 역성혁명에 반대했고, 토지개혁 면에서도 중소지주의 이익을 대변하여 토지사유를 인정하는 선에서 소극적으로 대응했다. 이들은 『사서삼경(四書三經)』 외에 『춘추(春秋)』를 중시했고, 부국강병과 같은 공리적인 정치를 배격하고 명분과 윤리를 중시하는 의리 지향적 학문 세계를 견지하고 있었다.

급진파 사대부는 이성계를 중심으로 새 왕조창업을 기획하였다. 급진파 사대부는 1391년(공양왕 3) 삼군도총제부(三軍都摠制府)를 설치하여 군권을 장악하고, 곧이어 과전법(科田法)을 공포함으로써 전제개혁을 단행하여 권문세족의 경제기반을 무너뜨리고 신진관료들의 경제적 기반을 마련하였다. 이어 이방원이 정몽주를 살해함으로써 새 왕조 개창에 반대하는 온건파 사대부들 또한 힘을 잃게 되자, 1392년(공양왕 4) 7월 신하들의 추대를 받아 이성계가 왕위에 올랐다

2. 중앙집권적 양반관료체제의 확립

조선의 통치체제 정비와 국정의 운영은 민본지향적인 유교사상을 기본이념으로 하여 이루어졌다. 조선초기 건국의 주도세력은 유교정치를 실현할

주례(周禮)

중국 주(周)나라의 제도를 기록한 유교 경전으로, 삼례(三禮)의 하나.

정주학(程朱學)

중국 송나라 때 유학의 한 계통이다. 성명(性命)과 이기(理氣)의 관계를 논한 유교철학을 일컫는 성리학(性理學) 가운데 정호(程顥)·정이(程頤)가 창시하고 주희(朱熹)가 집대성한 학파이다. 도학(道學), 주자학(朱子學)이라고도 한다.

수 있는 정치체제로 중국 삼대(三代)의 이상사회를 나타낸 『주례』에 주목하였다. 이들은 고려 말에 들어온 성리학을 정학(正學)으로 긍정하면서도 『주례』를 모범으로 하여 새로운 국가의 여러 제도를 정비하고자 하였다. 이후 1474년(성종 5)에 『경국대전(經國大典)』을 편찬함으로써 조선의 통치규범을 완성하였다.

조선은 건국 후 100년 동안은 중앙집권적 관료제를 강화하여 관 주도의 경제정책, 양인에 대한 국가의 지배를 강력히 추진하였다. 권력구조의 특색은 군신공치(君臣共治)의 이념 아래 권력의 분산과 견제에 역점을 두고 민본정치를 구현하는 데 목표를 두었다. 그리하여 2품 이상 재상들의 합의기관인 도평의사사(都評議使司)를 폐지하였다. 대간(臺諫)들이 가지고 있던 모든 관리에 대한 임명 동의권인 서경권(署經權)을 약화시켜 5품 이하 관리의 임명에만 동의권을 갖도록 제한하여 상대적으로 왕권이 강화되었다.

조선왕조의 관료체계는 국왕을 정점으로 하여 중앙집권체제를 완비하는 것을 이상적인 것으로 생각하였다. 국왕 다음의 최고 권력기관은 의정부(議政府)였다. 의정부는 최고의 의정기관으로 영의정·좌의정·우의정 등 3정승의 합의제로서 백관과 서무를 총괄하였다. 3정승은 예문관, 홍문관, 승문원, 춘추관, 관상감 등 주요 관청의 최고책임을 겸임하게 하여 재상의 권한을 강화하였다. 의정부 밑에 행정 집행기관으로 정2품 관청인 육조(六曹)를 소속시켜 의정부가 모든 관원과 행정을 총괄하

서경권(署經權)
고려·조선시대에, 관리의 임명과 법령의 개정·폐지 등에 서명하는 권리를 이르던 말. 고려시대에는 어사대와 중서문하성의 낭사가 담당하였고, 조선시대에는 사헌부와 사간원이 담당하여 왕권을 견제하는 기능을 하였다.

경국대전 [서울대학교 규장각한국학연구원 소장]

는 형식을 취했다.

그런데 의정부·육조체제는 그 운영에 따라 왕권(王權)과 신권(臣權)의 강
약을 변화시켰다. 1401년(태종 1)에는 의정부·육조 중심의 정치체제를 갖추
어 갔는데, 유신(儒臣)들은 의정부 대신들의 정치적 권한을 강화시키는 의
정부서사제(議政府署事制)를 이상적인 정치체제로 보았다. 그러나 왕권의 강
화를 도모하려는 국왕은 의정부 대신의 정치적 권한을 축소·배제할 수 있
는 정치체제로 육조직계제(六曹直啓制)를 선택하였다. 태종은 육조직계제를
완성하여 육조가 각기 사무를 왕에게 직계하며, 왕의 명령을 직접 받아 시
행하게 하였다.

1436년(세종 18)에는 의정부서사제로 이행되었다가, 문종과 단종을 거치
면서 의정부 재상들의 권력이 비정상적으로 증대되고 왕권이 약화되는 경
향을 보이자 세조는 다시 육조직계제를 선택하였다. 이후 성종대에 조선의
통치규범이 완성되면서 편찬된 『경국대전』에는 의정부서사제가 정착되었다.

의정부와 육조가 통치의 실권을 가진 관청이라면, 여기서 이루어지는 정
책을 감시·비판하고 정책을 건의하는 관청은 사헌부, 사간원, 홍문관의 삼
사(三司)였다. 사헌부는 관원의 비행을 감찰하는 사법기관이고, 사간원은
정책을 비판하는 간쟁기관이며, 홍문관은 국왕의 교서를 작성하고 경연을
주도하는 학문기관이었다. 그런데 사헌부와 홍문관은 사간원과 더불어 정
책을 비판하는 기능도 겸하여 이를 언론 삼사(言論三司)라고 불렀는데, 이
곳을 거쳐야만 판서나 정승의 반열에 오를 정도로 청요직(淸要職)이었다.

조선의 지방행정도 새롭게 개편되었다. 고려의 다원적인 도제가 일원적
인 8도체제로 개편되고 신분·계층적이었던 군현구획도 명실상부한 행정구
역으로 개편되었다. 조선은 전국을 8도로 나누고 8도에 약 350개 내외의
군현을 두었다. 그 아래로는 면리제를 확립시키는 방향으로 나아갔다.

**의정부서사제
(議政府署事制)**

조선시대 의정부의 정승들이
육조(六曹)의 행정 사항을 먼저
심사한 후 국왕에게 보고하고,
또 국왕의 결재도 의정부를
거친 후 각 관서에 전달하던
정치제도

**육조직계제
(六曹直啓制)**

조선시대 육조가 의정부를 거
치지 않고 국왕에게 모든 정무
를 직접 보고하고 그 지시를
받던 정치제도

사료

예조(禮曹)에 전지하기를, "『경국
대전(經國大典)』은 경인년((1470,
성종 원년) 정월 초1일부터 준행
하라." 하였다.
『예종실록』 1년(1469) 11월 16일

그 결과 지방통치는 군현을 중심으로 전개되었고 지방행정은 수령을 중심으로 행해졌는데, 전국 모든 군현에 수령이 파견되었다. 수령은 지방의 행정, 사법, 군사권을 장악하고, 그 공권력을 바탕으로 농업발전, 교육진흥, 부세수취, 치안확보 등 일곱 가지 임무인 수령 7사(守令七事)를 수행하였다. 수령이 파견된 군현 밑에는 면, 리, 통을 두어 수령의 명령을 집행하게 했다.

3. 훈구와 사림

태종대의 통치체제 정비를 발판으로 세종은 건국 이래 가장 안정된 시대를 구가하였다. 1420년(세종 2)에 집현전을 설치하여 많은 학자를 양성하였고, 이를 통하여 유교정치에 필요한 의례·제도의 정리와 다양한 편찬사업을 벌여 유교정치를 할 수 있는 바탕을 만들었다. 그러나 문종(文宗)이 병약하여 단명하고, 어린 단종(端宗)이 즉위하면서 의정부 재상들의 권력이 비정상적으로 증대되었고 왕권이 약화되는 경향을 보였다. 문종의 고명(誥命)을 받은 황보인(皇甫仁), 김종서(金宗瑞) 등 의정부 대신들의 국정 전단이 횡행하였다. 결국 수양대군은 1453년(단종 1) 10월에 계유정난(癸酉靖難)을 일으켜 정권을 잡은 뒤 왕권을 강화하기 위해 의정부서사제를 육조직계제로 고치고, 집현전도 혁파하였다.

세조의 집권을 도와 공신이 되면서 정치적 실권을 장악한 이후 형성된 집권정치세력을 훈구파(勳舊派)라고 한다. 이들은 세조대 이후 성종대에 이르기까지 여러 차례에 걸쳐 공신에 책봉되었으며 정치 실권을 독점하였다. 훈구파는 공신전(功臣田), 과전(科田), 농장(農莊) 등을 통해 대규모의 사회경제적 기반도 소유하였다. 훈구세력은 조선 건국기의 공신들과는 달리 개혁의지가 불분명하였고, 무리한 경제기반의 확대 과정에서 민의 저항을 불러일으키기도 하였다.

훈구파는 조선초기 이래 급진개혁파의 사공(事功) 중시의 학풍을 계승하여 명분과 절의, 내적 수양을 학문의 요체로 하는 사림파의 의리학(義理學)과 대비되었다. 훈구파는 학문적으로 관학파(官學派)로 불리며, 사림파가 경학(經學)을 중시한 데에 반하여 사장(詞章)을 중시하였다.

한편, 15세기 후반 사회경제적 변화에 조응하여 새로운 정치세력이 대두하기 시작하였는데, 선비 혹은 독서인층을 가리키는 사림(士林)이 그들이다. 사림파(士林派)는 고려후기 재지 중소지주인 향리층에서 진출한 신진사대부들이 고려·조선의 왕조교체 과정을 계기로 입장을 달리하면서 갈라진 두 계열 가운데 전 왕조에 대한 충성을 고집하며 향촌사회에 숨어 학문연구에 전념한 계열에서 그 연원을 찾을 수 있다. 이들은 역성혁명에 반대하여 낙향했던 온건개혁파와 세조의 왕위 찬탈에 반대하며 절의를 지켰던 생육신 계통과 닿아 있다. 그리고 정몽주(鄭夢周)−길재(吉再)−김숙자(金叔滋)−김종직(金宗直)으로 이어지는 계보를 도학의 정통으로 삼고 있다. 사림파는 재지 중소지주에서 성장을 거듭하여 점차 훈구파를 대신할 정치세력으로 자리 잡아 갔으며, 그들은 훈구파 지배 하에서 야기된 각종 사회경제적 모순을 해결하고 유교적 이상사회를 건설하고자 하였다.

이들이 성종대를 시발로 중앙정계에 진출하여 김종직을 중심으로 사림파라는 하나의 새로운 정치세력을 형성하였다. 사림파는 학문적으로 다분히 공리적이고 박학치지적인 경향을 띠었던 관학과는 달리 『소학(小學)』을 매우 중시하면서 성리학의 여러 경향 가운데 정주학(程朱學) 계열의 학문을 정통시하는 경향이 강했다. 이들은 도학정치(道學政治)의 이념을 바탕으로 향촌질서를 재편하는 한편 『소학』 실천운동, 향약 보급운동, 유향소(留鄕所) 복립운동, 서원(書院)의 건립, 성리학(性理學)의 보급, 경제개혁 등 다양하고

유향소(留鄕所)
조선전기 지방 군·현의 수령을 보좌하며 향리(鄕吏)를 규찰하고 향풍(鄕風)을 바로잡기 위하여 조직된 자치기구

구체적인 개혁을 추진하였다.

4. 사림의 성장과 사화(士禍)

사림파는 김종직과 그의 문인인 김굉필(金宏弼)·정여창(鄭汝昌)의 교육활동에 의해 영남·기호지역 사림들의 인간적·학문적 접촉이 이루어지면서 1485년(성종 16) 이후 훈구세력에 대응되는 정치세력으로서 모습을 갖추어 갔다.

사림파의 중앙정계 진출은 훈구세력과의 갈등과 충돌을 예고하였다. 훈구파는 사림세력이 하나의 정치세력을 형성해 기성정치를 비판하자 사림파와 정면으로 충돌하여 4차례의 사화(士禍)가 발생했다. 사림파는 주자학적인 공도론(公道論)에 바탕을 하여 훈구파의 권력 독점과 사리사욕을 직접적인 비판의 대상으로 삼았다. 그러나 두 세력 간의 갈등의 이면에는 대단위 농장을 경제기반으로 한 훈구파가 중소지주층인 사림파의 경제기반을 잠식해 간 것에 대한 반발이 작용하였다. 또한 향촌 통치의 방법을 둘러싸고 관권(官權) 중심의 지배체제를 확립하려는 훈구파와 사족(士族) 중심의 지배체제를 형성하고자 하는 사림파 사이의 이견이 깔려 있기도 했다.

성종대 중반 이후 사림파는 훈구세력 기용의 부당성과 소릉복위(昭陵復位) 주장 등 과감한 언론을 행사하였다. 사림파는 연산군의 즉위 이후 그 세력의 한계가 노출되면서 1498년(연산군 4)에 훈구파로부터 탄압을 받는 사건인 무오사화(戊午士禍)가 발생하였다. 무오사화는 김일손(金馹孫)이 스승인 김종직이 쓴 '조의제문(弔義帝文)'을 사초(史草)에 기록한 것이 빌미가 되었다. 하지만 근본적으로는 사림파가 세조대 이래 정치·사회·경제적 여러 특권을 향유하고 비리를 저질러오던 훈구파를 견제하려 한 데서 발생하였다. 이로써 성종대 이래 중앙정계에 진출했던 사림파는 일대 타격을 받

사료

김일손은 공초하기를, "사초(史草)에 이른바 '노산(魯山)의 시체를 숲속에 던져버리고 한 달이 지나도 염습(斂襲)하는 자가 없어 까마귀와 솔개가 날아와서 쪼았는데, 한 동자가 밤에 와서 시체를 짊어지고 달아났으니, 물에 던졌는지 불에 던졌는지 알 수가 없다.'고 한 것은 최맹한(崔孟漢)에게 들었습니다. 신이 이 사실을 기록하고 이어서 쓰기를 '김종직(金宗直)이 과거하기 전에, 꿈속에서 느낀 것이 있어, 조의제문(弔義帝文)을 지어 충분(忠憤)을 부쳤다.' 하고, 드디어 종직의 조의제문을 썼습니다." 하였다.
『연산군일기』 4년(1498) 7월 13일

게 되었다. 이후 1504년(연산군 10) 갑자사화(甲子士禍), 1519년(중종 14) 기묘사화(己卯士禍), 1545년(명종 즉위) 을사사화(乙巳士禍) 등을 거치면서 많은 사림이 피해를 입었다.

그러나 사림파의 모집단인 재지사족은 경제적으로 지주전호제를, 사회적으로 향약(鄕約)과 유향소(留鄕所), 서원(書院) 등을 통하여 그 영향력을 계속 증대시켜 나갔다. 마침내 선조대에 이르면 사림세력이 정권을 장악하여 붕당정치의 형태로 새로운 정치를 주도하게 되었다.

5. 향촌자치제의 추구

16세기 사림이 여러 차례 사화를 당해 죽고 쫓겨나면서도 궁극적으로 사림정권을 세울 수 있었던 것은 향촌사회에서 세력을 확대 재생산할 수 있는 여러 조직체를 가지고 있었기 때문이었다. 여러 차례 사화를 겪으면서 향촌으로 돌아간 재지사족은 서원을 건립하여 자제들을 교육하면서 그들의 세력을 확대 재생산해 나갔다. 최초의 서원은 1542년(중종 37)에 주세붕(周世鵬)이 세운 백운동서원(白雲洞書院)이었는데, 명종대에 17개였던 서원이 선조대에는 사액서원(賜額書院)만 100개를 넘어서게 되었다. 관학인 향교가 16세기에 들어서면서 쇠퇴해가는 가운데, 차츰 향교보다 수도 많아지고 권위도 높아졌다. 서원은 교육의 기능과 함께 선배 유학자들을 기리고 제사하는 제현(祭賢)의 기능을 겸한 것이었는데, 서원마다 모시는 선현들이 따로 있어서 자연히 학파와 붕당을 결속시키는 구심점이 되기도 하였다.

한편, 향약은 사림파들의 지방지배의 한 방법으로 제시되었는데, 단순히 교화적 기능만을 가지는 것이 아니었다. 사림은 유향소나 서원 등 지방지배기구를 통한 향약의 실시를 통하여 자신들의 이해에 따른 향촌지배를 관철시켜 나갔다. 향약은 사림파들에 의하여 향촌 지배원리로 받아들여져서 중종대에 조광조 일파의 급진사림파에 의한 도학정치의 일환으로 경향 각지에서 실시되었다. 하지만 그들의 정치적 실패와 함께 향약에 의한 지방 지배도 실패로 돌아가고 말았다. 그러나 1517년(중종 12) 경상감사 김안국(金安國)에 의하여 여씨향약(呂氏鄕約)의 언해본(諺解本)이 출간되고, 선조대에 향약의 전국적인 시행 논의를 거치면서 향약은 전국으로 보급·확산되어 갔다. 퇴계의 '예안향약'과 율곡의 '해주향약'으로 대표되는 16세기 후반의 향약은 우리의 정서에 맞는 향약으로 수용된 것이라고 하겠다.

재지사족은 한 고을 사족(士族)의 명단인 향안(鄕案)에 실린 향원(鄕員) 사이의 규약인 향규(鄕規)를 바탕으로 향약을 실천하면서 지방자치를 실현하고자 하였다. 향규는 대개 16세기 중엽 이후 지역공동체적 성격을 지닌 향약이 지방별로 조직되면서 그 운영주체인 사족간의 규약으로서 성립하였다. 따라서 향규는 향촌민 전체를 대상으로 하는 향약보다는 결속력이 강하였다. 사족들은 이 향규에 의해 향중의 제반사를 처리할 좌수(座首)와 별감(別監) 등의 향임(鄕任)을 선정하였고 이를 통해 향촌지배를 구현할 수 있었다. 이들은 향촌사회에서 직간접적으로 부세의 수취, 환곡의 분배, 군역의 차출 등에 관여하여 향권(鄕權)을 행사하기도 하였다..

6. 붕당정치의 전개

원래 성리학에서는 도덕적으로 수양된 군자들이 붕당을 형성하는 것을 긍정했기 때문에 중국의 경우 송대부터 주희와 구양수(歐陽脩)를 중심으로 붕당(朋黨)을 긍정적으로 보는 인식들이 널리 퍼졌다. 조선의 경우도 사림파 이후 긍정적 붕당론이 점차 보편화되었는데, 붕당은 학연과 지연을 바탕으로 자연스럽게 결집되어 갔다. 조선의 붕당은 이익 집단화된 측면도 있지만 학문적 견해 차이에 따라 정책적 대립을 벌여나가는 정파로서의 성격도 아울러 가지고 있었다.

　오랜 기간에 걸친 훈구세력과의 정치적 투쟁을 통하여 성장하여 온 사림세력은 선조 초반에 이르러 마침내 정국을 주도할 수 있는 위치까지 이르게 된다. 사림으로 통칭되는 선조 초의 집권세력 내부에는 애초부터 벼슬한 시기에 따른 권신(權臣)과의 관련문제나 학문적 성향의 차이로 인해 정치적 입장과 노선을 달리하는 여러 부류가 있었다. 그것은 크게 보아 중종 연간에 등과(登科)하여 이후 계속 벼슬하여 선조 초의 시점에서는 고위직을 차지했으나 이미 구세대가 되어버린 기성사림과, 명종 이후 정계로 진출하였기에 앞의 부류에 비해 상대적으로 신진이라 할 신진사림으로 구분할 수 있다.

　선조 이후 현종대까지의 정치를 붕당정치라 한다. 최초로 붕당이 형성된 것은 1575년(선조 8)이다. 이때 심의겸(沈義謙)을 추종하는 기성사림을 서인(西人)이라 부르고, 김효원(金孝元)을 영수로 하는 신진사림을 동인(東人)이라 불렀다. 서인과 동인의 분당은 문반관인의 인사추천권을 쥐고 있던 이조전랑(吏曹銓郞) 자리를 둘러싸고 심의겸의 아우 심충겸(沈忠謙)과 김효원이 서로 경쟁한 데서 발단되었다.

　붕당정치는 사림의 정치 참여를 보장하고 활성화하는 몇 가지 정치운영 원리와 권력구조를 구조화하였다. 이 가운데 가장 두드러진 것이 성종대의 언관권(言官權)의 강화와 중종대 낭관권(郞官權)의 강화이다. 성종대 이후 언관들은 자신들의 언론권을 보호하기 위해 차자(箚子)·원의제(圓議制)·불문언근(不問言根)·풍문탄핵(風聞彈劾) 등의 장치들을 마련해 갔다.

　한편 언론을 통한 견제 활동의 한계를 절감한 사림들은 점차 각 부서 내에서 의사 결정에 참여하는 권한을 증대하려 노력하였다. 그 결과 의사 결정에서 5~6품의 실무관료인 낭관들의 적극적인 참여가 가능하고 고위직인 재상들을 견제할 수 있는 낭관권이라는 독특한 영역을 확보하게 되었다. 낭관권이 형성될 수 있었던 주요 계기는 자신의 후임자를 스스로 천거하는 자천제(自薦制)에서 찾을 수 있다. 낭관들은 의정부와 육조의 낭관이 중심이 되어, 부서는 달랐지만 역할의 동질성을 바탕으로 여러 가지 모임을 통하여 결속을 다지고 있었다. 그들은 공론을 공동명의의 상소나 보고를 통해 표출하기도 하였다. 이조의 낭관인 전랑(銓郎)은 명실상부한 참하직(參下職) 최고의 청요직이었다. 이조전랑은 현실적으로 삼사의 언론 활동까지도 좌우하는 공론의 주도자로서 낭관들을 통솔하는 위치에 있었기에 동서분당의 빌미가 되기도 했다.

붕당정치의 또 다른 특징으로는 공론정치의 활성화와 이에 따른 정치 참여층의 확대를 들 수 있다. 실제 공론을 형성하거나 공론 형성에 참여하는 사람들도 늘어났는데, 낭관권이 현실화될 수 있었던 것도 공론은 광범하게 수용해야 한다는 당시의 정치원리에서 가능했다. 아울러 재야사림들도 점차 공론형성층으로 등장하였는데, 이들은 서원, 향교, 유향소, 문중 모임 등을 중심으로 스스로 향론을 모아 연명상소를 통해 정치적 견해를 표출하였다. 그러나 이 시기 공론의 주체는 어디까지나 관료와 재지사족이어서 일반민들의 의사까지 적극적으로 포괄하는 것이 아니었다는 점에서 일정한 한계를 갖는 것이었다.

선조대에 출현한 붕당은 사림간의 이념적 기반 및 학맥과 정책의 차이에서 발생했다고 할 수 있다. 영남지방을 중심으로 이황(李滉)과 조식(曺植), 서경덕(徐敬德)의 학풍을 따르는 문인들이 동인이었고, 기호지역을 중심으로 이이(李珥)와 성혼(成渾)의 문인들이 서인으로 활동하였다.

동서분당 초기에는 이이가 서인과 동인의 갈등을 조정하는데 힘써서 별다른 갈등이 없었다. 1584년(선조 17)에 이이가 죽자 유성룡(柳成龍), 이산해

(李山海), 이발(李潑) 등 동인의 세력이 우세하였다. 그러나 1589년(선조 22) 동인에 속한 전주 출신 정여립(鄭汝立)의 모반 사건으로 다수의 동인이 처형되는 기축옥사(己丑獄事)가 일어나 서인이 정권을 차지하였다. 그런데 2년 뒤인 1591년에 서인인 좌의정 정철(鄭澈)이 세자 책봉을 선조에게 건의하자 동인이 이를 문제 삼아 서인을 내몰았다. 이때 서인에 대한 처벌을 둘러싸고 동인 안에 강경파와 온건파가 갈려 전자는 북인(北人), 후자는 남인(南人)으로 나뉘었다. 정철 일파의 실각으로 선조대를 이어 광해군대에도 동인이 우세하였다.

그러나 서인이 주도하고 남인이 동조하여 명과 후금 사이에서 중립외교를 추진하던 광해군을 폐모살제(廢母殺弟)를 저지른 폐륜으로 몰아서 인조반정(仁祖反正)을 일으켰다. 이후 인조대에는 임진왜란 당시에 조선을 도와준 명에 보은하고 오랑캐인 청으로부터 중화문명을 보존해야 한다는 명분론을 내세운 척화론(斥和論)과 청의 현실적인 힘을 고려하여 화친해야 한다는 주화론(主和論)으로 붕당이 나뉘었다. 효종대에는 병자호란 때의 치욕을 설욕하고 오랑캐로부터 중화(中華)를 회복해야 한다는 북벌론(北伐論)이 주장되면서 조선의 정치계에서 성리학적 명분론(名分論)이 더욱 부각되었다.

이후 현종대에는 효종의 사망과 효종비의 사망을 맞아 효종의 어머니인 인조의 계비 조대비가 입는 복상(服喪)을 두고 붕당간의 치열한 두 차례의 예송논쟁이 전개되었다. 두 차례에 걸친 예송논쟁은 예의 보편적 적용인 천하동례(天下同禮)를 주장하는 서인과, 군주의 경우는 예의 적용이 달라야 한다는 왕자례부동사서(王者禮不同士庶)를 주장하는 남인 계열의 예론(禮論)의 차이로 발생하였다. 예송논쟁은 명분론에 지나치게 집착하여 이때부터 붕당의 긍정적 기능보다는 소모적인 정쟁으로 발전하게 되었다.

7. 환국과 탕평정치

숙종대의 붕당정치는 집권당이 바뀌면 급격한 정계개편과 함께 대규모의 살상을 동원하는 붕당간의 치열한 싸움으로 변질되어 갔다. 이를 환국(換局)이라 한다. 환국으로 인해 붕당간의 세력균형을 통한 견제와 협력이라는 붕당정치의 긍정적 기능이 변질되자 숙종대부터 탕평정치가 추구되었다.

경종이 재위 4년 만에 사망하고 노론의 영향력 아래 즉위한 영조는 왕권 강화와 중앙집권적 관료체제의 강화를 일관되게 추구하였다. 1728년(영조 4) 영조와 노론 세력의 타파를 명분으로 소론과 남인의 일부 강경세력이 군사를 일으켜 무신란(戊申亂)을 일으키자 영조는 탕평을 공식적으로 천명하게 되었다.

이후 정조는 탕평의 이념을 사회경제 정책을 통하여 보다 더 구체화하려고 노력하였다. 정조는 1789년(정조 13) 붕당정치의 핵심인 전랑권을 혁파하여 붕당정치의 권력구조를 바꾸었다. 그리고 18세기에 본격화된 여러 사회경제적 변화를 적극적으로 수용하여 1791년(정조 15)에는 신해통공(辛亥通共)을 시행하여 시전상인의 특권을 폐지하고 사상(私商)을 적극 육성하고자 하였다. 그러나 정조가 급서하고 순조가 어린 나이에 즉위하자 왕권이 약화되면서 노론 벽파가 정권을 재장악하였다. 이들은 왕실과의 국혼을 통해 외척이 되어 비변사를 장악하고 전횡을 일삼으면서 정국을 운영하였다.

【참고문헌】

국사편찬위원회 편, 『한국사』 22, 1995.

국사편찬위원회 편, 『한국사』 23, 1994.

국사편찬위원회 편, 『한국사』 28, 1996.

국사편찬위원회 편, 『한국사』 30, 1998.

김성윤, 「조선 500년의 정치」, 『한국사와 한국인(전근대편)』, 선인, 2007.

노태돈 외, 『시민을 위한 한국역사』, 창작과 비평사, 1997.

도현철, 『조선전기 정치사상사』, 태학사, 2013.

이태진, 「당파성론 비판」, 『한국사시민강좌』 1, 일조각, 1987.

한국역사연구회, 『한국역사』, 역사비평사, 1992.

한영우, 『다시 찾는 우리역사』 2, 경세원, 2005.

III 중세 2

◆ 조선의 토지제도와 부세제도의 변천을 통해 국가의 경제정책을 살펴본다.
◆ 농업, 상업의 발달과 조선 후기 사회경제의 변화를 살펴본다.

1. 농업생산력의 발달

조선에서 절대적인 비중을 차지하는 산업은 농업으로, 농업생산력의 발달은 조선 경제의 변화를 결정하는 주 요인이었다. 일반적으로 농업생산력의 발달은 농업을 둘러싼 환경 즉, 자연조건, 농업노동력, 노동수단, 노동대상이 나타내는 양상과 변화과정을 말한다. 이는 크게 농업기술, 시비법(施肥法), 수리시설(水利施設), 농기구, 농서(農書) 등을 통해 살펴볼 수 있다.

조선의 건국을 전후한 시기에 농업생산력이 현저하게 발전하였다. 고려말 지배층의 수탈이 강화되면서 농민들은 토지생산력을 발전시킬 필요성을 느꼈다. 고려시대에는 일부를 제외한 대다수의 토지에서 1년 혹은 2년씩 걸러서 농사를 짓는 휴한농법(休閑農法)을 실시하였는데, 특히 평지에 비해 지력의 회복이 느린 산지의 경우가 더욱 많았다. 이를 극복하기 위한 각종 비료를 사용하여 땅을 기름지게 만드는 시비법이 발달하면서 지력의 회복이 빨라져 평지와 산지를 막론하고 상경농법(常耕農法)이 점차 확대되어 갔다. 함께 품종의 개량이 진전되었고, 전국적으로는 직파법(直播法)이 일반적이었지만 경상도 지역을 중심으로 이앙법(移秧法)이 정착해나갔다. 그리고 제언(堤堰)·보(洑) 등의 수리시설이 확충되면서 15세기에 전국에는 3천여 개의 저수지가 생겨났다.

농업생산력을 증진시키기 위한 노력은 국가 차원에서도 진행되었다. 지방에 권농관(勸農官)을 파견하거나 지방관에게 기술교육을 실시하기도 하였으며, 특히 농서의 편찬 및 보급에 노력을 기울였다. 고려 말기에 중국의 선진농법을 흡수하기 위해 중국의 농서(農書)를 간행, 보급하기 시작하였는데, 가장 널리 참고된 농서는 원(元)의 『농상집요(農桑輯要)』였다. 이후 중국의 농서에 의존하던 것에서 벗어나 조선 독자의 농업기술을 체계화하려는 시도로써 1429년(세종 11)에 최초의 관찬 농서인 『농사직설(農事直設)』이 편찬되었다. 『농사직설』은 전국 각지 농민들의 실제 경험과 선진 지역의 농업기술을 수집·정리한 것으로 정부는 이를 간행하여 각 지방에 보급하였다. 특히 함경도·평안도 등 농업후진지역에 이를 보급시켜 선진 농법을 확산시키려 하였다. 이와 함께 개인에 의한 농서의 발간도 시작되었는데, 1492년 (성종 23) 강희맹(姜希孟)이 실제의 경험을 바탕으로 지은 『금양잡록 (衿陽雜錄)』은 최초의 사찬 농서이다. 더불어 강희맹은 농민들의 농사작업을 월별로 서술하고, 다양한 작물들의 재배법도 다룬 『사시찬요초(四時纂要抄)』도 저술하였다.

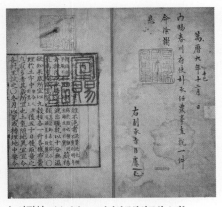

농사직설 [서울대학교 규장각한국학연구원 소장]

16세기가 되면서 농업생산력은 농지의 개간, 이앙법의 보급, 시비법의 발달, 품종개량 등에 의해 발달하였다. 경상도와 강원도의 일부 지역에서 행해지던 이앙법이 충청·전라도지역으로 확산·보급되어가면서 건앙법(乾秧法) 등 가뭄을 대비한 이앙법의 세부적인 기

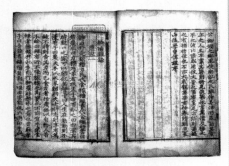

금양잡록 [일본 도쿄 내각문고 소장]

술 또한 발달하였다. 추비(追肥: 웃거름)가 도입되면서 시비법의 종류가 다양해지고, 그 개선이 두드러졌다. 뿐만 아니라 역축(役畜)이 확대·보급되고, 농구가 개발되면서 종류도 다양해졌다. 그리고 대표적인 의료(衣料)작물인 목면(木棉)의 재배가 전국적으로 확대되어가는 추세였으며, 수리시설의 경우 중소지주층과 지방관을 중심으로 천방(川防: 냇둑)을 개발해갔다. 16세기의 농업기술은 류팽노의『농가설(農家說)』, 고상안의『농가월령(農家月令)』등의 농서로 정리되었다.

하지만 임진왜란(壬辰倭亂)으로 인구가 감소하고, 토지가 유실되는 등 사회 전반에 걸쳐 문제가 잇따랐다. 이러한 문제를 해결하기 위해서는 새로운 경작지의 확보와 새로운 농업기술의 도입이 급선무였다. 왕실, 각 관청과 양반관료, 재지양반층 등의 지배층을 중심으로 경작지를 확보하기 위한 대규모의 토지 개간이 진행되었으며, 정부 역시 면세 조치를 취하는 등 개간을 장려하였다. 17세기 내내 꾸준히 이루어진 인구의 증가도 농지의 개간을 촉진하는 중요한 요인이었다. 그 결과 1635년(인조 13)에 파악된 전국의 토지는 133만여 결로 임진왜란 전의 150만여 결 수준에 근접하였으며, 17세기 중반 이후 전쟁 전의 수준을 회복하였다. 이 과정 속에서 지배층의 토지소유는 급격히 확대되어갔다.

토지 개간이 지배층 중심으로 진행된 반면, 농업기술의 발전은 주로 농민층에 의해 추진되었다. 노동력 감소와 경작지 축소 등의 문제를 해결하기 위해 농민들은 가뭄 등의 위험을 무릅쓰고 이앙법을 적극적으로 도입하였다. 이앙법은 전국적으로 확산되어 17세기 중반 이후에는 일반적인 경종법(耕種法)으로 자리매김했다. 이앙법으로의 전환은 노동력을 절반 이상으로 절감시켰고, 생산량을 2배 이상 증가시키는 효과를 가져왔다. 또한 벼·보리의 이모작(二毛作)이 가능해지면서 농지이용도가 높아지고 농민의

소득이 증대되었다. 이와
함께 수리시설이 정비·확
대되어갔는데, 18세기 말
에는 전국에 저수지가 약
6천여 개에 달하였다. 그
리고 농서의 서술 체계에
서 시비법이 독립 항목으
로 서술되는 등 시비법이

모내기 [국립중앙박물관 소장]

사료

모내기의 장점

일반적으로 모내기법을 귀중하게
여기는 이유는 세 가지가 있다.
김매기의 수고를 줄이는 것이
첫째이다. 두 땅의 힘으로 하나의
모를 서로 기르는 것이 둘째이다.
옛 흙을 떠나 새 흙으로 가서 고갱
이를 씻어 내어 더러운 것을 제거
하는 것이 셋째이다.
어떤 사람은 모낸 모가 큰 가뭄을
만나면 모든 노력이 허사가 된다
하여 모내기법을 위험한 방도라고
말한다. 그러나 여기에는 그렇지
않은 점이 있다. 무릇 벼를 심는 논
에는 물을 끌어들일 수 있는 하천
이나 물을 댈 수 있는 저수지가 꼭
필요하다. 이러한 것이 없다면 벼
논이 아니다. 벼논이 아닌 곳에서
가뭄을 우려한다면 어찌 유독 모내
기법에 대해서만 그렇다고 하는가.

『임원경제지』, 본리지 권5,
종예 상, 도류

눈에 띄게 발전하였다. 감자, 고구마, 고추, 호박 등 새로운 작물이 도입되
고, 인삼, 담배, 약재의 재배가 확산되어 가면서 농업생산은 점차 전문화·
다양화·상품화되어 갔다.

농업기술의 개량은 생산력의 증대와 농업노동력의 절감을 가져왔다. 이
를 바탕으로 일부 농민들은 경작지를 확대하고, 상업적 농업으로 부를 축
적하였다. 기존의 곡물과 함께 담배, 면화, 약재 등 특용작물을 재배하여
시장에 판매하는 등의 농업 경영으로 이윤을 남겼다. 이러한 현상은 상품
유통경제의 발달과 함께 더욱 확대되어 나가면서 농민층 내의 계층 분화
를 초래하였다. 일부는 부농(富農)으로 성장하였으며, 다수의 농민들은 자
작농에서 소작농으로, 더하여 노동자 또는 유민으로 전락했다. 이러한 분
화는 18세기 후반에 이르러 더욱 심화되어 갔다.

2. 토지제도

고려 말 전시과(田柴科) 제도가 붕괴되면서 전국적으로 권세가에 의한 토
지의 겸병(兼併)과 탈점(奪占)이 매우 심했다. 이러한 현상은 국가체제를 유
지하는 바탕인 토지와 농민을 파탄으로 몰아가고 있었으며, 국가 재정의

고갈이라는 문제를 가져왔다. 1388년(우왕 14)에 위화도회군으로 정권을 장악한 개혁 세력은 이 문제를 해결하기 위해 권문세족 출신의 중신들의 반대를 무릅쓰고 전제개혁(田制改革)에 착수하였으며, 이와 함께 남부 6도에서 양전(量田)을 실시하였다.

고려 말 전제개혁으로 1391년(공양왕 3)에 실시된 과전법(科田法)은 조선시대 토지제도의 근간이 되었다. 과전법은 세금을 거두는 수조지(收租地)를 재분배하여 국가에서 직접 수조권을 행사하는 공전(公田)을 확대하고, 개인이 국가로부터 수조권을 위임받아 행사할 수 있는 토지인 사전(私田)을 축소하면서 수조권에 대한 통제를 강화했다. 수조권 분급제를 재정비함으로써 국가의 재정을 확충하고 신진관료의 경제적 기반을 마련할 수 있었으며, 나아가 농민의 소유권을 일정 부분 보호하여 농민생활의 안정을 도모하였다.

과전법에서는 시관(時官: 현직)과 산관(散官: 퇴직자 및 발령대기자)을 막론하고 18과(科)로 등급을 나누어 최고 150결(結), 최하 10결(結)의 과전을 지급하였다. 과전은 경기도의 토지에 한정하여 지급하였는데, 경기 이외의 지방에서 사전이 성장하는 것을 방지하기 위해서였다. 과전은 원칙적으로 세습이 불가능하였으나, 수신전(守信田)과 휼양전(恤養田) 등의 명목으로 사실상 세습이 가능하였다. 이러한 규정은 지배계급의 사회적 신분을 제도적으로 보장하기 위해 마련된 것이었다. 하지만 실질적으로 과전의 세습화가 확대되는 결과를 초래하였으며, 결국 과전의 수급이 불균형해지면서 경기도 사전의 만성적인 부족 현상이 나타났다. 그리하여 1417년(태종 17)에는 충청·전라·경상의 하삼도(下三道)의 일부 토지를 사전으로 편입하였지만, 외방의 사전에 대한 국가의 통제력이 약했으므로 더 많은 폐해가 발생하여 세종 때에 하삼도의 사전을 철폐하였다.

■ 수신전과 휼양전

'사자세록(仕者世祿)'의 의미로 설정된 토지이다. 수신전은 과전을 받은 관료가 사망할 경우 아내가 토지의 수조권을 가지게 한 토지이다. 휼양전은 부모가 모두 사망하고 자녀가 20세 미만일 경우 그 자녀가 아버지의 수조권을 물려받은 토지이다.

과전법에서는 농민경제의 안정을 위해 수조율(收租率)을 낮추었다. 공전과 사전을 막론하고 수조권자에게 바치는 조(租)는 매 1결(結)당 1/10인 미(米) 30두(斗)로 정하여, 그 이상의 수탈을 하지 못하도록 제한하였다. 그리고 전주(田主: 수조권을 가진 자)는 30두 중 2두를 국가에 세금으로 납부하였다. 수조율은 답험손실법(踏驗損實法)에 의하여 농업 작황에 따라 차등을 두었다. 하지만 중앙에서 파견된 경차관(敬差官)과 수령·향리들에 의해 자의적으로 답험이 이루어지면서 실제로는 별다른 효과를 거두지 못하고 오히려 농민들의 부담만 가중시켰다.

과전법 체제는 시간이 지나면서 현저히 약화되어 갔다. 농업생산력이 발달하고 농민경제가 성장하면서 토지의 소유자인 전객(佃客)의 권리가 강화되어갔고, 전주와 전객 사이의 대립이 더욱 커지고 있는 실정이었다. 이와 함께 관료의 수와 세습토지의 면적이 늘어나면서 새로운 관료에게 지급할 토지가 부족하게 되자 1466년(세조 12)에 현직자에게만 수조권을 분급하는 직전법(職田法)이 실시되는데, 관료들의 경제력을 약화시키고 국가재정을 강화하려는 목적이었다. 1478년(성종 9)에는 "관이 전객에게서 조를 거두어 관이 전주에게 지급"하는 관수관급제(官收官給制)가 시행되었다. 전주가 전객으로부터 직접 조를 수취하는 것을 금지하여 토지에 대한 전주의 직접적인 권리행사를 차단하였다. 이 역시 명종 때에 이르러 그 의미를 상실해갔고, 임진왜란을 거치면서 관수관급제는 법제상으로도 폐지되었다.

마침내 수조권을 근거로 한 농민 및 토지에 대한 지배권은 소멸되고 토지와 농민에 대한 국가의 직접지배권이 확대되었다. 이는 농민들의 토지소유권 의식이 성장하면서 나타난 결과이기도 했다. 한편 관료층은 국가에서 녹봉(祿俸)만을 받게 되면서 토지 개간이나 매입에 적극적으로 대응하는 등 토지를 소유하기 위한 움직임을 더욱 확대해 갔다.

 사료

관수관급제의 실시

(대왕대비가) 전지하기를, "사람들이 직전(職田)이 폐단이 있다고 많이 말하기에 대신에게 의논하니, 모두 말하기를, '우리나라 사대부의 봉록(俸祿)이 박하여 직전을 갑자기 혁파할 수 없다' 하므로, 나도 또한 그렇게 여겼는데, 지금 들으니 조정 관원이 그 세(稅)를 지나치게 거두어 백성들이 심히 괴롭게 여긴다 한다. ……"

한명회 등이 아뢰기를, "직전의 세(稅)는 관에서 거두어 관에서 주면(官收官給) 이런 폐단이 없을 것입니다. ……" 하였다. 전지하기를, "직전의 세는 소재지의 관리로 하여금 감독하여 거두어 주게 하고, 나쁜쌀을 금하지 말며, 제향아문(祭享衙門)의 관리는 금후로는 가려서 정하라" 하였다.

『성종실록』 1년(1470) 4월 20일

3. 상업의 발달

조선은 건국과 함께 농본주의(農本主義) 정책을 강력히 표방하였다. 고려 말 토지에서 멀어져 간 농민들을 다시 농업에 종사시키고, 이를 바탕으로 농업생산력 복구와 함께 국가 기반을 튼튼히 하고자 했다. 따라서 토지경제를 기반으로 농업을 중시하고 상업과 수공업 등을 억압하는 '무본억말(務本抑末: 근본에 힘쓰고 말업을 억제함)' 정책을 내세웠다. 상업에 대한 억압은 일부 특권을 부여한 상인 외에 일반인의 상업 활동을 제한하는 것으로 나타났다. 따라서 초기에는 상업이 자유롭게 발달할 수 없었으며, 관청 및 양반층을 대상으로 한 물품조달의 기능을 크게 넘어서지 못했다.

조선전기에는 서울의 시전(市廛)이 상업에서 가장 대표적인 위치를 차지하고 있었다. 시전은 태종 때 개성(開城)의 시전을 참고하여 수년간에 걸쳐 조성되었다. 서울 종로를 중심으로 중앙 간선도로의 좌우 양측에 대규모의 행랑을 세운 뒤 개설되었으며, 가장 번성한 곳은 운종가(雲從街), 종루(鐘樓), 광통교(廣通橋) 등이었다. 시전은 일물일전(一物一廛)의 원칙에 따라 특정한 하나의 상품을 독점해서 팔 수 있는 특권을 가지고 있었으며, 대신 각종 시역(市役)과 잡역(雜役)을 부과받았다. 이와 함께 궁부(宮府) 및 관부(官府)에서 필요로 하는 물품과 왕실의 관혼상제(冠婚喪祭)에 필요한 물품을 공급해야 했고, 중국 사신의 접대품 및 수요품을 조달해야 했다.

시전은 경시서(京市署: 후에 平市署), 한성부(漢城府), 사헌부(司憲府)에서 감독하였는데, 이들 기관은 상업 교역에 관한 물가 조절, 시전으로부터의 상세(商稅)·행랑세 징수 등을 주관하였다. 이후 상세와 행랑세 등의 일정한 상행위에 대한 과세를 넘어 국역(國役)을 부담하는 시전이 생기는데, 이를 유분각전(有分各廛)이라 한다. 유분각전은 시전의 크기와 부담 능력에 따라 10분(分)에서 1분까지 10단계로 구분되어 국역을 부담하였다. 그중에서 가

장 많은 국역을 지는 여섯 개의 시
전을 육의전(六矣廛)이라 불렀다.

국가의 상업 억압 정책에도 불구
하고 전국 각 지방에서도 장시(場
市)가 형성되어 갔다. 15세기 중엽,
나주(羅州)·무안(務安) 등의 전라도
지방에서 지방 장시인 장문(場門)이
개설되기 시작하여, 16세기에 접어

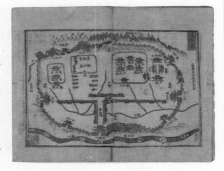

서울의 시전(한양도)[출처 : 서울역사박물관]

들면서 충청도와 경상도지역에도 장시가 개설되는 등 1520년(중종 15)에는
"국가의 금지에도 불구하고 전국에 걸쳐 장이 서지 않는 곳이 없다."고 할
정도였다. 장시는 민간에서의 수요·공급에 따라 자연스레 발생하여 점차
정기시장의 모습을 갖추었다. 이와 함께 상업에 종사하는 인구도 늘어갔는
데, 각 지역을 돌아다니며 전문적으로 행상을 하는 자들을 보부상(褓負商)
이라 불렀다. 보부상은 보상과 부상으로 구별되며 보상은 주로 고가의 잡
화를, 부상은 일용품 및 수공업 제품을 취급하였다. 이들은 조선중기에 이
르러 동업조합과 같은 조직체를 형성해나가기도 하였다.

16세기 이후 농업생산력의 발달과 함께 국내 시장이 점차 확대되어 나가
면서 국가의 상업 억제책은 그 기조를 유지하기 어려웠다. 따라서 정부는
상업 정책의 변화를 꾀하게 되는데, "상공업의 진흥을 통해서 말업으로 본
업을 보완해야 한다."는 무본보말론(務本補末論)이 대두하였다. 이에 따라
개인의 상업 활동은 국가의 엄격했던 통제를 조금씩 벗어나기 시작하였다.
특히 임진왜란 이후 혼란스런 경제상황, 급격한 인구의 증가와 함께 상품 작
물의 재배 등 농업분야에서의 변화는 상업의 확대를 더욱 재촉했다.

대동법의 실시로 나타난 공인(貢人)은 상업 활동의 중심이 되어 갔다. 공

인은 과거 공납과 관련을 맺은 부류가 주축이었는데, 선혜청(宣惠廳)·상평청(常平廳)·호조(戶曹) 등의 국가기관에서 공가(貢價)를 받아 물품을 구입하여 납품하는 특허 상인이었다. 서울의 시전뿐 아니라 지방의 장시까지 거대한 유통망을 확보하고 특정 물품을 대량으로 취급하면서 독점적 도매상인인 도고(都賈)로 성장하였다. 이들은 물종에 따라 공동출자를 통해 계(契)를 조직하여 상권을 독점하였고, 직접 수공업자와 관련을 맺으면서 생산분야에도 진출해갔다.

공인(貢人)과 함께 전국적으로 사상(私商)의 활동도 두드러졌다. 이들은 전국의 장시를 연결하면서 교역을 하기도 하고, 대외무역에 활발하게 참여하는 등 다양한 방법을 통해 도고로 성장하였다. 서울의 경강상인(京江商人), 개성의 송상(松商), 동래의 내상(萊商), 의주의 만상(灣商), 평양의 유상(柳商) 등이 대표적인 거상(巨商)이었다.

경강상인들은 한강 일대에서 운수업과 조선업을 경영하면서 경기·충청 일대에 미곡·소금·어물 등을 판매하여 부를 축적하였다. 개성상인들은 전국적인 유통망을 배경으로 국내 상업을 주도하였는데, 전국에 송방(松房)이라는 지점을 설치하고 인삼을 직접 재배·가공하여 판매하였다. 그리고 의주와 동래상인을 매개로 한 청·일간 중계무역에서도 두각을 드러냈다. 동래상인의 경우 왜관(倭館)의 개시무역(開市貿易)을 통해 인삼과 은을 거래하면서 많은 이윤을 얻었고, 의주상인은 대청사행무역과 책문후시(柵門後市)에 종사하면서 부를 축적해 나갔다.

시전을 중심으로 상업이 발달해 온 서울에서는 시전상인과 난전(亂廛) 상인들의 충돌이 일어났다. 육의전을 비롯한 시전상인들은 도중(都中)이라는 조합을 결성하고 정부로부터 일종의 특권인 금난전권(禁亂廛權)을 얻어내 난전의 활동을 억압하였다. 하지만 난전은 종루(鐘樓), 이현(梨峴), 칠패

사료

개성상인의 무역

송상(松商)들은 우리나라의 인삼이 나는 곳에 쫙 깔려서 캐내는 대로 모두 사들여서 왜국(倭國)으로 들여보냅니다. 왜국에서 나온 은화는 모두 송상에게 들어가며, 송상은 또 이것을 전부 청나라로 가지고 들어가서 장사를 합니다. 그 까닭에 우리나라에는 은화와 인삼이 지극히 귀하여 구급의 약물로 쓰려고 해도 구할 수 없으니 가히 절통한 일이라고 하겠습니다.

『비변사등록』
영조 1년(1725) 9월 25일

(七牌) 등에서 상행위를 하며 세력을 키워나갔다. 결국 금난전권으로 인해 물가 상승 등의 부작용이 만연해지면서 1791년(정조 15)에 정부는 신해통공(辛亥通共)을 반포하여 육의전을 제외한 나머지 시전의 특권을 모두 폐지하면서 상업 발전의 새로운 계기를 마련하였다.

　서울뿐 아니라 전국에 걸쳐 장시가 발달하면서 유통경제권이 확대되어 갔다. 18세기 중엽 전국의 장시는 1,000여 개소에 이르렀는데, 하나의 군현에 평균 3~4개의 장시가 형성되었다. 『만기요람(萬機要覽)』에는 순조 때 전국에 설치된 장시가 경기 102개소, 경상도 276개소, 충청도 157개소, 강원도 68개소, 황해도 82개소, 전라도 214개소, 평안도 134개소, 함경도 28개소로 기록되어 있다. 장시는 대개 5일장으로 하루 만에 왕래가 가능한 30~40리의 거리를 기준으로 하나의 시장권을 형성하고 있었다. 장시에서는 객주(客主)·여각(旅閣) 등이 숙박업부터 상품 도매, 창고업, 운송업, 위탁 판매업을 겸하였고, 자금 대부, 어음 발행 등의 은행업까지 장악하였다. 객주·여각들은 지방 장시를 기반으로 도고로 발전하여 전국적인 상업망을 개척하였으며, 물산의 집산지나 유통의 중심지 등 상업 활동이 유리한 지역의 상인들 또한 그 기반을 전국적으로 확장시켜 나갔다. 이와 함께 장시는 점차 상설시장으로 발전하기도 하였으며, 교통의 요지에 대형 장시가 출현하는 등 전국적인 시장권을 형성해갔다.

장터길 [김홍도, 국립중앙박물관 소장]

만기요람(萬機要覽)
1808년(순조 8) 서영보(徐榮輔), 심상규(沈象奎) 등이 순조의 명을 받아 편찬한 책이다. 「재용편(財用篇)」과 「군정편(軍政篇)」으로 구성되어 있다. 조선의 재정과 군정에 관한 제도와 그 연혁 및 사례를 정리한 책으로 조선의 경제와 군사제도를 엿볼 수 있는 자료이다.

4. 부세제도

조선은 국가 경영을 위한 재정을 갖추기 위해 각종의 부세제도를 마련하였다. 주요 수입원은 조세(租稅), 역역(力役), 공물(貢物)로 각각 토지·인신·호를 대상으로 부과하였다. 조선 정부는 부세원을 확보하기 위해 매 시기 사회경제적 상황에 대응하면서 제도적 장치를 정비해갔다.

조세, 즉 전세(田稅)는 건국 초에 과전법의 규정을 따라 수취하다가, 1444년(세종 26)에 새로운 전세제도인 공법(貢法)으로 개편되었다. 이는 자의성이 강한 답험손실법의 문제를 개선하고 토지의 생산성을 정확히 파악하여 조세를 부과하고자 한 것이다. 공법에서는 전국의 토지를 비옥도에 따라 6등급으로 나누고 등급에 따라 면적의 차이를 두었는데, 이를 '전분6등법'이라 한다. 수조율은 1결 당 1/20로 이전에 비해 감소되었다. 그리고 그해의 작황을 9등급으로 나누어 하하년(下下年) 미 4두~상상년(上上年) 미 20두까지 등급에 따라 세율을 조정하는 '연분9등법'을 시행하였다. 이로써 수조율을 더욱 탄력적으로 조절할 수 있었다. 재정을 확충하고 농민을 보호하기 위한 공법의 시행은 양전을 통해 국가가 파악하는 토지가 늘어났기에 가능했다.

이후 수조지분급제가 소멸하고 사적지주제가 확대되면서 전세 수취는 점차 지주에게 유리한 방식으로 바뀌어갔는데, 16세기에는 공법이 제대로 운용되지 못하면서 연분은 하하년의 수취액인 4~6두로 고정되어갔다. 결국 1635년(인조 13)에 풍흉에 관계없이 토지 등급에 따라 전세를 일정하게 걷는 정액세법인 영정법(永定法)이 시행되어 1결 당 전세액은 미 4두로 법제화되었다. 전세의 세율을 낮추어 임진왜란 이후 발생한 농민의 유망을 줄이기 위한 방편이었다. 하지만 전세 외에도 수수료, 운송비 등 여러 가지 부가세가 가중되었고, 이러한 부담은 소작농민에게 전가되기 마련이었다.

생산력의 증대, 토지소유관계의 분해 등 사회경제적 조건이 급속하게 변화하면서 이에 대응하여 전세를 안정적으로 확보하기 위한 비총법(比摠法)이 실시되었다. 숙종 연간부터 부분적으로 실시되다가 1760년(영조 36)에 제도화된 비총법은 호조에서 세수의 총액을 미리 정한 뒤 각 도의 감사에게 할당하면, 감사가 각 지역에 전세를 분배하여 부과하는 방식이었다. 비총법은 1894년(고종 31) 갑오개혁 때까지 전세(田稅)·대동(大同)·삼수미(三手米) 등 전결세(田結稅)를 비롯하여, 노비의 신공(身貢)·어세(漁稅)·염세(鹽稅)·선세(船稅) 등 부세 전반에 걸쳐 적용되었다.

조선은 필요한 노동력을 직접 징발하였는데, 이를 역역이라 한다. 역역은 요역(徭役)과 국역(國役)으로 구분된다. 요역은 토목공사나 수송, 하역, 사신 접대 등 국가가 필요에 따라 농민의 노동력을 무상으로 부정기적(不定期的), 부정량적(不定量的)으로 징발하는 제도이다. 초기에는 인정(人丁)의 다과를 기준으로 차출하였는데, 세종대를 전후하여 토지 결수(結數)를 기준으로 배정하는 방식으로 바뀌었다. 『경국대전(經國大典)』에서는 "토지 8결마다 1부(夫)를 내되 1년의 요역은 6일을 넘지 못한다."고 규정하였지만, 이는 잘 지켜지지 않았고 관청의 필요에 따라 임의대로 징발하였다. 요역의 징발은 지역에 따라 편중성이 심했으며, 농민은 식량 및 도구를 스스로 준비해야 했기에 그 부담이 더욱 컸다. 요역이 불합리하게 운영되면서 농민들은 요역의 물납세(物納稅)를 희망하였으며, 이는 대립(代立)의 방식으로 나타났다. 또한 지방 관청에서는 요역의 현물 대납을 허용하기도 했다.

17세기가 되면서 요역은 점차 물납세로 개편되어 갔다. 이는 농업생산력의 발전, 전쟁으로 인한 인구의 감소, 지방관의 자의적인 징발권한 제한, 대납(代納)의 보편화 등으로 인한 것이었다. 또한 대동법이 시행되면서 공물·진상과 관련한 요역의 일부가 대동미의 징수로 대체되기도 하였다. 요역제가 와해되면서 새로운 노동력 수급체계인 모립제(募立制)가 자리 잡아 갔는데, 각종 역역에 농민을 징발하는 것을 대신하여 인부를 고용하는 형태였다. 이로써 요역은 잡역세 등 물납세의 부담으로 대체되어 갔으며, 농민들은 국가권력의 인신적 예속과 자의적인 노동력 수탈로부터 점차 자유로워질 수 있었다.

국역은 항구적인 역으로 신역(身役) 혹은 직역(職役)이라 할 수 있으며, 신분에 따라 양역(良役)과 천역(賤役)으로 구별하였다. 신역은 16세에서 60세까지의 남성이 부담하는 것으로 일반 양인의 군역 비중이 가장 컸다. 조선초기에 확립된 병농일치(兵農一致)의 군역제는 양인농민들을 대상으로 개병제(皆兵制)로 운영되었다. 군역은 3정(丁) 1호(戶)를 원칙으로 현역에 복무하는 호수(戶首)와 호수를 경제적으로 지원하는 봉족(奉足)으로 편성된 군호를 단위로 부과하였다. 하지만 가구별로 인정의 수가 크게 차이 났기에 군역 부담이 불균등한 폐단이 있었다. 1464년(세조 10)부터 봉족제를 대신하여 보법(保法)이 실시되면서 기존의 자연호 대신 인정을 단위로 군역자원을 파악하게 되었다. 보법의 시행으로 군액이 급격히 증가되고 군역 부과도 어느 정도 평준화되었다. 그러나 군역 부담자가 증가하면서 농민의 부담이 가중되었으며, 군역 대립의 현상이 나타났다.

16세기에는 대립의 관행이 더욱 두드러져 직접적인 군역 대신 포를 수납하는 군포대납제(軍布代納制)가 성립하는 등 기존의 군역체계가 무너지기 시작하였다. 1541년(중종 36)에는 군적수포제(軍籍收布制)를 정식화하였는데, 이는 지방 수령이 군역부담자로부터 번상(番上)하는 값을 포로 징수하여 이를 중앙에 납부하면 병조(兵曹)에서 군사가 필요한 각 지방에 보내어 군인을 고용하는 제도였다. 이와 같이 군역은 점차 포납화의 길로 나아갔다.

임진왜란 이후 훈련도감(訓鍊都監)을 비롯한 오군영(五軍營)이 설립되면서 군병은 급료를 지급하는 직업군인으로 충당되어갔다. 이는 병농일치의 원칙이 무너지고 병농분리(兵農分離)가 실현되어 가는 것을 의미하였다. 따라서 양인의 군역 의무는 사실상 납포의 의무로 변하였으며, 정남(丁男) 1인은 16개월마다 포 2필을 납부해야 했다. 하지만 정부에서는 군포의 총액을 미리 정해 놓고 각 지역별로 할당하여 부과하는 등 농민의 경제력을 고려하지 않았다. 때문에 족징(族徵), 백골징포(白骨徵布), 황구첨정(黃口簽丁) 등의 폐단이 나타났으며, 이 시기 군역의 부담은 전세나 공납보다 더 무거운 실정이었다.

군역에 대한 개선 논의는 17세기 중엽 이후 양역변통론(良役變通論)으로 대두되었다. 그 결과 1750년(영조 26)에 균역법(均役法)이 시행되었다. 이로써 정남 1인은 12개월마다 포 1필을 납부하게 되면서 그 부담이 줄었다. 군사 재정의 부족분은 어세(漁稅)·염세(鹽稅)·선세(船稅) 등 잡세의 수입과 결미(結米: 혹은 결전(結錢))라는 전세의 명목을 신설하여 충당하였다. 균역법의 실시로 농민층의 조세 부담은 다소 완화되었다. 하지만, 군포를 부담하는 데에 양반층이 제외되고 있었다는 사실에서 한계를 드러냈다.

공물은 가호(家戶)가 지방의 특산물을 현물로 납부하는 것으로 각 지역에 배정되면 다시 가호에 배정되었다. 공물은 현물로 부과하는 것이 원칙이나, 농민을 동원하여 조달하는 경우도 있었고 현물의 대가로 미·포 등을 부과하는 경우도 있었다. 매년 바치는 상공(常貢)과 필요에 따라 징수하는 별공(別貢)이 있었다. 공물은 실제 지방관의 임의에 따라 분정(分定)되고 향리가 그 실무를 맡았는데, 공물의 종류도 잡다해서 공평하게 분정되기 어려웠고 생산되지 않는 물품이 배정되기도 하여 물품을 구입하여 상납하기도 했다.

공물과 함께 토산의 현물을 공납하는 진상(進上)이 있었는데, 진상은 본래 납세의 의무라기보다 궁중에 쓰일 물품을 각 도 단위로 감사와 병사·수사가 월 1차 상납하는 것이다. 진상 역시 공물과 같이 의무적으로 배정되어 민호에 적지 않은 부담이 되었다.

특히 공물의 수납과정에서 방납(防納)과 점퇴(點退)등의 극심한 폐단이 만연하면서 16세기에는 공물 수납을 개혁하기 위한 논의가 활발해졌다. 그 폐단을 막기 위한 논의로 가장 심각하게 검토되었던 것이 공물작미(貢物作米), 즉 공물을 미곡으로 거두는 방안이었다. 이는 방납을 합법화하여 정부의 통제 하에 두고, 이를 통해 재정확충을 도모하려는 의도였다. 이러한 논의는 일부 지역에서 사대동(私大同)으로, 임진왜란 중에 시행된 대공수미법(代貢收米法)으로 일시적으로 나타나기도 하였으며, 임진왜란 이후 국가를 재건하고 민심을 수습하는 과정 속에서 대동법(大同法)이 제정·시행되기에 이르렀다.

대동법은 이원익(李元翼)이 주장하여 1608년(광해군 즉위)에 경기도에서 처음 실시된 후, 찬반의 논의가 오가는 가운데 1623년(인조 1)에 강원도에서 실시되었다. 17세기 중엽에 충청·전라·경상도로 확대되었고, 1708년(숙종 34) 황해도까지 실시되면서 평안·함경도를 제외한 전국에서 시행되었다. 대동법이 전국적으로 시행되는 데에 100년이 넘는 기간이 걸린 것은 양반 지주들의 반대가 심했기 때문이다.

대동법이 실시되면서 각종 공물은 현물 대신 쌀로 납부하게 되었다. 과세의 기준도 종전의 가호에서 토지의 결수로 바뀌었다. 1결(結)에 미(米) 12두(斗)를 징수하였고 쌀을 납부하기 어려운 지

전남도대동사목[서울대학교 규장각한국학연구원 소장]
대동사목은 각 지역의 사정에 맞게 설정된 대동법의 구체적인 시행세칙을 담고 있다. 「전남도대동사목」은 「충청도대동사목」을 참고하여 작성되었으며, 1663년 2월에 반포 하였다.

역은 포(布)·목(木)·전(錢)으로 납부하도록 하였다. 대동법은 공납을 전세화(田稅化)한 것으로, 토지 면적을 기준으로 과세하였기에 종전보다 합리적인 세제라 할 수 있다. 또한 현물 징수에서 동전으로의 납부가 가능해지면서 조세의 금납화(金納化)가 이루어졌으며, 관청에 물품을 조달하는 공인(貢人)이 등장하면서 상품유통경제의 발달을 더욱 촉진시켰다. 대동법으로 공납에 대한 부담은 경감되었다. 하지만 국왕이나 왕실에 상납하는 진상(進上)은 여전히 존속하였고, 지방 관청 또한 필요에 따라 현물을 징수하는 등 공물 부담에서 농민들이 완전히 벗어난 것은 아니었다.

【참고문헌】

고동환, 『朝鮮後期 서울商業發達史研究』, 지식산업사, 1998.

국사편찬위원회 편, 『한국사』 24, 1994.

국사편찬위원회 편, 『한국사』 30, 1998.

국사편찬위원회 편, 『한국사』 33, 1997.

김대길, 『朝鮮後期 場市研究』, 국학자료원, 1997.

김동철, 『朝鮮後期 貢人研究』, 한국연구원, 1993.

김옥근, 『朝鮮王朝財政史研究』 Ⅰ·Ⅱ·Ⅲ, 일조각, 1984·1987·1988.

김용섭, 『增補板韓國近現代農業史研究』, 일조각, 1984.

백승철, 『朝鮮後期 商業史研究―商業論·商業政策―』, 혜안, 2000.

변광석, 『朝鮮後期 市廛 研究』, 혜안, 2001.

염정섭, 『조선시대 농법 발달 연구』, 태학사, 2002.

윤용출, 『조선후기의 요역제와 고용노동』, 서울대학교출판부, 1998.

이경식, 『朝鮮前期土地制度研究』, 일조각, 1986.

이정철, 『대동법, 조선 최고의 개혁』, 역사비평사, 2010.

이호철, 『朝鮮前期農業經濟史』, 한길사, 1986.

사료

대동법의 실시

중종 때 조광조(趙光祖)가 공안을 개정하자고 주장하였고, 선조때 이이(李珥)가 수미법(收米法)을 시행하기를 청하였으며, 임진왜란 이후에는 우의정 유성룡(柳成龍)이 역시 미곡을 거두는 것이 편리하다고 주장하였으나, 일이 모두 성취되지 못하였다. 1608년(선조 41)에 이르러 좌의정 이원익(李元翼)의 건의로 대동법을 비로소 시행하여, 민결(民結)에서 미곡을 거두어 서울로 옮기게 했는데, 먼저 경기에서 시작하고 드디어 선혜청을 설치하였다.(중략)

그 방법은 경기·삼남(三南)에는 밭과 논을 통틀어 1결에 쌀 12말을 거두고, 관동도 이와 같게 하되 토지 조사가 되지 않은 읍에는 4말을 더하며, 영동(嶺東)에는 2말을 더하고, 해서에는 상정법(詳定法)을 시행하여 15말을 거두니, 통틀어 명칭하기를 '대동(大同)'이라 하였다.

옛날 여러 도와 각 읍에서 각각 그 토산물로 공납하던 것을 모두 경공(京貢)으로 만들고, 경공주인(京貢主人)을 정출(定出)하여 거두어 들인 미곡으로 그 가격을 헤아려 정하고, 어린작등(魚鱗作等)하여 공인(貢人)에게 출급(出給)하고 물건을 진상하게 하여, 제향어공(祭享御供)과 제반경용(諸般經用)의 수요를 충당하고, 남으면 각 고을에 남겨 놓아 공용(公用)의 비용으로 준비 하였다.

『만기요람』, 재용편3,
대동작공, 대동법

한국사연구회, 『새로운 한국사 길잡이』 上, 지식산업사, 2008.

한국역사연구회, 『한국역사입문』 2, 풀빛, 1995.

III 중세 2

1. 성리학의 수용과 심화

1) 성리학의 개념과 수용

성리학(性理學)이란 중국 송대(宋代)의 사대부층이 기존의 유학 사상을 형이상학적으로 재해석한 학문을 말한다. 성리학은 '성명의리지학(性命義理之學)'의 줄임말로서 그 발흥시기와 대표적인 학자 및 경향에 따라 명칭이 다양하다. 예를 들어 정주학(程朱學), 주자학(朱子學), 육왕학(陸王學), 양명학(陽明學), 이학(理學), 도학(道學), 심학(心學), 신유학

주자 영정
[국립민속박물관 소장]

(新儒學), 송학(宋學) 등의 명칭이 그것이다. 이 가운데 신유학, 송학은 송대의 유학 전체를 뜻하며, 성리학은 주돈이(周敦頤)로부터 시작하여 주희(朱熹)에 의해서 집대성된 이기심성론(理氣心性論) 중심의 학문체계를 뜻한다.

성리학을 체계화하는 데에 중요한 역할을 한 학자로는 주돈이, 장재(張載), 정이(程頤), 주희를 꼽을 수 있다. 주돈이는 『태극도설(太極圖說)』을 지어 성리학의 우주론을 정립하였다. 이 우주론은 태극(太極)에서 음(陰)·양(陽)이 생성되고 음양이 변화하여 오행(五行, 水·火·木·金·土)을 만들어내는데, 다시 오행이 모여 건(乾)·곤(坤)이 되고 건곤이 각각 남·여를 낳아 만물을 이룬다는 것이다.

장재와 정이는 주돈이가 마련한 철학적 토대 위에서 각각 기(氣)개념과

이(理)개념을 재정립하였다. 기와 이의 개념은 이전에도 있었지만, 이때에 와서 철학적 의미가 부여되면서 성리학의 중심개념이 되었다. 장재는 우주의 근원은 기로 구성되어 있으며, 기가 모여서 만물을 이룬다고 하였다. 이에 반해 정이는 우주의 근원은 이이며, 이의 원리에 의하여 만물을 구성하는 기가 생긴다고 하였다. 즉 기가 만물을 구성하는 물질적이고 구체적인 개념이라면, 이는 기를 조작하는 원리로서 관념적이고 추상적인 개념인 것이다. 장재가 현상세계를 설명하기 위해 기개념을 정립했다면, 정이는 사물의 존재원인과 당위성을 찾으려는 목적에서 이개념을 정립했던 것이다.

주희는 북송 이래의 다양한 사상적 경향을 집대성하여 새로운 유학 사상 체계를 정립하였다. 그에 따르면 우주만물은 기인 음양으로 구성되어 있으며, 이인 태극은 기에 내재해 있는 원리이다. 따라서 이는 기의 작용법칙을 의미하는 보편적인 원리이며, 기는 이의 주재를 받아 생멸하는 차별적인 현상이라는 것이다.

성리학의 핵심적인 이론인 이기론(理氣論)은 이처럼 우주만물의 원리를 설명하는 논리이기도 하지만 인간사회의 질서를 설명하는 논리였다. 성리학자들은 우주의 질서보다는 인간의 심성과 사회질서에 더 많은 관심을 기울였다. 성리학에서 인간은 하늘의 이[天理]를 부여받아 성(性)을 갖고, 기를 받아 형체를 이룬 존재이다. 따라서 인간의 본성(本性)은 선하지만, 동시에 기 또한 받고 있으므로 기에 따라 선악(善惡)이 나뉘게 된다. 인간의 본성이 선하다는 점에서 모든 인간은 보편성을 가지지만, 기에 의해서 선악이 나뉜다는 점에서 각각의 인간은 차별성을 가진다. 즉 성리학에서는 이에 의한 착한 본성이라는 인간의 보편성을 인정하는 동시에, 기에 의한 차별성으로 인간 사이의 현실적 차별을 인정하는 것이다.

성리학이 발흥된 시기에 사회는 지주와 전호농민 간에 지배·피지배 관계로 형성되어 있었다. 중소지주들인 사대부층은 지주전호제(地主佃戶制)의 한 축인 일반농민의 자립성을 어느 정도 인정한 위에서 사회적 인간관계를 설명할 필요가 있었다. 이러한 필요에 의해 도출된 이론이 명분론(名分論)이었다. 명분론은 이에 의한 보편적 세계 속에서 기에 의한 현실의 차별적 인간관계가 각각의 사회적 위치[名分]에 따라 조화를 이루어야 한다는 것이다. 삼강오륜(三綱五倫)으로 집약되는 명분론 속에는 남녀 간의 차별, 신분 간의 차별, 화이(華夷) 간의 차별이 포함되었다.

이러한 명분론적 인식은 예(禮)에 대한 강조로 나아갔다. 예는 이의 구현으로서 인간질서의 당연한 준칙인 동시에 현실에서의 실천기준이 되었다. 그래서 성리학에서는 명분론적 사회질서를 예적 질서라 보고, 가족에서부터 국가에 이르기까지 예의 실현을 추구하였다. 그 결과 가례(家禮), 향례(鄉禮), 국례(國禮)가 강조되었으며, 상하차등의 분수가 지켜지는 가운데 유교적 도덕가치가 실현되는 사회를 이상적인 사회로 인식하였다.

송대에 성립된 성리학은 13세기 말에서 14세기 초를 거치면서 사대부(士大夫)들에 의해 고려에 수용되었다. 사대부는 고려 중기 이후부터 지방의 향리계층이 농업생산력의 발달을 토대로 성장하여 중앙관료로 진출한 계층이었다. 새롭게 등장한 사대부들은 고려사회를 비판적으로 바라보며 기존의 사상과는 다른 성리학을 주목하였다. 이는 성리학의 논리가 현실비판의 논거를 제공해주었을 뿐만 아니라 지주로 성장해가는 자신들의 입장을 대변해 주었기 때문이다.

고려에 처음으로 성리학을 소개한 사람은 안향(安珦)이었다. 안향은 1288년(충렬왕 14)에 고려 유학제거(儒學提擧)의 자격으로 왕을 호종하여 원나라의 수도에 갔다가 『주자전서(朱子全書)』를 등사하여 돌아왔다. 안향의 활동은 처음으로 성리학을 소개하고 주자를 경모했다는 점에서 상징적인 의미를 갖는 것이었다.

성리학에 대한 학문적인 연구는 14세기에 이르러 시작되었다. 안향의 제자인 백이정(白頤正)은 충선왕을 호종하는 10년 동안 원나라의 수도에 머물면서 주자학 연구에 몰두하여 그 대강을 체득하여 돌아왔으며, 권부(權溥)는 『사서집주(四書集註)』를 간행하여 성리학을 보급하였다. 개별적인 활동과 더불어 만권당(萬卷堂)을 통한 학술교류는 성리학 수용에 중요한 가교 역할을 하였다. 충선왕은 1314년(충숙왕 1)에 원나라의 수도에 만권당이라는 독서당을 세우고, 한족(漢族) 출신의 뛰어난 성리학자들을 초빙하여 고려의 학자들이 배우게 하였다. 그 결과 성리학이 고려에 본격적으로 전래되었고, 많은 성리학자들이 배출되었다.

14세기 후반에 이르면서 고려에 수용된 성리학은 사회개혁의 의미를 지니게 되었다. 만권당에서 여러 학자들과 교류하고 귀국한 이제현(李齊賢)은 성리학을 전승하는 한편 이를 바탕으로 사회개혁을 주장하였다. 그의 주장은 문인인 이색(李穡)에게 이어져 사회개혁의 이념으로 발전하였다. 공민왕 대에 이르러 개혁 정책의 시행과 함께 성리학은 국가적 차원에서 보급되었고, 사대부들에 의한 개혁이 본격적으로 추진되었다. 이때 추진된 성균관(成均館)의 개수(改修)와 과거제의 정비는 성장하는 사대부들이 중앙 정계로 진출하는 중요한 계기가 되었다. 중앙 정계에 진출한 사대부들은 곧 고려사회의 개혁에 앞장섰으며, 나아가 조선의 건국을 주도하였다.

2) 성리학의 이해와 심화

조선은 개국과 함께 성리학을 국시(國是)로 천명하고 유교정치를 추구하였다. 유교정치를 구현하기 위해서는 국왕과 신하가 유교적인 소양을 충분히 갖추어야 했으며, 국가의 제도와 의례도 유교적으로 정비되어야 했다. 그러나 조선 초기에는 성리학이 일부 지식층에 의해서 막 받아들여진 까닭에 이해를 하는 데에 한계를 가질 수밖에 없었다. 이에 세종대에는 집현전을 중심으로 성리학에 대한 이해를 높여가면서, 고제(古制)를 기준으로 성리학 이념에 가장 가깝다고 판단되는 선에서 문물제도를 정비해 나갔다. 이 과정에서 성리학 이외에 공리적이고 박학적인 학풍까지도 받아들였으며, 중국과의 외교와 제도문물의 정비에 필요한 사장학(詞章學)과 유서학(類書學) 등을 끌어다 쓰기도 하였다.

세종대에 시작된 문물제도의 정비는 성종대에 접어들어 일단락되었다. 이 때 유교정치를 수행할 수 있는 법적 체제인 『경국대전(經國大典)』이 완성되었고, 국가차원에서 시행해야 할 유교적인 의례인 『국조오례의(國朝五禮儀)』도 정비되었다. 한편, 성종대에는 성리학 이해의 부진에 대한 반성으로 김종직(金宗直) 일파인 영남사림들이 기용되었다. 이들은 중앙집권체제 강화과정에서 누적되어 온 모순과 사회 각 부분에 뿌리내린 불교·도교·민간신앙의 요소들을 성리학적 가치기준으로 비판하였다. 그러나 성리학에 대한 이들의 이해 수준은 입문서인 『소학(小學)』을 이해하는 정도에 그쳤다.

성립된 지 300여 년이 지나자 기존의 성리학은 더 이상 새롭게 변화하는 사회를 주도해나갈 수 없었다. 이에 따라 대두한 것이 심학화(心學化)된 성리학이었다. 심학화의 단초는 정민정(程敏政)이 『심경부주(心經附註)』를 지으면서 열었으며, 왕수인(王守仁)이 양명성리학을 체계화하면서 촉진시켰다. 조선에서는 김굉필(金宏弼)이 심학을 열어나갔으며, 이를 조광조(趙光祖)가 본격적으로 수용하였다. 조광조를 중심으로 중종대에 중앙 정계로 진출한 기묘사림(己卯士林)은 초기 사림의 성리학 이념을 계승하는 한편, 성리설(性理說)을 집대성한 『성리대전(性理大典)』을 중심으로 성리학에 대한 이해를 진전시키며 성리학적 이상사회 건설을 모색하였다.

15세기에서 16세기를 거쳐 성리학에 대한 이해가 진전되자 이기(理氣)의

사료

문 : "형이하(形而下)인 것으로써 말하면, 사물(事物)은 체(體)가 되고, 그 이(理)가 발현된 것은 용(用)이 된다." 한 것은 무슨 뜻입니까?

답 : 선생이 책상 위에 있는 책을 가리키며 말하기를, "책을 두고 말한다면, 이 책은 곧 체이고 책 속에 있는 허다한 성현의 말은 용이다." 하였다.

문 : "형이상(形而上)인 것으로써 말하면 체(體)가 되고 사물에 발현된 것이 용(用)이 된다."고 하였으나, 형이상인 것은 공허 하고 아득히 멀기만 할 뿐인데 어떻게 다시 사물 에 발현되어 용이 된다고 지적할 수 있습니까?

답 : 효도로써 말하면 반드 시 밤낮이 다하도록 줄곧 어버이 섬기기만 하지는 않을 것이다. 어버이를 섬기기 전에는 효도가 공허하다가 어버이를 섬길 때라야 사물에 나타나는 것이다.

이이(李珥),
『율곡전서(栗谷全書)』31
어록(語錄)

개념을 보다 정확히 규정하려는 철학논쟁이 전개되었다. 바로 이황(李滉)과 기대승(奇大升) 사이에 벌어진 사단칠정(四端七情)논쟁이 그것이다. 이황은 조선의 성리학을 주자의 수준으로까지 끌어올린 것으로 평가된다. 그는 사단과 칠정을 각각 이의 발현과 기의 발현으로 구분하는 이기호발설(理氣互發說)을 주장하며 이기이원론(理氣二元論)을 정립하였다. 이에 기대승은 사단과 칠정은 모두 이기의 결합에 의해 이루어진다는 이기겸발설(理氣兼發說)을 주장하며 이황의 이기호발설을 비판하였다. 9년에 걸쳐 이루어진 이들의 논쟁은 성리학 연구를 가속화시키는 계기가 되었다.

16세기 후반에 이르러 사림들이 대거 중앙 정계로 진출하여 권력을 장악하자 성리학도 새로운 차원에서 전개되었다. 이이(李珥)는 이황의 이기이원론을 계승하면서, 이를 불변적인 요소로 보고 기가 변화할 때 그에 편승할 뿐이라는 이기일원론(理氣一元論)을 정립하였다. 이황의 이기이원론이 현실의 비리를 극복하려는 재야사림의 처지에서 형성된 것이라면, 이이의 이기일원론은 사림이 현실을 주도해가는 입장에서 현실에 대한 구체적인 개혁방안을 제기한 것이었다. 특히 이이의 이기일원론은 주자가 의도했으나 미처 깨닫지 못한 연구 성과였다. 이로써 성리학은 외래사상의 한계를 벗어나 조선 고유의 사상으로 발전하게 되었다.

성리학에 대한 연구와 이해의 심화는 예학(禮學)의 발달로 이어졌으며, 사우(師友) 관계를 중요시하는 흐름과 연결되어 이황, 조식(曺植), 이이의 제자들을 중심으로 학파가 형성되어 갔다. 그러나 17세기로 들어설 때까지만 해도 다른 학파의 견해를 무조건 배척하거나, 주자학에만 치우쳐 교조적 색채를 띠는 상황은 아니었다.

17세기 이후가 되면 당파가 여러 갈래로 나누어진 가운데 서로 다른 학문적·사상적 논리를 바탕으로 치열한 정권 다툼이 전개되었다. 그로 인해

사단칠정(四端七情)

『맹자(孟子)』에 나오는 사단(四端)은 측은지심(惻隱之心)·수오지심(羞惡之心)·사양지심(辭讓之心)·시비지심(是非之心)을 말하며, 각각 인(仁)·의(義)·예(禮)·지(智)의 실마리가 된다. 칠정(七情)은 『예기(禮記)』「예운(禮運)」에 나오는 희(喜)·노(怒)·애(哀)·구(懼)·애(愛)·오(惡)·욕(欲) 등 사람이 가진 7가지 감정을 말한다.

자신이 속한 학파의 주장만을 고집하고 주자학 이외의 사상을 배척하는 경향도 짙어졌다. 17세기 후반에 일어난 두 차례의 예송(禮訟)은 그 대표적인 예였다. 예송 단계에서는 도덕의 실천성을 강조하던 예학 역시 그 학문적 의미를 크게 상실하였다. 비록 여전히 성리학 연구의 주류를 이루기는 했으나, 지방 사회에서 양반 중심의 지배 체제를 유지하기 위한 부수적 기능을 하는 데 머물게 되었다. 예송에 의한 치열한 학문적 대결 여파로 자기 학파의 학문적 정통성을 강화하려는 노력이 지속되는 가운데 학파의 논리를 극단적으로 강조하는 주장이 대두되거나 학파 내부에서 의견이 대립되기도 하였다. 이러한 양상은 18세기에 들어와 더욱 심해지게 되었다.

호락논쟁(湖洛論爭)은 다른 학파 사이에서 일어나기도 했지만, 주로 송시열의 학통을 이은 권상하(權尙夏)의 문하에서 전개되었다. 그 중 18세기에 한원진(韓元震)과 이간(李柬) 사이에서 전개된 논쟁이 가장 대표적이다. 『맹자(孟子)』와 『중용(中庸)』에 있는 주자주(朱子註)의 해석이 발단이 된 이 논쟁의 요점은 인간의 본성[人性]과 동물 혹은 식물의 본성[物性]이 같은가[人物性同論] 다른가[人物性異論]였다. 논쟁은 이후 호서지방의 권상하 계통의 학자들과 서울 주변의 김창협(金昌協)·김창흡(金昌翕)계 학자들 사이로 확대되었다. 호락논쟁은 16세기 중엽부터 전개된 사단칠정 논쟁의 연장이었으며, 19세기 말에 이르기까지 조선 성리학계의 최고의 이론적 관심사였다.

하지만 호락논쟁은 이미 시대 변화에 따르지 못해 폐해를 드러내고 있는 성리학을 다시 주도이념으로 재구성해 보려는 몸부림에 불과했다. 이러한 상황에서 인물성동론(人物性同論)을 지지하던 낙파(洛派)가 청나라의 고증학(考證學)을 수용하여 북학사상으로 재구성하고, 정조가 규장각을 설치하면서 그 수용을 적극 후원하게 된다.

▎ 예송논쟁(禮訟論爭)

현종 때 인조의 계비 자의대비(慈懿大妃)의 복제를 둘러싸고 서인과 남인 사이에 일어난 두 차례의 예송(禮訟)을 말한다. 1659년(효종10) 효종이 승하하자 자의대비가 입어야 할 복제에 대해 송시열 등 서인이 주장한 기년설을 남인 윤선도(尹善道) 등이 반대하다가 유배되었고, 1674년(현종15)에 효종의 비인 인선왕후(仁宣王后)가 사망하자 자의대비의 복제에 관한 문제가 다시 대두되어 이번에는 기년을 주장한 남인이 대공을 주장한 서인을 물리치고 정권을 잡았다.

▎ 호락논쟁(湖洛論爭)

인물성동이논쟁(人物性同異論爭)이라고도 한다. 인물성이론(人物性異論)을 주장한 학자들은 주로 호서(湖西)지방에 거주했고, 인물성동론(人物性同論)을 주장한 학자들은 주로 서울[洛]에 거주했기 때문에 호락논쟁이라 부르게 되었다.

2. 새로운 사상의 등장과 전개

1) 실학사상의 발전

실학(實學)이라는 용어는 시대에 따라 각기 다른 의미로 사용되어 왔다. 고려시대에는 불교에 대해 유학을 실학이라고 했으며, 조선 초기에는 사장학(詞章學)에 대해 성리학을 실학이라고 하였다. 그러나 오늘날에 이르러 실학(實學)이란 조선 후기에 출현한 현실 개혁적 사상 경향을 총칭한다. 즉 17세기 이후 사회모순이 깊어지는 상황 속에서 추상적인 문제에 대한 논쟁보다 현실적인 문제에 관심을 가지고 이를 개혁해 보려는 사상경향을 의미한다.

조선 후기 실학사상의 특성은 크게 두 가지로 나누어 볼 수 있다. 첫째, 탈성리학적(脫性理學的) 사상이라는 점이다. 탈성리학적 사상은 주자(朱子)의 가르침을 유일한 근거로 하여 유교경전을 해석해오던 조선의 성리학적 관행을 거부하고, 경전의 해석에 새로운 기준을 모색하고자 하는 사상 경향이다. 물론 실학자들도 주자의 학문적 권위를 명시적으로 거부하지는 않았지만, 맹목적으로 따르는 태도를 배격하고 그의 경전 해석이 가지고 있는 문제점을 극복하고자 하였다.

둘째, 실학자들은 성리학에서 취하고 있던 학문연구 방법론을 비판 및 극복하기 위해 원초유학(原初儒學)의 방법론을 수용하였다. 원초유학의 방법론은 사변적이거나 심오한 것에 매달리지 않고 일상적이고 현실적인 것을 위주로 학문을 연구하는 것이었다. 그들은 성리학과 구분되는 원초유학에 입각하여 왕도정치(王道政治)를 구현하기 위한 구체적 방법들을 모색해 갔다. 그에 따라 성리학적 왕도정치론과 입장을 달리하면서 왕도(王道)의 기준을 인의(仁義)와 같은 도덕적 요소에 설정하기 보다는 현실 개혁을 통한 안인(安人)에 설정하였다. 실학자들은 자신들이 살고 있던 조선의 현실

사료

농사를 짓는 사람은 전지(田地)를 얻게 되고, 농사를 짓지 않는 사람은 전지를 얻지 못하게 되며, 농사를 짓는 사람은 곡식을 얻게 되고, 농사를 짓지 않는 사람은 곡식을 얻지 못하게 된다. 그러나 공업(工業)을 하는 사람은 그의 기구(器具)로써 곡식을 바꾸게 되고, 상업(商業)을 하는 사람은 그의 화물(貨物)로써 곡식을 바꾸게 되니, 걱정할 것이 없다.

그러나 선비[士]는 열 손가락이 모두 유약(柔弱)하여 힘들여 일을 할 수 없으니, 밭을 갈 수 있는가, 김을 맬 수 있는가, 잡초(雜草)를 불살라서 전지를 일구겠는가, 거름을 주겠는가. 이름이 장부(帳簿)에 기록되지 못하면 가을에 곡식 분배가 없을 것이니, 장차 어찌하겠는가. 아, 내가 여전(閭田)의 법(法)을 만들려는 것은 바로 이를 위해서이다.

정약용(丁若鏞), 『다산시문집(茶山詩文集)』 11, 「논(論)」 전론(田論) 5

을 개혁이 요구되는 상황으로 인식하고 있었던 것이다.

실학은 17세기에 한백겸(韓百謙)과 이수광(李睟光)·유형원(柳馨遠) 등에 의해 시작되었으며, 이후 개혁론의 성향에 따라 몇 개의 유형으로 나뉘어져 발전하였다. 실학의 유형에 관해서는 북학파의 사상만을 실학으로 보아야 한다는 주장이 제기되기도 하지만, 대체로 근기남인실학파(近畿南人實學派)와 소론실학파(少論實學派), 북학파(北學派)로 나누어 볼 수 있다.

근기남인실학은 17세기 후반 서경덕(徐敬德)과 조식(曺植)의 사상을 계승하고 육경(六經)과 제자백가(諸子百家)를 학문적 바탕으로 삼았던 유형원·허목(許穆)·윤휴(尹鑴) 등에 의해 그 이론적 체계가 갖추어졌다. 그러나 하나의 학파를 형성하는 것은 18세기 전반 이익(李瀷)에 이르러서다. 이익에서 시작하여 안정복(安鼎福), 황덕길(黃德吉), 허전(許傳) 등으로 이어진 근기남인학파는 주로 농촌에 생활 근거를 둔 까닭에 농촌사회의 모순과 농민들의 고통에 주목하게 되었다. 따라서 그들은 지주전호제(地主佃戶制)의 모순을 완화하고 농업을 발전시키는 데 많은 관심을 기울였으며, 농업을 중심으로 한 사회개혁을 추구하였다.

근기남인실학은 철학적 바탕으로 볼 때 대체로 기를 강조하기 보다는 이를 강조하고, 나아가 이를 재해석하려는 경향이 강하였다. 이에 따라 기라는 현상적 측면이 아니라 이라는 본질적 측면에 대한 전면적인 검토를 진행하면서 토지개혁론과 같은 근본적인 개혁론을 제시하였다. 그렇다고 이들이 농촌 현실과 관련된 개혁안만을 제시한 것은 아니었다. 관료제와 군제(軍制)의 운영 등 다양한 분야에 대한 개혁안을 제시하기도 하였다. 이는 북학파가 상공업에 관한 개혁안만 주장하지 않은 것과 같은 맥락이라고 할 수 있다.

18세기 전반에는 근기남인 뿐만 아니라 소론에서도 기존의 성리학을 극복하려는 경향이 나타났다. 대표적인 인물이 정제두(鄭齊斗)와 유수원(柳壽垣)이다. 정제두는 조선에 수용된 양명학(陽明學)을 체계화한 인물이다. 그는 왕양명(王陽明)의 친민설(親民設)을 적극 수용하여 일반민을 도덕 실천의 주체로 상정했으며, 이를 바탕으로 양반신분제의 폐지를 주장하였다. 유수원은 정제두보다 더욱 체계적이고 방대한 개혁안을 제시하였다. 그는 저서인 『우서(迂書)』에서 신분질서 개혁을 통한 사·농·공·상의 비신분적 개편과 이에 바탕을 둔 전문화된 분업의 수행만 이 부국안민의 유일한 길이라고 주장하였다.

유수원의 우서 [실학박물관 소장]

　18세기 후반이 되자 노론 내에서도 한 무리의 학자들에 의해 현실 사회를 개혁해 보려는 새로운 학문경향이 나타났다. 북학(北學)이 바로 그것이다. 홍대용(洪大容)과 박지원(朴趾源)에서 시작하여 박제가(朴齊家), 이덕무(李德懋), 유득공(柳得恭) 등으로 이어지는 북학파는 서울에 거주하는 인물들이 중심을 이룬 학파였다. 이들은 청나라로 가는 사신 행차에 동행하면서 선진 문물을 접하고 조선의 낙후성을 자각하였다. 그 결과 기존의 성리학적 명분론에 바탕을 둔 화이론(華夷論)을 극복하고 화(華)와 이(夷)가 차이가 없다는 인식을 가지게 되었다.

　여기에 도시의 성장과 상공업의 발달이라는 새로운 사회경제적 변화에 맞닥뜨리면서 상업과 유통의 측면에 많은 관심을 기울이게 된다. 18세기 후반에는 이미 인구나 생산력 수준을 비롯하여 곡물시장·장시 발달, 상공업 발달, 신분제 동요 등으로 인해 농업중심사회를 유지할 수 없는 단계에 이르렀다. 따라서 북학파는 농업중심사회 체제를 기반으로 하는 이상사회를 부정하면서 개혁안을 제시할 수밖에 없었다. 이들은 농·상·공업을 동등한 산업구조로 전제하고 상공업 발달을 촉진시키려 했던 것이다.

실학을 집대성한 것으로 평가되는 정약용(丁若鏞)은 박지원·박제가의 영향 속에서 유형원·이익 등이 견지하던 농본주의를 극복한 새로운 농업관·상공업관을 제시하였다. 그는 여전론(閭田論), 정전론(井田論)과 같은 토지 개혁안을 통해 경작 능력이 있는 사람만 그 능력에 따라 토지를 소유하게 하고, 그 외는 상공업에 종사하는 것이 옳다고 주장하였다. 이러한 정약용의 견해는 농업을 본업으로 강조하면서도 상공업 진흥의 필요성을 역설한 것이었다.

실학은 성리학의 문제점을 극복하고자 하는 과정에서 실증적, 근대지향적 인식을 발전시켰다. 그러나 실학자 대부분이 집권층이 아니었던 까닭에 개혁안을 국가의 현실 정책에 반영시키는 데에는 한계가 있었다. 또한 실학자들의 개혁안은 대부분 봉건체제의 안정적인 존속과 유지를 위한 것이어서 범유학적 한계를 완전히 극복하지 못한 한계를 드러내기도 하였다.

2) 천주교 사상의 전래와 확산

천주교에 대한 지식은 17세기 이래 연행사(燕行使) 일행이 구입해 온 한역서학서(漢譯西學書)를 통해 서학(西學)의 형태를 띠고 전해지기 시작하였다. 서학을 수용한 지식인층은 대체로 성리학에 대해 비판의식을 가지고 있었으며, 범유학적 입장에서 성리학적 가치체계를 변화시켜 보려던 인물들이었다. 그들에게 한역서학서를 통해 전파된 보유론적(補儒論的) 천주교 신앙은 비교적 쉽게 이해할 수 있는 사상이었다. 보유론은 서학이 유학에 대립되는 사상이 아니라 유학의 부족한 점을 보충해 준다는 이론이었다. 따라서 그들은 자신이 기초하고 있던 범유학적 입장을 포기하지 않고서도 서학에 접근할 수 있었다.

보유론적 입장에서 천주교를 접하던 중 이벽(李蘗)·이승훈(李承薰)·정약종(丁若鍾)·정약용(丁若鏞)·이가환(李家煥) 등 남인 계열의 학자들은 이를 신앙의 대상으로 받아들이고 천주교에 입교하였다. 이들은 주어사(走魚寺)·천진암(天眞庵) 등지에서 강학회(講學會)를 열고 서학을 연구하는 한편, 천주교 신앙을 싹틔우고 기도와 재계 등으로 천주교 계명의 일부를 실천하였다. 그러다 1784년(정조 8)에 이승훈이 북경에서 영세를 받고 돌아오고, 이벽 등과 함께 신앙공동체를 구성함으로써 비로소 조선에 교회가 창설되었다.

천주교는 조선에 전파된 직후부터 양반 지식인층뿐만 아니라 일반민들에게도 전파되어 갔다. 이렇게 서양선교사가 들어오기 전부터 천주교가 퍼져나간 것은 천주교사상 유례가 없는 일이었다. 천주교가 일반민들에게 까지 급속히 퍼질 수 있었던 동력은 천주교의 평등과 사랑의 개념에 있었다. 당시 천주교는 평등론에 입각한 새로운 인간관을 제시해 주고 있었다. 그들이 주장하던 인간 평등론의 근거는 모든 인간이 천주(天主)에 의해 창조된 동일한 존재라는 것이었다. 그리하여 그들은 인간이 인간을 사랑할 때에는 그 인품이나 재능이 있기 때문에 사랑한 것이 아니라, 인간이 '사람된 위(位)'를 가지고 있기 때문임을 강조하였다.

한편, 천주교의 전파에 매개체가 되었던 것은 한글로 번역된 천주교 서적이었다. 서학서가 한글로 번역된 시기를 정확히 알 수는 없지만, 1787년(정조 11)에 한글로 번역된 천주교 서적이 지방까지 유포되어 문

천주실의 [가톨릭대학교 전례박물관 소장]

제가 되고 있었다. 이를 감안할 때 천주교 서적의 번역은 조선에 교회가 세워진 1787년 직후부터 진행되었다고 볼 수 있다. 그리하여 1801년에 이르러서 조선 천주교회는 모두 83종에 이르는 한글 서적을 가질 수 있었다.

그러나 당시 양반지배층은 성리학적 입장에서 새롭게 수용된 천주교 신앙을 이단사설(異端邪說)의 일종으로 파악하였다. 신분제가 강조되던 당시 사회에서 인간의 평등성을 강조한다는 것은 곧 체제부정의 논리와 통하는 것이었다. 이에 따라 집권층은 천주교를 기존의 사회질서를 파괴하는 '무부무군(無父無君)의 교(敎)'로 규정했으며, 천주교 서적의 유포를 막으려는 노력이 중앙 정부를 비롯한 양반지식층 일부에서 일어나게 되었다.

그러던 중 1791년(정조 15) 윤지충(尹持忠)과 권상연(權尙然)이 제사를 폐하고 조상의 신주를 불태운 진산사건(珍山事件)은 조선 서학계에 큰 변화를 불러 일으켰다. 이 사건은 종전의 서학에서 견지되어 오던 보유론이 조정뿐만 아니라 천주교 자체에서도 배격되고 있음을 명백히 보여 주었다. 그리고 그 당연한 결과로 유학에 기초하여 서학을 이해하고자 했던 학자들이 천주교 신앙을 포기하는 사태가 야기되었다. 이와 함께 성리학의 입장에서 천주교에 대한 이론적 비판이 일기 시작했는데, 안정복(安鼎福)의 『천학문답(天學問答)』은 그 대표적인 것이었다. 그러나 남인에 우호적이었던 정조대까지는 천주교에 대해 비교적 관대한 정책을 펼친 까닭에 큰 탄압은 이루어지지 않았다.

정조의 뒤를 이어 순조가 즉위하고 노론 벽파(僻派)가 득세하자, 그들과 정치적으로 대립하던 남인 시파(時派)를 숙청하는 과정에서 천주교에 대한 탄압이 가해졌다. 1801년(순조 1)에 발생한 신유박해(辛酉迫害)는 대규모 천주교 탄압이었다. 이 탄압으로 인해 이승훈·이가환·정약종·권철신(權哲身) 등 300명의 신도와 청나라 신부 주문모(周文謨)가 처형되고, 정약전·정약

사료

좌포장(左捕將) 임율(任嵂)과 우포장 신응주(申應周)가 사학죄인(邪學罪人) 황사영(黃嗣永)의 흉서(凶書)를 가지고 합문(閤門) 밖에 나아오니, 들여보내라고 명하여 살펴본 후에 국청에 내리었다. 죄인 황사영은 사족(士族)으로서 사술(邪術)에 미혹됨이 가장 심한 자였는데, 의금부(義禁府)에서 체포하는 처음에 기미(幾微)를 미리 알고 망명(亡命)하여 혹은 상복(喪服)을 입고는 성명을 바꾸고 혹은 토굴에 숨어서 종적을 감추어 반년이 지나기 에 이르렀었다. 포청(捕廳)에서 은밀히 염탐하여 지금 에야 제천(堤川) 땅에서 붙잡아 그의 문서(文書)를 수색 하니 백서(帛書)가 있는데, 장차 북경(北京)의 천주당(天主堂)에 통하려고 한 것이었다. 서폭(書幅)에 꽉찬 흉악하고 참람한 말은 주문모(周文謨) 이하의 여러 죄인이 복법(伏法)되었다는 일을 서양인(西洋人)에게 상세히 보고하려 한 것으로서, 그 중에 세 조항의 흉언(凶言)이 있는데 하나는 황지(皇旨)를 꾀하여 얻어서 조선(朝鮮)에 교유(敎諭)하여 서양인을 가까이 교제하도록 함이었고, 하나는 안주(安州)에 무안사 (撫按司)를 열어 친왕(親王)이 국생(國生)을 감시하고 교훈(敎訓)을 모으도록 명하게 하여 틈을 타서 행동하려 함이었고, 하나는 서양국(西洋國)에 통하여 큰 선박(船舶) 수백 척에 정병(精兵) 5, 6만 명을 꾸며 보내고 대포(大砲) 등 이해되는 병기(兵器)를 많이 싣고 와서 동국(東國)을 깜짝 놀라게 하여 사교(邪敎)가 행해지도록 함이었다.

『순조실록』
1년(1801) 10월 5일

용 형제가 유배되었다. 이와 더불어 서양 과학기술의 수입도 거부되었다.

당시 발생한 황사영(黃嗣永) 백서사건(帛書事件)은 정부를 더욱 자극하였다. 천주교 신도인 황사영은 신유박해가 일어나자 북경에 있는 프랑스인 주교에게 군대를 동원하여 조선에서의 신앙과 포교의 자유를 보장받게 해달라는 서신을 보내려다 발각된다. 조정에서는 백서 내용 가운데 외세에 무력 동원을 요청한 대목을 문제 삼아 역모 세력으로 규정하고, 천주교도와 남인 인사들을 대거 잡아들였다. 이어 황사영과 그 관련자 등을 처형하고, 정약전·정약용을 유배지에서 소환하여 다시 조사한 후 각각 흑산도와 강진으로 유배지를 옮기게 하였다. 아울러 천주교를 두둔했다는 이유로 남인 지도자인 채제공(蔡濟恭)의 관작을 추탈하였다. 신유박해로 남인과 시파는 정치권에서 대거 축출되었고, 벽파가 정권을 잡자 천주교에 대한 박해도 더욱 가혹해졌다.

조정의 탄압에도 불구하고 천주교의 교세가 꾸준히 확대되던 가운데 1839년(헌종 5)에 기해박해(己亥迫害)가 일어났다. 기해박해는 신유박해와 마찬가지로 천주교를 배척하기 위한 것이었으나, 이면적으로는 벽파(僻派)인 풍양 조씨와 시파(時派)인 안동 김씨의 정치적 다툼에서 비롯된 것이었다. 그 해에 사학토치령(邪學討治令)이 발표되어 당시 입국해 활동하던 3인의 선교사가 모두 순교하였고, 유진길(劉進吉)·정하상(丁夏祥)·조신철(趙信喆) 등 교회의 중요 인물이 모두 순교하였다. 이 중 정하상은 체포될 것을 각오하고 미리 재상에게 제출할 『상재상서(上宰相書)』를 작성하여 천주교에 대한 박해

유중외대소민등척사윤음[국립중앙박물관 소장]

의 부당함을 신랄하게 비판하였다. 기해박해는 세 번의 사형집행을 끝으로 막을 내렸다.

　그 뒤 마카오에서 신학교를 졸업하고 최초의 신부가 된 김대건(金大建)이 귀국하여 충청도 당진을 근거로 포교를 시작하자, 천주교 신앙의 열기는 고조되었다. 그러나 김대건이 외국 선교사들이 안전하게 입국할 비밀 항로를 개척하던 중 체포되고, 서양 선박을 국내로 불러들인 역적으로 간주되어 순교하면서 다시금 박해가 일어났다. 이를 병오박해(丙午迫害)라 한다. 그러나 여러 차례 박해를 당해온 신자들의 재빠른 대응과 함께 조정에서도 새로운 척사령을 발표하지 않았던 까닭에 박해의 여파는 그리 크지 않았다.

　철종 이후로는 세도정치가 극성하여 기강이 무너지고 법망이 허술해져 천주교의 교세가 더욱 팽창하였다. 이렇게 교세가 팽창할 수 있었던 것은 중인과 평민의 입교가 급증한 까닭이었는데, 특히 부녀자 신도가 많았다. 그들은 현실개혁의 의지로 천주교를 믿기보다는 내세의 천국을 바라보고 현실의 불만을 달래보려는 신앙 그 자체에 대한 욕구가 컸다. 더러는 외국신부의 특권에 의지하여 치외법권적 자유를 누리려는 심리도 깔려있었다.

　천주교가 전래된 이래 지속적인 박해가 가해진 가운데 1866년(고종 3)에 일어난 병인박해(丙寅迫害)는 그 규모나 기간 등으로 보아 과거와는 비교가 안 될 정도로 혹독한 것이었다. 흥선대원군이 주도한 병인박해는 천주교 배척이라는 정치적 측면만이 아니라 급격하게 밀어닥치는 서구 식민세력에 대한 대항이었다는 점에서 1801년의 신유박해나 1839년의 기해박해와는 차이가 있었다. 네 차례에 걸쳐 이루어진 병인박해는 8,000여 명 이상의 순교자를 낳은 최대 규모의 박해였다.

　천주교는 전통적 가치 체계에 대한 도전이라는 인식과 정치적 소용돌이 속에서 약 100여 년 간의 수난을 겪었다. 그런 와중에도 천주교는 지속적으로 팽창하여 19세기 말에는 신도수가 3만 명에 이를 정도로 확산되었다. 이는 기존의 사상과는 달리 평등과 사랑을 바탕으로 한 변혁지향적 성격 때문이었다. 그럼에도 불구하고 농촌 깊숙이 파고들지 못한 점은 당시 천주교가 지닌 한계였다. 이는 결국 19세기 말에 농민의 광범위한 호응을 얻은 동학(東學)과 대립하게 되는 요인 중 하나가 되었다.

【참고문헌】

강만길, 『한국사』 10, 한길사, 1994.

국립고궁박물관 편, 『사상으로 조선시대와 소통하다』, 민속원, 2012.

부경역사연구소 편, 『한국사와 한국인(전근대편)』, 선인, 2007.

울산대곡박물관, 『천주교의 큰 빛 언양 : 2013년 울산대곡박물관 특별전』, 2013.

조광, 『조선후기 사상계의 전환기적 특성』, 경인문화사, 2010.

한국역사연구회, 『조선시대 사람들은 어떻게 살았을까』 2, 청년사, 1996.

한영우, 『다시 찾는 우리 역사』, 경세원, 2014.

III 중세 2

학습목표

◆ 조선의 대외정책에 대해서 알아본다.
◆ 조선과 동아시아 각국의 관계에 대해서 알아본다.

1. 책봉질서와 사대교린

조선은 큰 나라는 섬기고[事大] 이웃 나라와는 사귄다[交隣]는 사대교린
(事大交隣)을 외교정책으로 표방하였다. 이는 중국을 중심으로 하는 책봉
질서(冊封秩序)를 근간으로 한다. 책봉질서는 고대 중국의 봉건제(封建制)가
통일왕조인 진한대를 거치면서 중국 외의 이웃나라까지 확대·적용된 것으
로 크게 4가지 특징이 있다. 첫째, 중화사상(中華思想)이 대외의식의 중심
을 이룬다. 둘째, 종주국(宗主國)의 황제는 조공국(朝貢國)의 지배자를 국
왕에 책봉한다. 셋째, 책봉받은 조공국은 종주국이 제정한 역법과 연호를
사용한다. 넷째, 조공국은 정기적으로 조공을 바치고 종주국은 회사(回賜)
하는 과정에서 양국은 경제·문화적 교류를 이어간다.

따라서 책봉질서는 종주국과 조공국 모두 유교의 예적 논리를 기반으로
상호보완적인 권리와 의무를 가지고 있는 '문화적 차등관계'라고 할 수 있
다. 이러한 질서를 바탕으로 종주국인 명(明)에 대해 정성으로 사대하고 주
변국인 일본(日本)과 여진(女眞) 등에 대해서는 신의로써 교린한다는 것이
조선의 사대교린정책이다.

조선은 명에 사대함으로써 명을 중심으로 하는 동아시아 국제질서 속에
편입되었다. 이를 통해 건국의 정당성을 얻고 왕권의 정통성을 인정받는
동시에 군사적인 보호를 위한 안보의 방안으로 활용하였다. 조공사행은 진
상(進上)과 회사라는 무역관계를 형성하여 명과 경제적·문화적 교류도 가

능하게 하였다. 조선의 사대정책은 왕권 강화를 비롯한 정치적 안정과 더불어 경제·군사적인 이유 등 복합적인 목적을 가지고 있었던 것이다.

조선은 일본·유구(琉球)·여진 등 주변국과는 교린정책을 통해 국제관계를 전개하였다. 교린은 종주국에게 책봉을 받은 대등한 관계의 조공국 간에 이루어지는 적례교린(敵禮交隣)과 문화·경제적인 측면에서 상대적으로 우월한 국가가 주변국을 교화한다는 의미가 강한 기미교린(羈縻交隣)으로 나뉜다. 조선은 일본에 대하여 명의 책봉을 받은 막부 정권과는 적례교린, 대마도를 비롯한 지방 세력과는 기미교린이라는 이중구조의 독특한 교린 관계를 성립시켰다. 이러한 외교적 관계는 조선후기에도 기본적으로 유지되나 조선-대마도-막부라는 일원적 구조로 변화하였다는 차이는 있다. 유구는 명의 책봉을 받고 조선과 상호 사신을 파견하는 독립적인 적례교린 대상이었으며, 여진족의 경우는 국가를 형성하지 못했기에 세력이 큰 부족 장들과 다원적인 기미교린관계를 맺었다.

조선의 사대교린은 명분적인 유교적 예법과 질서에 기반을 두고 있었다. 이에 따라 스스로 중국과 비견할 만하다는 문화적 우월감으로 주변국을 경시하는 대외관이 형성되었다. 조선은 명이 추구하는 책봉질서의 큰 틀 속에 편입되어 있었음에도 주변국의 조공을 허락하고 회사하였으며, 조선의 관직을 제수하고 무역소를 설치하는 등 조선 중심의 독자적인 대외관계를 설정하였다. 적례교린 관계인 일본국왕이나 유구국왕 등에 대해서도 명분에 입각한 대국의 입장에서 외교관계를 풀어나가고자 하였다. 이러한 대외관은 명이 멸망한 후 조선이 명을 대신한다는 소중화사상으로 발전하였다.

2. 조선과 각국의 대외관계

1) 명과의 관계

1368년 주원장은 명을 건국하고 주변국에 사신을 보내 명의 건국과 황제의 즉위를 선포하였다. 고려는 1385년 명의 책봉을 받고 명 중심의 책봉질서에 편입되었다. 그러나 명의 철령위 설치 시도에 대한 반발로 고려는 요동정벌을 감행였다. 요동정벌을 떠났던 이성계(李成桂)는 4불가론을 내세워 위화도에서 회군한 뒤 1392년 역성혁명을 일으키면서 조선을 건국하였다.

이성계는 고려권지국사(高麗權知國事)의 명의로 명에 사신을 파견하여 조선의 건국을 알리고 책봉을 요청하였다. 명은 조선의 독립과 자치를 존중하고 내정에 간섭하지 않을 것을 알렸으며, 조선(朝鮮)과 화령(和寧) 중 국호를 정해달라는 이성계의 요청에 조선으로 정해주기도 하였다. 하지만 명은 이성계가 고려국왕 금인(金印)을 반환하였음에도 인신(印信)과 고명(誥命)을 주지 않고 이성계를 정식 국왕으로 승인하지 않았는데, 이는 당시 조명관계가 다소 불안하였기 때문이다.

당시 명은 ①조선이 첩자를 이용해 명을 염탐하고, ②요동의 변장(邊將)을 매수하였으며, ③여진인을 회유하여 압록강 이남으로 데려갔다는 생흔(生釁) 3개조와, ①조선이 조공으로 작고 쓸모없는 말을 보내고 ②국호를 개정해 주었음에도 소식이 없다는 모반(侮慢) 2개조를 핑계로 조선 사신의 입국을 거절하며 외교적으로 압박하였다. 이는 조선의 세공(歲貢) 문제와 더불어 조선이 여진인을 회유하여 요동을 침입하려 한다는 명의 의심 때문이었다. 조선은 명과의 관계 개선을 위해 노력했지만 명은 오히려 표전문제(表箋問題)를 제기하며 작성자인 정도전을 명으로 송환할 것을 요구하였다. 이는 요동정벌의 의지가 강했던 조선의 강경파들을 제거 혹은 제어하기 위한 수단이었다. 조선은 이에 대한 반발로 다시 요동정벌이 논의되었으나, 왕

> **4불가론**
>
> 첫째, 작은 나라가 큰 나라를 공격하는 것은 옳지 못하다. 둘째, 농번기인 여름에 군사를 일으켜서는 안 된다. 셋째, 요동정벌로 인해 왜구들의 공격에 대비할 수 없다. 넷째, 장마철로 군기가 허술해지고 전염병의 위험이 있다.

자의 난으로 정도전 등의 강경파가 피살되고 조선 태조의 퇴위와 명 홍무제의 죽음으로 갈등이 무마되면서 태종대인 1403년에 이르러서야 조명간의 책봉질서가 수립되었다. 이후 조선과 명은 안정적인 관계를 이어갔으며, 종계변무(宗系辨誣) 사건이 일단락되면서 더욱 돈독한 관계를 형성하였다.

안정적인 조명관계는 1592년 임진왜란을 계기로 변화하였다. 명은 전쟁 초기 조선을 의심하여 원군 파견을 망설였지만, 일본의 침략을 조선 땅에서 저지하기 위해 조선을 보호한다는 명분으로 전쟁에 참전하면서 막대한 인적·물적 재원을 소비하였다. 이에 따라 조선의 지배층 사이에서 명이 조선을 구원하여 '다시 나라를 일으켜준 은혜'를 베풀었다는 재조지은(再造之恩)이란 여론이 강하게 형성되었다. 재조지은은 명을 숭배하는 관념으로 형성되면서 조선의 대외관계에도 영향을 미치게 되었다.

명에 대한 조선의 조공사행은 삼년일공(三年一貢)이 원칙이었다. 하지만 조선은 지속적으로 일년삼공(一年三貢)을 요청하였다. 새해를 축하하는 하정사(賀正使), 황제의 생일을 축하하는 성절사(聖節使), 황태자의 생일을 축하하는 천추사(千秋使), 동지를 하례하는 동지사(冬至使)를 포함 1년에 4번의 정기 사행을 파견하였다. 사행은 정사(正使)·부사(副使)·서장관(書狀官)을 비롯해서 40명에 이르며 수행원을 포함하면 250~500명 정도로 일정하지는 않았다. 이외에도 조선은 명에 감사를 표하기 위한 사은사(謝恩使), 정치적·외교적 현안을 해결하기 위한 주청사(奏請使), 명에 경사가 있을 때 파견하는 진하사(進賀使) 등 임시적인 사행들도 지속적으로 파견하였다. 사행들은 초기 해로를 이용하였으나 양국 관계가 안정된 이후에는 의주-연산관-요양-광녕-산해관-북경의 육로를 주로 이용하였으며, 후금에 의해 육로가 단절되자 다시 해로를 이용하기도 하였다. 명에서도 조선에 비해 횟수는 많지 않았지만 새 황제의 즉위, 조선국왕의 책봉, 하사품 전달이나 물품 요구 등을 이유로 지속적으로 사신을 파견하였다.

조선은 명과의 조공사행을 통해 정치·외교적인 문제들을 해결하였으며, 이 과정에서 선진문물들이 유입됨은 물론 무역도 동반되었다. 조선은 금·은, 인삼, 말, 저포, 나전 등의 규정된 공물을 조공하고 약재나 서적, 비단 등의 견직물을 회사받았다. 금·은은 세종대 조공품에서 빠지면서 말과 포자(布子)로 대체되었다. 이러한 조공무역 이외에도 양국 사신이 머물던 북경의 회동관(會同館)과 한양의 태평관(太平館)에서 사무역이 이루어졌다. 임진왜란 당시 군량을 교역하기 위해 설치된 중강개시에서는 공무역과 사무역이 함께 이루어졌다. 조선은 금·은 등 광물류와 소·말 등의 동물류, 인삼 등의 약재류나 견직물 등 다양한 물품을 수출하였으며 명에서 광물·동물·약재·복식·서적류를 비롯한 화약·유황·물소뿔 등 군기류까지 수입하기도 하였다.

2) 여진과의 관계

금나라가 몽골에 멸망한 이후 여진족은 만주일대에 부족단위로 거주하였다. 여진족은 크게 백두산 일대의 건주여진(建州女眞), 송화강(松花江) 유역의 해서여진(海西女眞), 흑룡강(黑龍江) 유역의 야인여진(野人女眞) 등으로 구분되었으며, 명 중심의 책봉질서 속에서도 조선과의 대외관계를 전개하였다. 따라서 조선은 일부 여진족의 조공을 받거나 관직을 수여하고 교역을 허락하면서 여진족의 부족장들과 다원적인 교린관계를 맺었다.

조선과 여진족간의 교역은 지속적으로 이루어졌다. 여진족은 조선에 말·매 등의 동물이나 사슴·곰 등의 피혁품을 조공하고, 대가로 견직물과 말안장·궁각 등의 무기, 철기·소금 등 생필품을 회사받았는데 포(布)가 주류를 이루었다. 또한 조선은 국경지역인 경성과 경원에 무역소를 설치하여, 직물과 소금·식기·농기구 등의 생필품이나 인삼을 수출하고 동물이나 인삼 등을 수입하기도 하였다. 이와 같이 조선은 여진에 대해 경제적 욕구를 충족시키는 회유책을 사용하였다.

조선은 회유책과 함께 단독 혹은 명과 연합하여 여진족을 토벌하는 강경책도 병행하였다. 특히 조선의 지속적인 북방지역 영토 확장을 위한 노력으로 세종대에 이르면 종성(鍾城)·온성(穩城)·회령(會寧)·경원(慶源)·경흥(慶興)·부령(富寧)에 6진을 설치하여 두만강을 국경선으로 하고, 여연(閭延)·자성(慈城)·무창(茂昌)·우예(虞芮)에 4군을 개척하여 압록강 상류지역까지 조선의 영토로 편입시켰다. 1467년 명의 종용으로 조명연합군이 건주위를 토벌하면서 조선과 여진족과의 관계는 소강상태로 접어들었다.

16세기 후반 임진왜란이 일어나자 건주여진은 누르하치를 중심으로 명의 영향력에서 벗어나 조선에 독자적인 원군 파견을 자청하고 대등한 교류를 요청하면서 조선과 여진족의 관계는 급변하기 시작하였다. 특히, 전쟁으로 조선의 통제력이 약화되자 국경의 번호(藩豪)들이 점차 이탈하면서 6진은 황폐화되었다. 누르하치는 조선과 명의 견제가 약해진 틈을 타서 1613년 부족을 통합하고 1616년 후금을 건국 하였으며, 1618년에는 요동지방을 공격하면서 명과 본격적으로 전쟁을 시작하였다.

당시 선조는 재조지은(再造之恩)을 강조하면서 대명의리론(對明義理論)을 형성시키고 체제를 견고히 하고자 하였다. 하지만 선조의 뒤를 이은 광해군은 명의 쇠퇴와 후금의 성장을 직시하고 명에 사대를 표하면서도 후금을 자극하지 않으려는 유화적인 중립외교를 표방하였다. 후금 역시 조선과 명의 연합을 두려워했을 뿐 아니라 식량 등의 부족한 물자를 보급받기 위해서 조선과는 우호적인 관계를 유지하고자 하였다. 그러나 인조반정 이후 친명배금 정책이 강화되었다. 이에 따라 명의 장수였던 모문룡에 대해서는 대의명분 아래 군사적 지원을 하였지만 후금과는 관계를 끊어버렸다. 이후

▌4군

4군은 방어가 어려워 1455년 여연·무창·우예가 철폐되고 1549년 자성도 철폐되었다가 1856년에 복원되었지만, 이는 국경방어선이 후퇴된 것이지 영토의 포기는 아니었다.

조선은 후금과 형제의 맹약을 맺은 정묘호란을 겪게 되었다.

3) 청과의 관계

1636년 후금은 국호를 청(淸)으로 바꾸고, 몇 차례 조선을 협박한 끝에 같은 해 12월 태종이 12만의 군사를 직접 이끌고 조선을 침입하여 병자호란을 일으켰다. 인조는 강화도로 피하려 하였으나 청의 별동대가 길을 끊어버리는 바람에 남한산성으로 피신하였다. 인조는 45일 동안 항전하다 강화도가 함락되었다는 소식과 군량의 부족으로 1637년 1월 30일 삼전도(三田渡)에서 청 태종에게 무릎을 꿇고 항복함으로써 군신관계의 책봉질서가 형성되었다. 효종·숙종대에는 북벌을 도모하기도 했으나 큰 성과는 없었으며, 효종대에는 청의 요청으로 조선의 군사가 나선정벌에 동원되기도 하였다. 비록 이후에도 숭명배청 사상이 만연하였지만 청 중심의 책봉질서가 자리잡게 되었고 지속적인 사신 파견과 문화·경제적인 교류가 이루어졌다.

개항 이전까지 안정적으로 유지되어 오던 조청관계는 개항 이후 열강들이 조선의 이권을 본격적으로 침탈하면서 변화하였다. 조선은 열강의 침탈 속에서 청을 이용하여 자주권을 지키려하였고 청은 조선에 대한 기득권을 유지하고자 하였다. 하지만 청일전쟁을 계기로 청은 조선에 대한 기득권을 상실하면서 청 중심의 책봉질서는 붕괴되었다.

조선은 책봉질서 속에서 청에 동지사·정조사·성절사·천추사 등의 사행을 보냈는데, 천추사는 세폐사로 대체되었다. 1645년에는 모든 조공을 정조사를 파견할 때 함께 조공하는 삼절겸연공사(三節兼年貢使)로 통합하였는데 실제로는 동지사로 단일화되었다. 하지만 조선은 주청사(奏請使)·진하사(進賀使)·진위사(陳慰使)·진향사(進香使)·사은사(謝恩使) 등을 필요에 따라 수시로 파견하였다. 사신은 정사 1명·부사 1명·서장관 1명·대통관 1명·압물관 24명으로 구성되었으며 매 관원마다 수행원을 데려갈 수 있어

200~300명에 이르렀다. 청에서 조선에 파견하는 칙사는 정사 1명·부사 1명·대통관 2~3명·차통관 2명·수행인원 18~19명 등 24~26명에 이르렀으며, 사행로는 주로 육로를 이용하였지만 구체적인 경로는 청의 사정에 따라 몇 차례 변화하였다.

조선과 청의 무역은 크게 사행무역과 변경무역으로 나눌 수 있다. 사행무역은 조공과 회사에 따른 조공무역에서 공적으로 이루어졌다. 이외에도 조선 사행원이 백은이나 인삼으로 청의 물품을 무역하였는데 이는 공인된 사무역이었다. 처음에는 은 2천냥을 지참하였는데 이후 이에 해당하는 인삼 8포를 가져가면서 팔포무역이라고도 하였으며 주로 비단이나 서적, 잡물 등을 수입하였다. 또한, 사행 과정에서 머무르던 심양과 책문사이에서 여마(餘馬)와 연복제(延卜制)·단련사제(團練使制)에 편승하여 사무역이 이루어졌는데 특히 책문후시가 성행하였다. 이 과정에서 조청 간 금지한 품목이나 제한된 수량 이상의 밀무역이 이루어지는 경우가 많았다.

변경무역은 중강·회령·경원 등 양국의 변경에서 이루어졌는데 개시 날짜 및 기간·절차·거래 물품과 수량 등이 정해져 있었다. 중강개시는 2월 15일과 8월 15일에 열렸으며 시장에 참여하는 사람은 양국에서 지정하였다. 조선의 주요 수출품은 소·다시마·해삼 등이었으며 소청포·모자 등을 수입하였다. 중강개시는 공무역이지만 조선이 불리했기 때문에 사무역인 중강후시가 발달하였는데 책문후시가 흥하면서 쇠퇴하기 시작했다. 이와 함께 북관개시라고 불리는 회령개시는 1년에 한번, 경원개시는 2년에 한번 격년제로 개시하였다. 조선은 주로 소·쟁기·소금 등을 수출하고 가죽·말·비단 등을 수입하였다.

4) 일본과의 관계

1403년 일본은 명의 책봉질서에 편입되었지만 조선과 직접 외교관계를 맺을 대표세력이 없었다. 조선은 왜구금압이라는 대일관계의 주요 현안을 해결하기 위해 국방을 강화하는 한편 일본 유력자들과 관계를 맺고 경제적 혜택이나 관직을 주어 왜구 및 일본인 도항 등의 문제를 해결하고자 하였으며, 이를 위해 다원적이고 중층적인 구조의 교린관계가 형성되었다.

조선전기 사신의 파견 목적은 왜구금압과 수호관계 수립권유, 피로인 송환, 일본국왕사에 대한 보빙(報聘)이나 막부장군과 대마도주 습직의 축하와 조위, 각종 조약의 체결 등 다양하였으며, 막부장군보다 대마도주를 비롯한 지방세력들과의 사신 파견이 훨씬 많았다.

막부장군이 조선국왕에게 보낸 일본국왕사는 일반적으로 상관·부관·선주·선군 등으로 구성되고 인원수는 사행의 종류와 사행선의 크기에 따라 차이가 있었다. 대개 경도오산(京都五山)의 승려가 외교를 담당하였으며 명과의 통교 재개를 위한 주선 요구, 대장경 구청, 무역 요구 등 사행의 목적은 다양했다. 이들은 삼포왜관으로 입항하여 상경한 후 동평관(東平館)에서 숙박하며 조선국왕을 알현하였다. 조선은 일본국왕사를 후하게 대접하였는데, 이 때문에 통신사 파견이 단절된 성종대 이후부터는 무역과 대장경 구청을 위해 일본국왕사를 사칭한 위사(僞使)의 출현이 많아졌다.

조선전기 대일무역은 조공과 회사를 통한 공무역, 조선상인들이 참여한 사무역과 밀무역으로 나눌 수 있다. 조선은 주로 곡물, 직물, 대장경·서적 등 문화제품, 인삼·굴 등 약재를 수출하였으며, 금·은·구리 등 광산물, 공예품, 소목·후추·장뇌 등 향료와 약재, 유황·물소뿔 등을 수입하였다.

16세기 후반 명, 조선, 일본의 동아시아 3국은 중세사회의 경제적 변혁기에 접어들면서 정치적 상황이 평온하지 않았다. 특히 교역에 불만을 가진 일본 상인들은 조선에서 삼포왜란(三浦倭亂)·사량진왜변(蛇梁鎭倭變) 등 지속적인 소요를 일으켰으며, 명의 영파(寧波)에서도 난을 일으켰다. 더욱

왜구금압

왜구는 일반적으로 13~16세기 한반도와 중국의 연안을 수시로 침입하던 일본인으로 구성된 해적집단을 말한다. 조선은 이들을 통제하기 위해 대마도를 공격하기도 하였으며, 무역을 할 수 있는 장소인 왜관을 특정 지역에 설치하여 평화적 통교자로 전환시키기도 하였다. 왜관은 시기에 따라 변화하였으며, 조선후기에는 부산에만 왜관이 설치되어 무역과 외교가 동시에 이루어졌다.

조선전기 대일무역

주로 삼포왜관, 일본 사신의 숙소인 서울 동평관, 조공품과 공무역품이 결집되는 경상도 화원(花園)의 왜물고(倭物庫), 상경로 등에서 이루어졌다.

이 1551년 오우치[大內]가 망하고 난 후 명과의 감합무역(勘合貿易)이 중지되면서 명의 책봉질서를 중심으로 한 동아시아의 국제질서는 붕괴되기 시작하였다. 이러한 대외관계의 변화 속에서 일본의 전국시대를 통일한 도요토미 히데요시[豊臣秀吉]는 1592년 조선을 침입하고 임진왜란을 일으켰다.

일본군은 명을 침략하기 위해 길을 빌려달라고 요구하며 1592년 4월 13일 20만의 대군으로 부산을 침략하고, 군을 세 갈래로 나누어 북상했다. 이어 5월 3일 한양을 함락하고 평안북도 일부와 전라도를 제외하고 전국을 함락하며 군정(軍政)을 실시하였다. 그러나 조선 각지에서 일어난 의병(義兵)과 해전에서 이순신의 활약으로 일본군의 보급로를 차단하였으며, 명군이 파병되어 조·명 연합군이 평양성전투에서 승리하면서 전세는 역전되었다. 하지만 명군은 고양의 벽제관전투에서 패배한 이후 평양으로 후퇴하고 소극적으로 대응하였으며, 장기화된 전쟁에 부담을 가진 일본도 전쟁을 기피하면서 강화회담이 진행되었다. 그러나 조건이 맞지 않아 결렬되면서 일본의 재침으로 이어져 1597년 정유재란이 시작되었다.

정유재란은 명의 정복이 아니라 강화회담 때 요구했던 조선의 남쪽 3도의 할양이 목적이었다. 따라서 일본은 경상·전라·충청으로 진격하였지만, 9월 직산에서 조·명연합군에 의해 저지되었다. 이후 조·명연합군은 4로(路)로 나누어 병진작전을 전개하였다. 이와 함께 백의종군(白衣從軍)하던 이순신이 복귀하면서 다시 해상을 장악한데다 히데요시가 1598년 8월에 병으로 사망하자 일본군이 철수하면서 7년의 임진왜란이 종결되었다.

조선후기 대일 관계는 임진왜란에 대한 전후 처리를 고민하면서 전개되었다. 일본 도쿠가와[德川] 막부는 조선과의 통교 재개를 요청하였고, 이에 조선은 일본 막부의 국서와 범릉적(犯陵賊) 소환을 요구하였다. 이것이 받아들여지자 1607년 회답겸쇄환사를 파견하고 1609년 기유약조를 체결

■임진왜란
임진왜란은 무역전쟁·영토확장·히데요시의 공명심과 영웅심·문화약탈 등 복합적인 요소로 발생했다

함으로써 대일관계가 정상화되었다. 이와 함께 다원적이며 계층적이었던 대일관계를 대마도주를 통해 일원화 시키고자 하였다.

1636년에는 통신사라는 정식 명칭을 띤 조선 사신이 파견되기 시작했으며, 대마도주에게 파견하는 문위행(問慰行)도 정례화 되었다. 일본에서는 연례팔송사와 임시 파견 사절인 차왜가 조선으로 파견되었다.

조선후기 대일무역은 공무역, 개시무역, 밀무역으로 나눌 수 있다. 공무역은 교역품과 교역량이 정해져 있었으며, 일본의 물품을 조선이 일정한 교환비율에 따라 목면으로 지급하였는데, 이를 공목(公木)이라고 불렀다. 개시무역은 정부의 허가를 받은 사무역으로 처음에는 매월 3회 열리다 1610년 이후 매월 6회로 증가하였으며 행장을 가진 특권 상인만 참가할 수 있었다. 조선의 수출품은 인삼, 비단실, 중국산 비단 등이었으며, 수입품은 금·은·구리·유황·물소뿔·단목 등이었다. 중국산 물품은 중국사신으로 파견된 조선의 역관과 상인이 수입한 것으로 국내 상인의 손을 거쳐 왜관을 통해 일본으로 수출되고 왜관에서 은을 수입하여 다시 중국에 수출하는 중계무역의 단초가 되었다.

18세기부터 일본 중심의 화이사상이 형성되고 통신사의 필요성이 감소되면서 통신사 파견 형식도 변화하였다. 1811년에는 막대한 경비 문제로 장소를 에도(현 도쿄)에서 대마도로 옮기는 역지통신(易地通信)이 이루어졌다. 1867년 메이지[明治]정부가 들어선 후 대마도를 경유하지 않고 일본 외무성에서 직접 조선과의 외교를 진행하고자 하였다. 중세의 교린체제를 일본측에서 협의없이 부정해버리자 양국 사이의 외교 갈등은 깊어졌다. 그리고 1876년 조일수호조규(朝日修好條規)라는 최초의 근대적 불평등 조약을 맺게 되면서 새로운 대일관계가 재편성되었다.

5) 유구와의 관계

유구도 임진왜란 전후까지 조선과 독자적인 관계를 맺고 있었다. 유구는 1389년 고려 창왕대에 유구국왕이 신하를 자처하고 왜구에 붙잡혀간 피로인과 방물을 바치면서 관계가 시작되었다. 조선 건국직후인 1392년 8월 유구국 중산왕(中山王)이 사신을 보내 내조하면서 조선과의 관계도 이어졌다.

유구는 1372년 명에 입공을 시작하였으며 1404년 정식 책봉을 받았다. 조선은 유구국사의 접대를 일본국왕사와 같은 수준으로 하였으며 그 형태도 적례적인 관계였다. 유구의 사행은 임진왜란 직전까지 이어졌는데, 대부분 유구에서 조선으로 파견하였다. 전쟁이 끝난 이후 1609년 시마즈씨[島津氏]에 의해 멸망당했지만 유구의 침략을 감추고 명과 관계를 이어가려는 일본의 정책으로 조선과 유구는 명의 수도인 북경에서 접촉하여 1636년 청의 북경 입성 이전까지 공식적인 관계를 이어갔다. 이후 명청이 교체되고 조선과 유구가 청에 책봉을 받았지만 공식적인 사신의 파견이나 접촉은 이루어지지 않았다. 하지만 양국은 청을 통해 표류민들을 송환하여 간접적인 관계를 이어가기도 하였다.

유구의 사행이 조선에 오면 조공무역이 이루어졌으며, 별도로 매매나 구청을 요구하기도 하였다. 유구의 사행은 주로 피로인과 표류인의 송환이 수반되었으며, 조선은 그 대가로 포나 대장경 등을 회사하였다. 이외에도 조선은 직물이나 공예품, 호표피나 인삼 등의 특산물과 서적류 등을 수출하였다. 조선은 중국과 동남아시아를 연결하는 주요 무역기지였던 유구로부터 단목이나 납철, 상아, 호초 등 남방산 물산을 수입하였다. 유구국사에 대한 대우가 외교·경제적으로 후대했기 때문에 일본의 제세력들은 유구국사를 사칭하여 조선과 교역에 참여하기도 했는데, 이들은 경제적 이익뿐만 아니라 대장경 청구에도 목적을 두고 있었다.

📝 사료

예조에서 아뢰기를, "유구국(琉球國) 사신인 상관인(上官人) 신중(信重)이 금대(金帶)·사모(紗帽)·흉배의(胸背衣)를 선위사(宣慰使) 배맹후(裵孟厚)에게 보이며 말하기를, '유구국왕이 나를 명하여 사신으로 삼고, 이것을 입고 다니도록 허락하였으나, 그러나 나는 이미 친히 도서(圖書)를 받아 조선의 신하가 되었으니 이제 유구국의 관복을 입는 것은 마땅하지 못합니다. 원컨대 조선의 작명(爵命)을 받아 영구히 번신(藩臣)이 되었으면 합니다'고 하였다 합니다. 신 등의 뜻으로는, 신중(信重)은 일본의 중요한 길목인 박다(博多) 지방에 거주하고, 본국과 유구 국왕이 친하게 신임을 하는데다 또한 우리나라의 도서(圖書)를 받고 세견선(歲遣船)으로 내조하였습니다. 이제 또 친히 와서 관작(官爵) 받기를 원하니, 다른 왜인의 예가 아닌가 합니다. 청컨대 종2품직을 제수하소서" 하니, 그대로 따랐다.

『성종실록』 2년(1471) 11월 23일

【참고문헌】

국방부전사편찬위원회, 『병자호란사』, 1987.

국방부전사편찬위원회, 『임진왜란사』, 1987.

국사편찬위원회 편, 『한국사』 25, 1995.

김동철·이근우·이영 공저, 『전근대 한일관계사』, 한국방송통신대학교출판부, 1999.

김성근, 「朝·淸 외교관계 변화연구─朝貢·冊封을 중심으로─」, 강원대학교 박사학위논문, 2008.

김한규, 『한중관계사』 II, 아르케, 1999.

손승철, 『조선시대 한일관계사 연구』, 경인문화사, 2006.

장페이페이 외 지음, 김승일 옮김, 『한중관계사』, 범우, 2005.

전해종, 『한중관계사 연구』, 일조각, 1970.

정용화, 「조선의 조공체제 인식과 활용」, 『한국 정치 외교사 논총』, 한국정치외교사학회, 2006.

조원래 외, 『한일관계사』, 현음사, 1994.

최소자, 『명청시대 중·한 관계사 연구』, 이화여자대학교출판부, 1997.

1. 부계적인 가족제도와 예법

성리학을 도입한 조선에서는 부계적인 가족질서가 강조되었다. 중국에는 유교가 발생하기 전부터 종법(宗法)이라는 가족제도가 있었다. 종법이란 '적장자 위주의 가계 계승과 그를 바탕으로 한 제사의례'를 말한다. 이것은 드넓은 중국 대륙을 다스리려면 한 사람에게 절대적인 권력을 부여할 필요가 있었기 때문에 나타난 제도이다. 적장자에 의한 가계 계승은 강한 부계성을 띨 수밖에 없었다. 본래 유교의 도덕원리가 가족관계에 바탕을 두고 있는 만큼 고대부터 종법과 유교는 자연스럽게 결합되었다.

송나라 유학자들은 이민족의 침입을 끊임없이 겪으면서 중국 고유의 문화를 재생하려 했다. 새로이 성립된 신유학인 성리학은 유교의 도덕성을 강화함과 동시에 고대 이후 쇠퇴한 종법을 부활시키려 했다. 이러한 배경 때문에 성리학은 더욱 강한 가부장성을 지니게 되었다.

조선은 성리학을 수입한 후 그 이상대로 도덕성의 함양과 실천을 요구하였고, 실행 방법으로 종법을 강조했다. 그리고 자연스럽게 부계 중심의 가족제도를 이상으로 삼았다. 부계와 모계가 함께 중시되는 가족제도의 전통은 조선이 건국된 이래 다양한 분야에서, 각기 다른 방식으로, 시간을 두고 서서히 변화해 갔다.

혼인 방식의 경우, 조선 초기 처가살이(남자가 여자 집에서 사는 것)가 일반적이었는데, 부계 중심 사회의 눈으로 볼 때는 이것이 주요 논란거리가 될

가부장제

남성이 가장이면서 강력한 가장권을 가지고 가족 구성원을 통솔하는 가족형태, 또는 가족 구성원에 대한 가장의 지배를 뒷받침해 주는 사회체계를 일컫는 말이다. 가부장제는 역사 이전의 시기에서 오늘날에 이르기까지 모든 사회체계와 가족 형태의 근간을 이루어오고 있으며, 여성의 지위와 삶을 결정짓는 데 가장 핵심적인 제도라고 할 수 있다.

수밖에 없었다. 『주자가례』의 이상적인 혼례인 친영(남자가 여자 집에 가서 여자를 데려와 혼례를 치르고 곧바로 남자 집에서 생활하는 것)에 맞지 않으므로 고쳐야 했다. 국가에서는 1435년(세종 17)에 파원군 윤평과 숙신옹주의 혼인을 친영으로 거행하면서 사대부들에게 이를 적극 권장하였다. 그러나 혼인은 남자가 장가를 가 여자 집이나 그 근처에 근거를 두는 것이 보편적이었다.

제사와 관련하여 조선은 건국 초기부터 가묘 설치를 적극 권장하고 신분에 따라 제사 지내야 할 대수(代數)를 정하였다(『경국대전』). 그러나 조선 초기 사대부들에게 제사란 불교식과 크게 다르지 않은 것으로서 큰아들이 전담해야 한다는 인식이 아직 없었다. 오히려 혼인 후 함께 생활하는 사위가 제사의례를 담당하는 것을 더 자연스럽게 여겼다. 따라서 아들 딸 구별 없이 돌아가면서 지내거나[윤회봉사] 나누어서 지내는[분할봉사] 관행이 17세기까지도 남아 있었다.

이러한 현상은 재산 상속 문제에서도 마찬가지로 나타난다. 조선시대의 많은 분재기(分財記)들은 17세기 후반까지도 균분상속이 이루어졌다는 사실을 보여 준다. 조선 전기에 완성된 법전인 『경국대전』의 노비 분배 규정에는 아들과 딸 간에는 상속분의 차이가 전혀 없다. 이는 제사상속과 함께 그에 필요한 재산을 적장자에게 상속하게 하는 종법 이념에서는 고려될 수 없는 방법이었다.

제사나 재산상속뿐 아니라 다른 가족제도나 예제도 마찬가지였다. 가령 외조부모에 대한 상복이 『경국대전』 전까지 친조부모에 대한 상복과 같이 1년 복이었다든가, 족보를 작성할 때에 친손만이 아니라 외손을 반드시 함께 넣고 성별에 상관없이 출생 순으로 기록했던 것은 조선 초기까지 부계와 모계가 함께 중시되었음을 보여 준다.

주자가례(朱子家禮)

중국 송나라 주자가 가정에서 지켜야 할 예의 범절에 관해 저술한 책. 관혼상제에 관하여 자세히 수록한 책으로, 궁궐에서부터 일반 서민에 이르기까지 지켜야 할 덕목을 잘 정리해 놓았다.

분재기(分財記)

분재기는 주로 재산의 주인이 자녀를 비롯한 가족에게 재산을 상속하거나 분배해준 문서이다. 재산의 상속과 분배가 문서화되기 시작한 시기는 정확하게 알 수 없으나 고려 말의 분재기가 지금까지 발견된 가장 오래된 것이다. 조선시대의 분재기는 대단히 많이 발견되고 있다.

■ 종법과 적장자 상속
가계 내지 제사를 적출의 장자손이 우선하여 상속하는 주의 또는 제도이다. 적장자상속은 유교적·종법적 가족제도와 밀접한 관계를 가지고 있다. 적장자손을 존중하는 의식과 법 관습은 한국인에게는 매우 뿌리 깊고 확고한 것이어서 '맏이'라는 말에서부터 종가(宗家)에 이르기까지 적장자 상속 전통은 가족제도의 근본 이념이라 하여도 과언이 아니다.

그러나 17세기 이후에는 성리학의 성숙과 함께 부계적인 가족제도가 확실히 자리 잡는다. 혼인에서는 친영제가 정착해 가고, 제사나 재산상속은 적장자 중심으로 되었으며, 족보 기록은 외손을 제외한 채 아들을 먼저 기록하는 방식으로 바뀌었다. 하지만 여전히 조선이 중국과 같이 부계 일변도의 사회가 되었다고 할 수는 없다. 위에서 알 수 있

신행 [김홍도, 국립중앙박물관 소장]

는 바와 같이 조선이 중국의 가족제도를 어느 정도 변형해서 받아들였기 때문이다. 그리고 그것은 때로 여성은 재혼을 할 수 없게 한 과부재가금지법과 같이 중국 것보다 더 규범적이기도 했다.

2. 삶의 변화

1) 딸에서 며느리이자 어머니로

성리학자 이이의 어머니인 신사임당(1504~1551)은 모범적 어머니상으로 일컬어진다. 그러나 실제로 신사임당이 이이를 어떻게 가르쳤는지는 구체적으로 알 수 없다. 신사임당의 생전 모습을 묘사한 짧막한 글 중에 "자녀가 잘못이 있으면 훈계를 하였으며 …"라고 단 한 줄만 언급되었을 뿐이다. 신사임당은 결혼 후 20년 간 친정집 주위에서 살았다. 역사학자들은 신사임당의 재능이 고스란히 담긴 다수의 필묵과 그림이 지금까지도 전해질 수

있었던 것은 장기간의 친정 생활과 무관하지 않았다고 분석한다. 신사임당이 '현모양처'의 상징이 된 것은 조선 후기에 서인 주도로 이루어진 '율곡 이이 성인 만들기 담론'에 얽혀있다고 본다.

중종반정의 주요 명분인 광해군이 자행한 '폐모(廢母)'의 주인공, 인목왕후(1584~1632)의 협상 에피소드도 흥미롭다. 철저히 왕실의 어머니여야 했던 인목왕후는 자신의 남동생과 아버지를 지키기 위해 영창대군을 광해군에게 내어주었다. "대군(영창대군)으로 말미암아 이런 화가 부모와 동생에게 미치니 어찌 차마 들을 수만 있으리까? 내 머리를 베어서 표를 보이니 대군을 데려다가 아무렇게나 처치하고 아버님과 동생을 놓아주옵소서." 인목왕후는 아들 영창대군을 지켜주지 않았다. 물론 왕후는 다양한 정치적 역학관계를 예측했고 영창대군을 지킬 수 없다고 생각했을지도 모른다. 그렇기에 그에게 친정을 보호하는 것이 최우선 과제였다. 왕후는 조선왕가의 '어머니'이기 이전에, '딸'이었다. 이렇게 이 시기 즈음의 조선 여성들은 '며느리'나 '어머니'보다는 '딸'의 모습에 더 가까웠다.

조선 후기 여성들의 생활은 많이 달라졌다. 여성들은 조선에서 절대성을 갖게 된 부계적 가족제도를 더는 거부할 수 없었다. 여성들은 곧 적극적으로 적응해 가기 시작했다. 그것이 여성들이 현실을 살아 내는 방법이었다. 어차피 제도권으로부터 일탈하면 삶 자체를 영위할 수 없으므로 자기 앞에 놓인 여건에 맞추어 인정받는 것이 더 유익하다는 생각을 여성들 스스로 하게 된 것이다.

또한 부계적인 가족제도 내에서 자신들에게 이로운 점이 무엇인지도 파악해 갔다. 새로운 가족제도에 편입하면서 이전의 가족제도에서 누리던 권리를 많이 상실했지만 새롭게 얻게 되는 권리도 있다는 것을 알았다. 부계성이 강화되어 감에 따라 여성들은 친정을 배경으로 하여 딸로서 누릴 수 있는 권리는 잃어갔지만 남편의 집안에서 보장되는 며느리로서의 권리, 어머니로서의 위치는 확보해 나갈 수 있었다.

예를 들어 총부(冢婦)는 장자인 남편이 아들 없이 죽어서 양자를 들일[立後] 때 중요한 결정권을 행사했다. 대부분의 총부들은 자신의 입지를 위해 바로 아래 시동생의 아들보다는 10촌 이상 먼 친척 자손을 양자로 들이는 것을 선호했다고 한다. 물론 후기로 갈수록 문중의 영향력이 커져 이러한 총부들의 의지가 그대로 반영되기는 어렵게 되었다. 그러나 여기에서 주목해야 할 것은 여성들이 부계적 가족제도로 변화해 가는 조건 속에서 어떤 방법으로든 자신의 입지를 찾아 지키려고 노력했다는 사실이다.

2) 열녀 되기

열녀란 재혼하지 않는 여자로서 부계를 확고히 하는 데 필요하다. 여자가 남편 사후 남자 집안을 떠나지 않고 계속 머물면, 부계 가계 구성이 흐트러지지 않는다. 그러나 여자가 재혼을 하면 전남편의 아들을 어떻게 할 것인가 등의 복잡한 문제가 발생할 수 있다. 부계 가족의 순수성 유지와 권력의 일원화는 불가분의 관계이며 이를 위해 여자의 수절이 요구될 수밖에 없었다.

조선은 부계적인 가족제도의 정착을 위해 재혼을 하는 여성에게 불이익을 주는 방법을 택했다. 『경국대전』에 재혼한 여성의 아들은 과거에 응시할 수 없다는 조항을 마련했다. 조선에서 과거는 양반 남성들의 삶을 결정짓는 가장 중요한 요소였다. 여성의 재혼에 대한 제재법은 효과가 있었다.

한편 성리학은 누구나 도덕을 실천하면 성인이 될 수 있다는 신념으로 인간에게 자부심을 주었고 스스로 노력하는 효과를 낳았다. 조선은 자발성이 사회를 안정적으로 운영하는 데 중요한 자원이 된다는 것을 알았다. 처음에는 국가가 도덕성을 강조하고 통제를 했지만, 점차 사람들이 스스로 도덕의 실천에 앞장섰다.

처음 조선에서 열녀는 재혼하지 않는 여자를 의미했다. 그러나 17세기에 접어들자 '남편을 따라 죽는 여자'로 변화했다. 열녀를 양산하는 주체는 국가였을까, 여성이었을까? 열녀는, 당시로서는

화순옹주정려문 [충청남도 예산군. 출처 : 한국학중앙연구원]

거의 유일하게 여성이 사회적으로 인정받는 방법이었다. 열녀가 된다는 것은 남자들이 충신이나 효자가 되는 것과 마찬가지로 당시 사회에서 최고의 도덕적인 실천으로 평가되었기 때문이다. 영조의 딸 화순옹주가 사망했을 때 정려문이 내려진 것이 대표적인 사례이다.

오늘의 시각에서 볼 때 조선후기 열녀는 여성 억압의 산물임이 분명하지만, 당시에는 여성들의 중요한 자기표현 수단이기도 했던 것이다.

3. 노동과 경제생활

여성은 사회적 노동인 면포 생산을 책임졌다. 면포는 값싸고 보온성이 뛰어나 보편적인 서민 의류 상품으로 각광받았다. 더하여 조선후기에 질 좋은 면포가 보편화되면서 화폐로 기능했고 납세 수단이 되었다.

17세기 이후 군역이 국가 재정을 보충하는 재원으로 성격이 바뀜에 따라 노동력 징발보다는 포를 거두는 것이 일반화되었고, 여기에 면포가 쓰였다. 1751년(영조 27) 전국에서 거둔 군보포(軍保布)만 1백만 필이 넘었다고 한다. 또 대동법의 실시로 일부 지역의 공납도 면포로 납부했다. 서울의 면포전에

사료

사람이 제 몸을 버리는 것은 모두 어려워한다.… 옛날 제왕의 가문에 없었던 일이 우리 가문에서만 있었으니, 동방에 곧은 정조와 믿음이 있는 여인이 있다는 근거가 있을 뿐만이 아니라, 어찌 우리 가문의 아름다운 법도에 빛이 나지 않겠는가?… 화순 귀주와 같은 뛰어난 행실이 있으면 정문의 은전을 어찌 베풀지 않을 수 있겠는가? 내가 이를 잊은 적이 없었으나 미처 거행하지 못하였다. 지금 각 도의 효열을 포상하는 때를 맞아 슬픈 감회가 더욱더 일어난다. 유사로 하여금 화순 귀주의 마을에 가서 정문을 세우고 열녀문(烈女門) 이라고 명명하라.

『정조실록』 7년(1783) 2월 6일

서 군포목, 공물목 등을 취급한 이유도 이 때문이었다. 서유구의 저서 『임원경제지』에 의하면, 전국 316개의 장시 가운데 258개 장시에서 면포를 상품으로 판매했다. 면포는 곡물 다음으로 시장성이 높은 상품이었다.

면포는 중요한 납세 수단이었으므로 여성의 면포 생산은 매우 중요시되었다. 여성들이 면포 1필을 짜는데 걸리는 기간은 대략 20일 정도로 길었다. 18세기 초반 수령의 업무지침서인 『치군요결(治郡要訣)』에는 적극적으로 직조업을 육성하고자 하는 국가의 의지가 잘 담겨 있다. 이처럼 여성들은 자녀출산 및 양육, 가사노동, 삯바느질, 밭농사에다 국가에서 필요로 하는 면포 생산까지 담당했다. 여성의 노동력과 경제활동은 가정이나 국가 재정에 커다란 기여를 했으며 가족과 국가는 여성의 노동에 의지했다고 해도 과언이 아닐 것이다.

조선시대에는 양반 여성도 생활고를 해결하기 위해서 경제활동에 직접 참여하였다. 17세기 후반 이후 상당 수의 양반들은 정치·경제적으로 어려움을 겪었다. 하지만 양반 남성들은 학문과 출세에 연연하면서 체면 때문에 생업 전선에 나서기를 꺼려했다. 대신 이 공백을 여성들이 메꾸었다. 경제적으로 몰락한 양반 여성들은 주로 삯바느질을 하여 생계를 꾸려갔다. 18세기 후반의 사회상을 묘사한 박지원의 소설 『허생전』에서도 허생의 처가 글 읽기만을 좋아하는 허생 대신 삯바느질로 근근이 생계를 유지하고 있다.

여성의 노동력과 경제활동의 증가

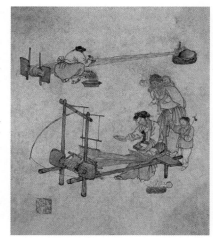

길쌈 [김홍도, 국립중앙박물관 소장]

는 여성의 의식 변화와 함께 생활환경을 변모시키는 중요한 원동력이었다. 여성들은 가부장권의 강화 속에서 입지가 축소되었으나 경제력에 힘입어 자신들의 처지를 향상시킬 가능성을 서서히 열어갔다.

이덕무는 『사소절』에서 "대체로 사나운 부인들은 재주와 지혜가 많아서 이익을 내는 일을 잘 경영하며 그 남편들은 여기에 의지하여 생활한다. 이 때문에 아내는 남편을 꼼짝 못하게 지배하고 남편은 그 아내를 두려워하여 굴복하니 어찌 슬프지 않겠는가?"하면서 경제력을 무기삼아 본분을 그르치는 여성을 경계할 정도였다.

4. 교육·문자생활·학문연구

조선의 건국세력과 개혁가들은 새 왕조의 청사진을 그리기 위해 고려 사회의 몰락에서 교훈을 찾았다. 새 왕조의 긴급한 사명은 건강한 사회 풍속을 만드는 일이라 여겼다. 먼저 조선의 젠더를 남녀유별의 관점에서 구별하고 성역할을 부여했다. 도덕이념은 신분과 남녀노소를 불문하고 『삼강행실도』로 전파했다. 이 책은 1434년(세종 16) 중국과 한국의 충신, 효자, 열녀 330명의 사례를 모아 알기 쉽도록 그림으로 표현하고 그에 대한 설명을 엮은 책으로 조선에서 가장 많이 읽혔다.

조선시대 여성 교육은 지식과 사고를 넓히는 것이 아니라 윤리 교육이었다. 여성들에게 바란 기대는 "가정에 있을 때에는 효녀가 되고, 혼인하면 공손한 부인이나 정숙한 처가 되고, 자녀를 낳으면 현명한 어머니가 되며, 불행하게도 과부가 되면 정녀(貞女)가 되고, 환난을 당하면 열녀가 되어 후세에 여자 중의 으뜸이 되는 것"(『규중요람』)으로 분명히 했다.

조선은 문화 강국이었다. 세종이 발명한 문자인 '한글'은 모든 발음을 표기할 수 있는 법칙을 가진 뛰어난 표음문자로 평가받고 있다. 다만 한글을 쓰는 집단은 대체로 아동 및 여성으로 한정되었다. 정부에서 추진한 한글로 된 교훈서 보급 정책은 여성에게 한글이라는 문자를 안겨줬다. 한글은 여성의 삶과 문화에 큰 변화를 가져왔다. 배우기 쉽고 쓰기 쉬운 한글은 여성을 문맹에서 벗어나 지식을 가질 수 있게 했다.

또 양반가에서 어머니의 중요한 직무 가운데 하나는 자녀 교육이었다. 어머니는 자녀에게 인성 교육만이 아니라 기초적인 유교 경전도 가르쳐야 했다. 그래서 여성도 유학에 관한 소양을 갖추고, 기본교육도 받았다. 양반가 여성들은 『사기』, 『논어』, 『시전』, 『서경』 등과 함께 성씨(姓氏)·조상의 계보(系譜)·역대 나라 이름·성현의 이름과 자(字) 등도 습득했다.

여성의 책 읽기는 남성의 입장에서 보면 위험한 행위였다. 부덕(婦德) 함양을 넘어선 과도한 독서는 여성의 본분에 어긋난다고 보았다. 그래서 남성들은 여성들의 과도한 독서에 대해 적대적인 태도를 나타냈다.

여성들이 좋아하는 소설의 주제는 충신·효자·열녀를 찬양하거나 권선징악이 대부분이었다. 하지만 처·첩이나 고부간 갈등, 남녀의 사랑 등의 주제도 있었다. 조정에서는 여성의 소설 읽기가 여성의 정숙과 가정생활에 해를 끼친다며 우려하기도 했다.

한편 여성들이 이야기책을 선호하자 이야기의 주인공도 여성 독자에 맞게 새롭게 바뀌었다. 남자를 주인공으로 설정하는 틀에서

책 읽는 여인
18세기 책을 읽고 지적 활동을 하는 여성이 다수 존재하였음을 보여주는 그림이다. [윤덕희, 서울대학교 박물관 소장]

벗어나 남녀를 함께 주인공으로 내세우거나 나아가 여성 영웅까지 주인공으로 등장시켰다. 지위의 반전을 강조한 이야기책을 통해 현실에서는 이룰 수 없는 소망들을 간접적으로 성취하는 통쾌함을 경험했다.

조선 후기가 되면서 여성들은 스스로의 경험과 지식을 정리하고 이를 보급하는 성취를 이루어내기도 하였다. 대표적으로 『태교신기』를 꼽을 수 있다. 태교신기는 이사주당이 임신부를 위해 한문으로 쓴 글이며, 아들 유희가 한글풀이를 달아놓은 글이다. 한문본과 한글본 둘 다 있었다는 것은 남녀 모두에게 골고루 읽혀졌음을 뜻한다. 조선 시대에 아이를 낳는 일은 그 어떤 것보다도 중요했기 때문이었다. 사주당은 어려서부터 폭넓은 독서를 통해 넓어진 지식을 바탕으로 삼아 글을 썼다. 그는 태교로 '누구나 성인이 될 수 있는, 기질이 바른 아이'를 낳을 수 있다고 하였다. 사주당이 말한 태교의 요점은 마음을 바르게 하여 늘 삼가는 것이었다. 또 태교가 여성의 일이라는 편견을 깨고 부부와 가족이 공동으로 참여하는 프로젝트라고 하였다.

여성들은 성리학에도 학문적 관심을 가졌다. "내가 비록 여자의 몸이나 하늘로부터 받은 성품이야 남녀의 차별이 있지 않다." 이는 성리학의 원리 자체와 그 실천에는 남녀의 구분이 없다는, 18세기 성리학자 임윤지당의 말이다. 이러한 생각은 바로 다음 시기 강정일당에게 이어진다. 남편에게 보낸 편지에서 "비록 여자라도 노력하면 성인의 경지에 이를 수 있는 것이 아닐까 하는데 당신 생각은 어떤지요"라고 적었다. 정일당은 스스로 학문에 열중하면서 항상 남편에게 시간을 아껴 학문에 힘쓰도록 권했다. 그는 학문하는 사람만이 사람답게 살 수 있고 미래를 꿈꿀 수 있다고 확신했다.

조선후기에도 최고의 가치였던 성리학을 여성들이 이해하고 연구하고자 했다는 것은 의미하는 바가 크다. 즉 효녀, 열녀로서 성리학의 도덕을 실천

할 뿐만 아니라 그 원리를 이해하는 주체로 자신의 영역을 넓힌 것이기 때문이다.

조선시대는 여성들에게 커다란 변화의 시기였다. 고대 이래 유지되어 오던 부계와 모계를 모두 포함하는 양측적(兩側的) 가족제도가 부계적인 가족제도로 변했기 때문이다. 물론 여성들이 처음에는 갈등을 겪었지만 점차 제도에 적응하면서 의미 있게 사는 방법을 찾았고, 새로운 영역에서 자신들의 권리를 확보하고자 노력하였다. 그리고 도덕을 수용하는 객체의 위치에서 점차 벗어나 그것을 체득하고 실천하는 주체 쪽으로 변화해 갔다. 그뿐만 아니라 궁극적으로는 성리학 자체를 연구하기도 하고 천주교에도 관심을 가졌다. 여성들은 성리학 중심의 기존 질서에 적극적으로 적응할 뿐만 아니라 다가오는 새로운 세계관에 열린 자세로 임했다.

【참고문헌】

한국여성연구소, 『새 여성학 강의: 한국사회, 여성, 젠더』, 동녘, 2005.

국사편찬위원회 엮음, 『'몸'으로 본 한국여성사』, 경인문화사, 2011.

규장각한국학연구원 엮음, 『조선 여성의 일생』, 글항아리, 2010.

김선주·권순형·이순구·박정애·김은경 공저, 『한국 여성사 깊이 읽기: 역사 속 말없는 여성들에게 말 걸기』, 푸른역사, 2013.

마르티나 도이힐러 지음, 이훈상 옮김, 『한국의 유교화 과정: 신유학은 한국 사회를 어떻게 바꾸었나』, 너머북스, 2013.

이숙인, 『신사임당–화가로 살고 어머니로 기억된 여인』, 문학동네, 2017.

이순구, 『조선의 가족, 천개의 표정 : 이순구의 역사 에세이』, 너머북스, 2011.

정해은, 『조선의 여성 역사가 다시 말하다』, 너머북스, 2011.

정현백·김선주·권순형·정해은·신영숙·이임하 공저, 『(글로벌시대에 읽는) 한국여성사: 통제와 '주체 되기' 사이에서』, 사람의무늬, 2016.

한국여성연구소 여성사연구실, 『우리 여성의 역사』, 청년사, 1999.

한국학중앙연구원 제공, 『한국민족문화대백과사전』 (http://encykorea.aks.ac.kr/).

황병석 엮음, 『Basic 고교생을 위한 국사 용어사전』, 신원문화사, 2001.

III 중세 2

◆ 조선후기 사회 변동을 이해하고, 당시 민중들이 처한 상황을 생각해보자.
◆ 소극적인 저항부터 농민항쟁까지 민중 운동의 다양한 모습을 살펴보자.

1. 조선후기 사회 변동

조선후기는 중세사회에서 근대사회로 변화하는 시대적 전환기였다. 17세기 이후 진행된 모든 산업에서의 발전은 상품화폐경제의 발전을 낳았고, 조세수취제도의 변화를 가져왔다. 더불어 사회경제의 발전에 따라 중세사회의 특징인 신분제가 동요하게 되었다. 신분제의 동요는 조선사회의 바탕을 이룬 양반지주와 상민, 농민이라는 기존의 관계를 크게 흔들었다. 하지만 여전히 양반 중심의 질서가 유지 되었고, 체제가 사회경제의 변화를 좇아가지 못하여 갈등이 발생하게 되었다. 사회모순은 점차 심화되었고, 갈등 역시 격화되어 19세기에 이르러 각지에서 농민들의 민중운동이 발생하였다.

1) 토지의 집중과 농민층의 분화

조선후기 농업생산력의 발전은 농민층을 분화시켰다. 농업생산력의 발전에 따라 적은 노동으로 많은 수확을 할 수 있게 되어 이전보다 상대적으로 노동력이 남게 되었다. 일부 농민들은 이러한 노동력을 이용하여 많은 토지를 경영하며 부농이 되기도 하였다. 상품화폐경제의 발전에 따라 토지도 상품으로 활발히 거래되어 신분 지위에 관계없이 누구나 토지를 살 수 있었다. 넓은 토지를 가진 농민이 늘어나면서 양반이 곧 지주라는 중세의 기본 틀이 무너지고 경제적 관계에 의한 지주제가 형성되었다.

부농의 성장에 따라 종래의 양반 지주와 새롭게 성장한 서민 지주로 지주가 분화되었다. 지주가 토지를 늘려간 반면, 대부분의 농민들은 가혹한 조세 부담과 생활고 등 여러 가지 이유로 토지를 저당 잡히거나 팔아야 했다. 토지를 잃은 농민들은 빈농, 농촌노동자로 전화했다. 이러한 변화는 농촌사회 내의 계급 대립을 첨예화시켰을 뿐만 아니라, 그 자체가 봉건사회의 위기를 조성하는 객관적 조건이 되었다. 소수의 지주에 의한 토지 집중현상은 직접생산자인 농민들의 요구와 서로 모순되어 대립이 격심해져 갔다.

이러한 사회경제 전반에서의 변동 뒤에 정치적인 면에서 권력구조의 변동이 이어져 조선 사회의 위기를 더욱 가중시키게 되었다. 19세기 붕당정치가 붕괴되고 몇몇 유력 가문이 중심이 되는 세도정치가 시작되었다. 정치 또한 소수에 집중되면서 사회모순을 더욱 심화시켰다.

2) 세도정치의 전개와 삼정 운영의 문란

정조가 갑작스러운 죽음을 맞게 되면서 순조가 11세의 나이로 왕위에 올랐다. 영조와 정조가 도모했던 왕권강화책은 순조대에 이르러 힘을 잃게 되었고, 순조의 장인이었던 김조순(金祖淳)은 비변사에 집중된 권력을 장악하고, 안동김씨에 의해 세도정치가 전개되었다. 순조 말년부터 헌종대까지는 풍양 조씨 일파의 외척세력이 대두하여 안동 김씨 세력을 견제하였지만, 철종의 즉위로 다시 안동 김씨에게 정국의 주도권이 넘어갔다. 서울의 소수 벌열가문에 권력이 집중되어 정권의 지지기반은 약해졌고, 지배계급 내에서도 갈등과 대립이 심화되어 갔다.

세도가들은 자신들의 권력을 이용하여 매관매직으로 부를 축적하였다. 관직을 사고파는 행위를 통해 부를 축적하려다 보니 권력자들은 관직의 임기를 단축하여 자주 교체하였고, 이러한 부정한 방법으로 임명된 관리들은 백성들을 수탈하였다. 지방에서는 종전의 재지사족 중심의 향촌지배체제가 크게 동요되어 수령을 견제하던 재지사족들이 제 기능을 다하지 못했다. 반면 새로운 향촌 지배세력으로 등장한 향임층 중심의 유력자들은 수령과 함께 민에 대한 새로운 지배세력으로 발전했다.

한편 세도정권 아래 국가 재정 위기가 만성화되었다. 국가는 재정 위기를 타개하기 위하여 새로운 재원을 무분별하게 확보하거나 지방관청에 각종 잡세를 부과하는 등의 방안을 마련하였다. 이는 결국 농민에게 전가되어 농민의 조세 부담을 가중시켰다. 19세기의 만성적인 삼정 운영의 문란은 여기에서 시작하였다.

본래 전근대사회의 조세 수취는 국가가 개별 인민과 토지를 통일적으로 지배하면서 신분제 운영을 바탕으로 실현되었다. 조세수취체제는 17세기 이후 크게 변화되어, 대동법·균역법의 실시와 환곡의 부세화 등으로 나타났다. 조세의 수취방식도 상품화폐경제의 발전에 따라 쌀 등의 현물로 납부하는 데서 화폐로 납부하는 방식으로 바뀌어 나가게 되었다. 또한 세금을 부과하는 대상이 점차 토지로 집중되어, 19세기 중엽에 이르러 도결로 수취하게 되었다.

조선후기 부세제도는 사회경제의 발전에 따라 부과대상이 토지로 일원화되고 신분에 따른 차별이 완화되는 등 발전된 모습을 보였지만, 이를 운영하는 과정에서 오히려 사회모순을 증폭시키고, 갈등을 폭발시키는 발화체가 되었다.

2. 민중의 다양한 저항 형태

농민항쟁의 발발 이전에도 민중들은 어려운 삶에서 벗어나고자 국가를 향해 저항하였다. 그러한 저항은 초기에는 농민항쟁과 같은 폭발적인 힘을 가지진 못했지만, 끊임없이 국가를 향해 저항해왔던 민중의 힘이 결국 가장 적극적인 저항 형태인 농민항쟁으로 이어지게 되었다. 민중이 행했던 다

▎도결

여러 가지 명목의 세금을 통틀어 논밭의 결수 단위로 부과하던 세금 형식이다. 전세·대동미·삼수미 등의 토지 명목의 세금 뿐만 아니라 군역·환곡 및 그 밖의 잡세를 모두 토지에 부과하여 화폐로 징수하였다. 그러나 전국적으로 공통된 규정을 따른 것이 아니라 각 고을에서 마음대로 정한 것이기 때문에, 시기와 장소에 따라 세금의 내용이 각각 다르며 단위면적마다 부과되는 세금 액수도 달랐다. 따라서 지방관이 중간에서 수탈할 여지가 많았다.

양한 저항 형태를 살펴보자.

1) 유망

유망은 농민들이 기존의 터전을 떠나 떠돌아 다니는 것으로, 조선시대 농민들은 세금을 감당하기 어렵거나, 극심한 자연재해로 먹을 것이 없거나, 지배층의 침탈로 토지를 뺏겨 소작인이나 노비로 전락하게 될 경우, 자신의 터전에서 벗어나 새로운 터전을 찾아 떠돌게 된다. 유망은 겉으로 보기에는 매우 온건하고 소극적인 행위로 보이지만, 농업을 기반으로 하는 사회에서 국가의 파악대상에서 벗어나는 행위는 국가의 존립 기반을 위협하는 현상이었다. 유망은 조선시대 전 기간에 항상 존재했으며, 민들의 저항형태 가운데 가장 광범위하게 나타났다.

16세기에 이르면 양반 중심의 지배질서가 심화되고 훈구세력들의 탐학이 더욱 심해져 민들에게 부과되는 세금이 날로 늘어나게 되었다. 군역이 포(布)로 납부하는 방식으로 바뀌게 되면서 경제적으로 기반이 취약한 양인들의 부담이 더욱 커졌다. 관청에 일정기간 봉사하는 관속류들도 부담이 늘어 고통이 심했다. 이러한 부담을 감당하지 못한 민들은 몰래 유망했고, 유망한 민들은 도적이 되지 않으면 산골짜기나 길에서 죽어갔다.

조선시대 내내 이어졌던 자연재해 역시 유망민을 많이 발생하게 했다. 조선시대에는 자연재해로 크고 작은 기근이 항상 있었고, 민들은 먹을 것을 찾아 떠돌아다녔다. 자연재해로 인한 농민층의 피해는 17세기에 가장 심각했다. 수많은 사람이 거리를 헤매고 심지어 인육을 먹는 상황까지 벌어졌다.

국가는 유망민을 방지하기 위해 호적 작성, 호패법, 오가통사목, 노비추쇄사업 등을 실시했다. 또한 유망민을 위한 다양한 진휼책을 마련했다. 죽소(粥所)를 설치하여 운영하거나, 곡식을 나누어 주었고, 유기아수양법(遺棄兒修養法)을 제정하여 부모를 잃은 아이들을 위한 대책을 마련했다. 그러

오가통사목

1675년(숙종 1)에 반포된 오가통사목은 촌락단위인 리를 소리(小里)·중리(中里)·대리(大里)로 구분하고 리의 규모를 다양하게 하였다. 또 면리기구의 담당자인 면임(面任)과 이임(里任)의 자격과 지위를 규정, 양반 계층에게 이를 맡겨 촌락의 운영질서를 안정시켰다.

나 이러한 일시적인 조치로는 당시 광범위하게 진행되고 있는 유망을 제대로 막을 수 없었다.

2) 도적

유망민들은 국가의 통제를 벗어나 도적에 합류하는 경우가 많았다. 도적들은 산속에 근거지를 두고 무리를 형성해 활동하였다. 군도(群盜)로 불리는 도적떼들은 마을이나 관아를 습격하고 사람을 해치며 물건을 약탈함으로써 현실에 저항하는 존재들이었다. 조선초기부터 크고 작은 도적집단의 발생이 점차 증가하고 무장이 강화되는 추세를 보여 왔다. 연산군대 홍길동(洪吉同), 명종대 임꺽정(林巨正, 林居叱正), 숙종대 장길산(張吉山), 그리고 명화적(明火賊)이라 불리는 군도들의 활동이 대표적이다.

홍길동은 1500년(연산군 6)을 전후해 충청도를 중심으로 활동한 큰 도적집단의 우두머리였다. 홍길동은 당상관의 차림새를 하고 무관 정3품에 해당하는 첨지를 사칭하며 양반 흉내를 내고 다녔다. 대낮에도 무장한 무리를 이끌고 관아에 드나들면서 수령들을 농락했다. 당시 권농·이정·유향소의 품관들은 이를 알면서도 체포하거나 고발하지 못했다. 이들은 홍길동의 보복을 두려워해서 고발하지 못했던 까닭도 있지만, 고발하지 않음으로써 자신들을 괴롭히는 수령이 골탕먹길 바라는 보상심리도 어느 정도 있었던 것으로 보인다.

임꺽정은 1559년(명종 14) 3월 이전부터 처형당한 1562년(명종 17) 1월까지 3년 이상 황해도를 중심으로 활동했다. 훈구척신세력들이 황해도와 평안도 지역까지 관심을 넓히면서 이권을 독점하고 남의 땅을 빼앗아 가자 이 지역 민들의 고통과 원망이 커졌다. 특히 황해도에는 도살업으로 살아가는 백정들이 많았는데, 이들은 생업의 특수성 때문에 차별 받으며 따로 집단적인 생활을 했다. 백정 출신이었던 임꺽정은 백정을 비롯하여 상인, 장

▎권농·이정

조선시대 지방행정 조직인 면의 행정업무 담당자를 권농, 리의 행정업무 담당자를 이정 이라한다.

사료

강도 홍길동(洪吉同)이 옥정자(玉頂子)와 홍대(紅帶) 차림으로 첨지(僉知)라 자칭하며 대낮에 떼를 지어 무기를 가지고 관부(官府)에 드나들면서 기탄없는 행동을 자행하였는데, 그 권농(勸農)이나 이정(里正) 들과 유향소(留鄕 所)의 품관(品官)들이 어찌 이를 몰랐겠습니까. 그런데 체포하여 고발하지 아니하였으니 징계하지 않을 수 없습니다. 이들을 모두 변방으로 옮기는 것이 어떠하리까

『연산군일기』 6년(1500) 12월 29일

인, 노비, 아전, 역리, 농민 등 다양한 사람들을 불러 모았다. 당시는 교통로가 발달하고 장시가 확장되어 가던 시기였다. 이들은 보부상으로 변장하여 장사를 하기도 하고, 개성이나 서울의 상인들과 연계하여 상인으로 가장하여 약탈한 물건을 팔았다. 임꺽정 집단은 농업과 상업을 기반으로 삶을 살고 있는 일반 민들이 주류를 이루고 있어서, 국가에서는 이들을 가리켜 "모이면 도적이 되고 흩어지면 농민이 되어 출몰이 일정하지 않아 잡을 수가 없다"고 했다. 임꺽정은 민들의 지지와 아전들의 도움을 받으며 관군을 격파하곤 했다. 당시의 임꺽정의 활동에 대해『명종실록』1559년 3월, 사신(史臣)은 '곤궁한 백성이 도적이 되는 이유는 하소연할 곳 없고, 도적질이라도 하지 않으면 살아갈 수 없기 때문이다.'라고 적었다. 도적이 될 수밖에 없는 백성의 곤궁한 삶을 안타깝게 여기고 있어, 도적을 바라보는 당시 지배층의 시선을 엿볼 수 있다.

17세기 후반에서 18세기로 접어들면서 무장을 한 명화적들이 매우 활발하게 활동하였다. 명화적은 무장력·조직력·전투력을 갖춘 일종의 농민무장단이다. 당시 지배층은 명화적을 '무리를 지어 물화를 약탈하는 도적'으로 파악했다. 이들은 산악지대나 도서지방과 같이 공권력이 미치기 어려운 장소나 교통로의 요지 등에 출현해 약탈을 자행했다. 또 대낮에 관군을 공격하고, 포악한 관리들의 만행을 응징했고, 양반 지주나 토호들을 습격해 고리대와 지대를 통한 착취에 보복을 가했다. 이들의 저항은 약탈을 본질로 하는 간헐적이고 즉흥적인 저항이었다.

명화적 가운데 가장 대표적인 인물은 장길산이었다. 장길산은 숙종대에 황해도일대를 중심으로 활동하던 군도의 우두머리였다. 장길산 집단은 말과 병장기를 갖추고 무장단을 형성했으며, 또 여러 도를 왕래하는 등 활동범위도 넓었다. 그는 장시를 중심으로 농촌에서 일탈한 농민들을 규합해

도적집단을 형성해 지배층에 저항했다. 장길산의 존재는 불만세력이나 저항세력에 의해 사회를 변화시키려고 하는 무력적인 기반으로 인식되었다. 장길산이 활동한 지 10여 년이 지나고 조정에서 그를 체포하라는 조치가 내려졌지만, 끝내 잡히지 않았다. 그가 잡히지 않았다는 사실은 이후 그를 전설적인 인물로 만들었고, 장길산은 현실에 불만을 품고 저항하는 자들의 우상이 되었다.

3) 다양한 저항의 움직임

조선후기에는 체제를 부정하거나 탐학하는 지배층을 비방하는 와언이나 요언이 무성했다. 와언이 지배층에 대한 일시적인 비방이라면, 요언은 새로운 세상을 잘 다스릴 메시아의 출현을 기다리며 그것을 지속적으로 신봉하는 특성이 있다.

개인적으로나 집단적으로 공동의 이해 문제를 해결하고자 자신들의 사정과 요구를 관아, 특히 왕에게 알려 호소하기 위해 북을 치기도 했다. 또한 징을 치기도 했으며, 직접 내용을 고하거나 소장을 올리기도 하고, 집단적으로 소리쳐 알리기도 했다. 또 궁궐이나 왕과 관련된 능묘, 전패 등을 훼손해 왕실의 권위를 실추시켜 불만을 토로하기도 했다.

또한 민들은 대자보라고 할 수 있는 괘서를 내걸어 자신들의 불만을 토로하기도 했다. 괘서는 대개 정치나 사회제도 등 체제에 불만을 품은 개인혹은 집단이 특정 인물이나 체제를 공격대상으로 삼아 원망·저주하는 내용의 글을 써서 벽에 붙이는 것이 일반적이다.

소작민들은 지주들의 수탈에 대응해 자기 몫을 늘리고자 가을걷이한 볏단을 미리 빼돌리거나, 지대의 양을 줄이거나 아예 지대 바치기를 거부하는 항조(抗租)투쟁을 전개했다. 또 농민들은 국가에 대한 여러 의무에서 벗어나기 위해 피역(避役)을 했다. 수령이나 아전 등의 학정에 반대해 동헌 뒷산에 올라가 큰 소리로 그들의 비리를 외치거나, 밤에 횃불시위를 하거나, 부정한 관리나 지주의 집에 요구 사항과 온갖 욕설을 담은 글을 뿌렸다. 나아가 민들은 자신들의 근거지에서 요구를 내걸고 집단적으로 봉기하기 시작했다.

3. 1811년 평안도 농민항쟁

조선후기 평안도는 대청무역의 중심지로 상업에서 주도적 역할을 하며 부를 축적했다. 그리고 대청무역을 위한 은의 채굴이 급속하게 증대하고, 금광이 개발되면서 토지를 잃은 농민들이 일자리를 찾아 많이 흘러들어 오고 있었다. 평안도지역은 정부의 지역적 차별로 오랫동안 유력 사족층이 형성되지 못했고, 향권은 향인층(원향)이 장악해왔다. 18세기 중엽 부민층이 재력을 바탕으로 향임직을 차지해 신향층을 이루었지만, 영향력을 행사하지 못하고 오히려 수령의 집중적인 수탈 대상이 되었다. 또한 세도정치가 시작되면서 수탈이 점차 늘어나고 있었다. 평안도 지역민의 중앙정부에 대한 불만은 점차 고조될 수 밖에 없었다. 더욱이 정부의 봉건적인 경제정책이 이들을 부당하게 억압하였으므로, 이 지역의 상인이나 향임세력들은 봉건정부 타도운동에 참여하게 되었다.

평안도 지역민의 저항은 홍경래(洪景來)의 주도 아래 여러 계층이 연합한 항쟁으로 발전했다. 홍경래는 봉기 10년 전부터 각 지역을 돌아다니며 농촌사회의 실정을 파악하고 동료를 규합했다. 봉기지도자들은 세상을 구원할 정진인(鄭眞人)을 내세우며 그에 의한 새로운 세상의 도래를 주장하였다. 이들은 의주에서 개성에 이르는 지역의 부호, 상인, 역사, 유민, 장사들을 불러 모으고, 농민들을 끌어 모아, 가산의 다복동에 비밀군사기지를 마련했다.

봉기는 1811년(순조 11) 12월 18일에 일어났다. 당시 병력은 1,000여 명이 었는데, 항쟁과정에서 민들이 합세하면서 수천 명이 되었고 점차 농민군의 성격을 띄어 갔다. 봉기한 지 10여 일 만에 가산, 정주, 박천, 곽산, 선천, 태천, 철산, 용천 등을 장악했고, 구성, 의주와 도내 군사행정의 중심지인 안주를 위협했다. 봉기가 일어났다는 소식을 들은 정부는 진압할 군대를 편성해 파견하고 국왕의 회유문을 각지에 보냈다. 봉기군은 관군에 패하여 정주성으로 퇴각했고, 일반 농민들도 많이 따라 들어와 함께 저항을 이어 갔다.

봉기군의 거센 저항으로 정주성의 정면 공격에 실패한 관군은 땅굴을 파 고 화약을 장착시켜 성벽을 폭파시켰다. 성 안으로 진입한 관군은 농민군 을 잡아들였다. 이때 사로잡힌 사람들은 2,983명이었고, 여자와 어린이를 제외한 1,917명이 일시에 처형당했다.

서북지역 민들의 항쟁은 향임층이나 군 교 등 부호층에 가해진 봉건 권력의 수탈을 막는데 일차적 목적이 있었다. 이들은 새로 운 상을 제시하지 못했고 봉건권력의 교체 에만 목표를 두었기 때문에 농민의 큰 지지 를 얻지 못했다. 하지만 항쟁과정에서 농민 이 자발적으로 합세하여 농민항쟁의 성격 을 보였다. 또한 항쟁은 비록 실패하였지만, 봉건 지배층에게 타격을 주었고, 농민들이 반봉건투쟁에 대해 정치적으로 각성하는 계기가 되었다는 점에 그 의의가 있다.

『순조실록』 12년 4월 21일 기사
1812년 4월 19일 관군이 정주성을 수복했다는 평안감사의 장계 내용이다.

4. 1862년 농민항쟁

　1862년(철종 13) 경상도지역을 시작으로 전국에서 농민들이 봉기했다. 1862년 2월 단성에서 큰 봉기가 일어나 곧 이웃 고을인 진주로 이어졌고, 5월에는 전국 각 군현으로 퍼져갔다. 1862년 한 해 동안 농민항쟁이 일어난 지역

공명첩 [목포대학교 박물관 소장]

은 72개 군현에 달했고, 제주도에서는 이듬해까지 계속되었다.

　세도정권 하에 공공연하게 공명첩이 매매되었고, 관직을 산 관리들은 갖가지 명목으로 세금을 거두었다. 농민층의 분화가 심화되면서 부농과 빈농 사이의 갈등이 깊어졌고, 삼정 운영이 극도로 문란해졌다. 전세는 정해져 있었지만 전세보다 부가세가 훨씬 많아졌다. 균역법의 실시로 양인의 군포 부담이 줄어드는 듯 했지만, 양반들의 군역 회피와 유망민의 증가로 남아 있는 부담은 농민에게 집중되었다[백골징포, 황구첨정]. 환곡 역시 비싼 이자를 붙이거나 양곡의 양을 속여서 거두어들여 농민 생활을 파탄으로 몰고 갔다.

　1861년(철종 12) 겨울 단성의 농민들은 환곡의 수탈을 시정해 줄 것을 계속 호소했지만 세금 부담은 더욱 늘어만 갔다. 분노한 농민들은 관아 앞에 모여 악독 지주와 고리대업자들을 습격하였다. 진주는 진주목사 홍병원(洪秉元)이 주도한 도결과 우병사 백낙신(白樂莘)이 주도한 통환(統還)으로 농민들은 한층 더 궁핍했다. 진주항쟁의 주동자는 요호와 부민이었지만 몰락 양반이었던 유계춘(柳繼春)도 있었다. 그들은 도결과 통환을 철폐하기 위해

▎통환
환곡 분배 방식의 하나로 조선 후기 환곡의 재정 부족을 메우기 위한 부세의 일부로 운영되었고, 호적에 등재되어 있는 통호(統戶)를 기준으로 분급되었다.

향회를 개최하고, 공론을 모아 경상감영에 철폐를 호소하였지만, 요구가 받아들여지지 않자 의견을 결집하고 무력봉기를 통해 읍내를 점거했다. 봉기군들은 스스로를 초군(樵軍)이라 부르면서 머리에 흰 띠를 두르고 진주성으로 쳐들어갔다. 초군 외에도 다양한 사람들이 참여했고, 그 수는 수만 명에 이르렀다. 항쟁에 참가한 민들은 병사를 협박하고 사람들을 불태워 죽였다. 악질적인 아전들을 죽이고 토호들의 집을 불태웠다. 이후 외곽으로 나가 각지의 양반, 무단토호, 보수적인 요호부민 등을 집중적으로 공격했다.

정부에서는 암행어사와 선무사 등을 파견해 수령의 비리를 조사하게 했다. 또 안핵사를 파견해 발생 원인을 조사하고 주동자를 찾아내어 보고하게 했다. 안핵사 박규수(朴珪壽)는 민란의 원인으로 삼정문란과 전 우병사 백낙신의 탐욕을 꼽아 보고했다. 철종은 백낙신을 제주도로 귀양 보내고, 진주 안핵사로 하여금 각 현을 두루 돌면서 원인을 철저히 찾아서 보고하도록 했다. 그러나 항쟁이 전국적으로 번져가자 위기의식을 느낀 정부는 매우 강경하게 대응해 주모자를 처형했고 가담자들도 가혹하게 처벌했다. 강경탄압에도 항쟁이 번져가자 정부는 삼정이정청(三政釐整廳)을 설치해 삼정의 폐단을 개혁하려 했다. 삼정개선책은 보수적인 지배층의 반발로 결국 백지화되었다.

1862년 이후에도 농민들은 끊임없이 항쟁했다. 1869년(고종 6) 광양난, 1871년(고종 8) 이필제난과 같은 병란이 발생하였다. 병란은 소외되고 가난한 저항적 지식인 가운데 일부가 정감록류의 이념을 무기로

삼정이정절목 [고려대학교 도서관 소장]

사료

진주 안핵사 박규수(朴珪壽)가 상소(上疏)했는데, 대략 이르기를, "난민(亂民)들이 스스로 죄에 빠진 것은 반드시 이유가 있을 것입니다. 그것은 곧 삼정(三政)이 모두 문란해진 것에 불과한데, 살을 베어내고 뼈를 깎는 것 같은 고통은 환향(還餉)이 제일 큰일입니다. 그러나 조가(朝家)에서 탕감시키는 은전(恩典)을 또 어떻게 계문하는 대로 번번이 시행할 수 있겠 습니까? 단지 병폐(病弊)를 받는것은 우리 백성들뿐 입니다. 마땅히 이런 때에 미쳐서는 특별히 하나의 국(局)을 설치하고, 적임자를 잘 선발하여 위임시켜 조리(條理)를 상세히 갖추게 하되, 혹은 전의 것을 따라 수식(修飾)하기도 하고 혹은 옛것을 본받아 증손(增損) 시키기도 하면서 윤색(潤色)하여 두루 상세히 갖추게 한 후에 이를 먼저 한 도(道)에다가 시험하여 보고 차례로 통행하게 하소서. 이렇게 하고도 폐단이 제거되지 않고 백성이 편안하지 못하다는 것은 신은 듣지 못했습니다."

『철종실록』 13년(1862) 5월 22일

빈민과 유랑민을 동원하여 병기로 무장하고 조직적으로 움직인 반란이다. 명화적의 활동도 더욱 활발해져 항상적이고 그 활동 범위가 넓어졌다. 개항 이후 추진된 여러 개혁 사업 및 대외교역은 지배층의 농민 수탈을 심화시켰고 농민층의 몰락을 더욱 가속화했다. 농민항쟁은 1888년부터 1895년까지 집중적으로 벌어졌으며, 1893년 한 해에만 65건의 농민항쟁이 발생했다. 이에 따라 농민들의 결집은 1894년 봉건적 사회구조의 타파와 외세의 배격을 부르짖는 동학농민혁명으로 발전해나갔다.

【참고문헌】

고성훈, 『민란의 시대』, 가람기획, 2000.

배항섭, 「조선후기 민중운동」, 『새로운 한국사 길잡이』 상, 지식산업사, 2001.

송찬섭, 「민란과 농민항쟁: 조선후기 농민운동에 관한 역사용어 검토」, 『통합인문학연구』 창간호, 한국방송통신대학교 통합인문학연구소, 2009.

이상배, 『조선후기 정치와 괘서』, 국학자료원, 1999.

장동표, 「중세사회의 해체와 농민항쟁」, 부경역사연구소 편, 『한국사와 한국인(전근대편)』, 선인, 2010.

한희숙, 「일탈과 저항-체제를 벗어나려는 자, 체제에 저항하는 자」, 『조선시대사2-인간과 사회』, 푸른역사, 2015.

韓國史

IV

근현대

IV 근현대

◆ 19세기 외세의 침략 실상과 조선 정부의 대응을 파악한다.
◆ 근대를 향한 조선의 개혁과 갈등, 좌절 과정을 이해한다.

1. 개항과 척사

1) 제국주의와 동아시아 국제질서

19세기 전반 이후 세계경제는 공업 분야에서 생산량이 급격하게 증가하고, 경제규모도 이전 시기와 비교할 수 없을 정도로 확대되는 추세였다. 수송과 통신이 발달하면서 산업기술도 각 지역으로 빠르게 확산되었다. 이 시기 자본주의 체제는 산업혁명을 가장 먼저 성취하고 세계 최대 식민지를 보유한 영국의 패권적 지위를 중심으로 운영되었다.

그러나 19세기 중엽 이후 미국, 독일, 프랑스, 러시아 등 후발 자본주의 국가들이 급속하게 산업화를 이루면서 영국의 패권시대는 서서히 저물어 갔다. 특히 화학과 전기 분야를 중심으로 제2차 산업혁명을 주도한 독일과 미국이 성장하여 세계체제 재편을 불가피하게 만들었다. 제국주의 국가들은 상품을 판매하고 자본을 수출할 식민지 시장을 확보하기 위한 치열한 군사적, 정치적, 경제적 쟁탈전을 벌였다.

이 무렵 서구 열강의 문호개방 요구가 거세지면서 조선을 둘러싼 동아시아 정세가 요동쳤고, 중국 중심의 전통적 기본질서도 심각하게 위협받았다. 전통적 동아시아 질서의 핵심은 이른바 '종속체제(宗屬體制)'로 중국을 종주국으로 하고 주변국을 속방(屬邦)으로 규정하는 논리였다. 이는 전통적 대외관계 관리제도인 조공(朝貢)제도에 기초해 유지되어 왔다.

절대 강자로 군림하던 청은 19세기 중반 이후 덩치만 큰 아시아의 종이

조공제도

조공은 전근대 동아시아 국제 관계에서 중국 주변에 있는 나라들이 정기적으로 사절을 보내 예물을 바치는 것을 일컫는다. 한(漢)나라 이후 중국과 주변국은 조공-책봉이라는 독특한 외교관계를 구축하였는데, 이것은 중국 주변의 모든 나라가 받아들여야 하는 동아시아 국제관계의 규범으로 정착되었다.

호랑이로 전락하였다. 청은 1840년 영국과 치른 아편전쟁에서 패함으로써 반식민지 상태가 되었다. 1844년에는 미국과 불평등조약을 체결하였고, 청불전쟁에서도 패하여 베트남을 프랑스에 내주었다(1885). 제2차 아편전쟁 (1856~1860)에서 영국과 프랑스 연합군에게 굴복하였고, 이 과정에서 러시아에 흑룡강과 연해주도 넘겨주었다.

2) 내정개혁과 쇄국정책

조선은 19세기에 들어 심각한 사회변동을 겪었다. 꾸준한 농업생산력 발전으로 양반=지주, 평민=전호(佃戶) 등식이 허물어지면서 전근대 토지제도인 지주제가 변동하고 있었다. 양반의 권위가 추락하고 노비가 해방되는 등 신분구조도 크게 흔들렸다. 60여 년간 지속된 세도정치는 국가 운영 시스템을 붕괴시켰고, 지배층의 부패와 전정·군정·환정 등 삼정 문란으로 농민 부담은 가중되었다. 늘어나는 수탈에 대한 불만이 1811년 평안도 농민전쟁과 1862년 삼남농민항쟁 등 농민들의 항쟁으로 폭발하였다.

1863년 고종이 즉위하자 권력을 장악한 흥선대원군은 세도정치를 청산하고 사회개혁을 추진하였다. 흥선대원군은 비변사를 폐지하고 의정부를 부활시켰으며 임진왜란 때 불탄 경복궁을 새로 지었다. 호포법(戶布法)을 실시하여 군포를 양반에게도 부과하고, 환곡제를 사창제(社倉制)로 개혁하였다. 전국의 서원 600여 개를 없애고 47개소만 남기는 서원철폐도 단행하였다. 그러나 호포법과 서원철폐는 양반세력의 반발을 불러왔고, 경복궁중건은 과도한 역 부담으로 백성들의 원망을 샀다.

대외적으로 흥선대원군은 1866년 병인양요와 1868년 오페르트 도굴사건, 그리고 1871년 신미양요 등을 겪으면서 강경한 쇄국정책을 취하였다. '서양 오랑캐가 쳐들어오는데 싸우지 않으면 강화해야 한다. 강화를 주장하는 것은 나라를 파는 것이다. 우리의 자손 만대에 경계한다. 병인년에 짓고 신미년에 세우다(洋夷侵犯非戰則和主和賣國 戒我萬年子孫丙寅作辛未立)'라는 내용의 척화비를 전국 각지에 세워 쇄국 결의를 다지고 외세 침입을 경계하였다.

기장 척화비

이러한 흥선대원군 정권의 내정개혁은 왕실의 권위를 회복하여 무너져 가던 봉건체제를 유지하려는데 목적이 있었다. 세계정세에도 능동적으로 대응하지 못하는 것이어서 실권 이후 조선이 일본에게 강제 개항당하는 결과를 불러왔다.

3) 불평등조약과 문호개방

청이 아편전쟁으로 열강의 침략을 받고 조선이 쇄국정책으로 나라의 문을 닫고 있을 때, 일본은 신속하게 자본주의 세계체제에 편입하였다. 도쿠가와[德川] 막부는 미국의 무력시위에 굴복하여 화친조약을 체결하였고 (1854), 네덜란드, 러시아, 영국, 프랑스와 각기 불평등한 수호통상조약을 체결하였다(1858). 뒤이어 메이지[明治] 유신이 단행되어 천황정권이 수립되었다(1868). 조선은 대마도주를 통해 천황정권의 성립을 알려온 메이지 정부의 국서를 관례에 어긋난다는 이유로 접수하지 않았다.

조선에서는 1873년 대원군이 실각하고 민비 세력이 권력을 장악하였다. 조선 정부는 1875년 일본이 보내온 국서를 재차 거부하였다. 일본 군함 운요호[雲揚號]가 한강 하구 강화도에 접근하여 초지진에 포격을 가하며 위협하였다(1875. 9). 조선은 이에 굴복하여 강화부에서 조일수호조규(강화도조약)를 체결함으로써 문호를 개방하였다(1876. 2). 조선의 개항은 역사와 문화를 오랫동안 공유해 온 이웃 나라이자 후진 자본주의 단계에 있던 일본에 의해 이루어졌다는 점에서 이후 더 험난한 노정을 예고하는 것이었다.

조일수호조규의 주요 내용

제1관	조선국은 자주국으로 일본국과 평등한 권리를 보유한다.……
제7관	…… 일본국은 항해자가 자유로이 해안을 측량하는 것을 허가하여 그 위치와 깊이를 명확히 하여 도지(圖誌)를 편찬하고 양국의 선객이 위험을 피하고 평온하게 항해할 수 있게 한다.
제10관	일본국 인민이 조선국이 지정한 각 항(港)에 재류(在留)중 만약 죄를 범하거나 조선국 인민에게 관계되는 사건은 모두 일본국 관원이 심의한다. 만약 조선국 인민이 죄를 범하고 일본국 인민에게 관계되는 사건은 모두 조선국 관원이 수사 재판한다.……

〈부록〉
4. 금후 부산항에서 일본국 인민이 통행할 수 있는 도로의 거리는 방파제로부터 계산하여 동서 남북 각 직경 10리(조선리법에 의한다)로 정한다. 동래부 중에서는 이정(里程) 외라 할지라도 특별히 왕래할 수 있다.……
7. 일본국 인민은 일본국의 제 화폐로 조선국 인민의 소유물과 교환할 수 있고 조선국 인민은 교환한 일본국 제 화폐로 일본국이 산출한 제 화물을 살 수 있으니 이로써 조선국이 지정한 제 항에서 인민 상호간에 통용할 수 있다.……

[출처: 국회도서관 입법조사국, 『구한말조약휘찬』 상, 1964, 9~12쪽]

 강화도조약은 불평등하고 굴욕적이었다. 제10관은 조선에서 발생한 일본인 범죄를 일본법률로 다스린다고 규정하였는데, 이것은 조선 주권을 부정하는 굴욕적인 치외법권 조항이다. 또한 거류지 설정, 연안측량권과 해도 작성권 허용, 관세자주권 전면 부인, 일본 화폐 유통권과 조선 화폐 운출권, 그리고 조선연안 무역권 등 독소적인 조항을 삽입한 전형적인 불평등 조약이었다.

 청은 강화도조약 체결과 일본의 류큐 병탄(1879. 2) 이후 군사와 외교를 결합한 정책으로 조선을 압박해왔다. 청은 조선 군사유학생 청국 파견, 병기공장 창설, 군제 개편, 무기 원조 등의 지원책을 시행하고, 조선이 서양 열강에게 문호를 개방함으로써 러시아를 견제하도록 유도하였다.

 조선은 일본과의 조약 체결 이후 자주국의 입장에서 청과 일본, 그리고 서양세력에 대해 세력균형정책을 모색하였다. 조선은 영국과 프랑스보다는 미국과 통상조약을 맺는 것이 덜 위험하다고 판단하였다. 이러한 조선의 의도는 러시아를 견제하기 위해 서양 열강에게 문호를 개방해야 한다는 청의 이이제이(以夷制夷) 정책과 호응하여 1882년 조미수호통상조약 체결로 현실화되었다.

조미수호통상조약의 주요 내용

제1조	미합중국대통령과 조선국왕 및 각기 정부의 공민과 신민간에 영구한 평화와 우호가 있을 것을 기약하고 만일 별국(別國)이 일방(一方) 정부에 대하여 부당하게 또는 억압적으로 행동할 때에는 타방(他方) 정부는 그 사건의 통지를 받는 대로 원만한 타결을 가져오도록 주선을 다함으로써 그 우의를 표하여야 한다.
제4조	…… 조선국왕이 그 왕국의 법령과 재판절차를 수정 및 개혁한 결과 그것이 미합중국의 법령 및 재판절차와 일치된다고 미합중국이 판단할 때는 언제든지 조선에 있는 미합중국 공민에 대한 치외법권은 철폐될 것이며, 그 후에는 미합중국 공민이 조선왕국의 경내에 있을 때는 현지 당국의 법권에 복종할 것을 상호 합의 약정한다.
제5조	무역을 목적으로 조선국에 오는 미국 상인 및 상선은 모든 수출입 상품에 대하여 관세를 지불해야 한다. 관세 부과권은 응당 조선국 정부에 속한다.……
제14조	조선국이 어느 때든지 어느 국가나 어느 나라 상인 또는 공민에게 항해, 정치, 기타 어떤 통교에 연관된 것임을 막론하고, 본 조약에서 부여하지 않은 어떤 권리 특권 또는 특혜를 허가할 때, 이 권리 특권 및 특혜는 미합중국의 관민과 상인 및 공민에게도 무조건 균점된다.

[출처: 국회도서관 입법조사국, 『구한말조약휘찬』 중, 1965, 288~294쪽]

조미수호통상조약의 특징은 수출입 상품에 대한 조선 정부의 관세부과권과 치외법권 인정, 그리고 최혜국대우 조항이 삽입된 점이다. 조선은 이후 영국(1883), 독일(1884), 이탈리아(1884), 러시아(1884), 프랑스(1886) 등의 서양 열강과 잇달아 불평등조약을 체결하였다.

4) 근대에 대한 불편한 시선, 위정척사

위정척사(衛正斥邪)는 19세기 중후반 서양 문명을 전면적으로 부정, 배척하고자 했던 유학자들 사이에 지배적인 의식으로 자리하고 있었다. 그들은 성리학을 비롯한 동양 문명을 반드시 지켜내야 할 바른[正] 것으로, 천주교를 비롯한 서양 문명을 물리쳐야 할 사악한[邪] 것으로 규정하였다. 위정척사사상은 이미 망해 버린 명나라를 받들고 북쪽 오랑캐인 여진족이 세운 청나라를 배척하고자 했던 존명배청론(尊明排淸論), 나아가 청나라를 정벌해야 한다는 북벌론을 계승한 것이라고 할 수 있다.

위정척사사상의 바탕에는 화이론(華夷論)이 자리 잡고 있었다. 화이론은 문화 수준을 기준으로 국제관계의 우열을 결정하는 논리였다. 위정척사

■ 최혜국대우

통상이나 항해 조약 등에서 한 나라가 다른 나라에 부여하고 있는 가장 유리한 대우를 조약 체결 상대국에도 똑같이 부여하는 것. 최혜국대우는 조약에 규정한 조항에 대해서만 부여되지만, 강대국들은 조약에 규정되지 않은 통상·항해·산업·과세·사법상의 권리 등도 관례적으로 누렸다.

파들에게 서양 열강은 오랑캐 축에도 끼지 못하는 금수(禽獸)로 파악되었다. 그들은 유교 문명을 기준으로 인류 사회를 중화(소중화)-이적(夷狄)-금수의 세 등급으로 수직적으로 재단하였다. 위정척사파의 주류는 이항로와 그 제자들인 김평묵, 유중교, 최익현, 유인석 등 화서(華西)학파와 기정진과 그 제자 기우만 등 노사(盧沙)학파로 이루어져 있었다.

위정척사파들은 상소와 의병 투쟁을 통해 그들의 이념을 실현하고자 하였다. 병인, 신미양요 시기에 그들은 서양 열강과 통상을 하면 유한한 조선의 농산물이 유출되어 조선경제가 파산할 것이라고 주장하며 통상을 반대하였다. 강화도조약 체결 당시에는 '왜양일체'의 논리에 따라 개항불가를 피력하였다. 일본에서 들여온 『조선책략』에 기초해 추진되던 개화정책에 대해서도 '영남만인소(嶺南萬人疏)', '만언척사소(萬言斥邪疏)' 등의 상소로 격렬하게 반대하였다. 이후 위정척사운동은 1895년 을미사변과 단발령을 계기로 의병투쟁으로 나아갔다.

2. 청·일의 공세와 조선의 대응

1) 근대국가로의 첫 걸음, 갑신정변

조선은 개항 후 소극적인 개화를 추진하였다. 개화정책에 대한 보수 양반유생들의 저항이 높아가는 가운데, 1882년 6월 훈련도감 소속 군인들이 13개월치 급료로 받은 쌀에 모래와 겨가 섞여 있었던 것에 대한 분노에서 발단한 군인 봉기가 발발하였다. 군인들은 고관들의 집을 파괴하고 일본공사관을 습격하고, 별기군 일본인 교관을 살해하였다. 임오군란이라 부르는 이 봉기는 차별 대우를 받던 구식 군인들의 폭동에 영세수공업자, 소상인, 노동자, 부랑자 등 도시하층민이 합세하며 확대되었다. 임오군란은 개항으로 확산 수용되던 근대 문명과 기존 전통이 충돌하고 조정되는 과정에서 발생한 사건으로 볼 수 있다.

임오군란 후 조선은 일본과 제물포조약을 체결하여 배상금 50만원을 지불하고 일본공사관 보호를 명분으로 한 군사 주둔권까지 허용하였다. 청은 조선에 최악의 불평등조약이라 할 수 있는 '조청상민수륙무역장정'을 강요하고 조선이 자국의 속방이라고 명시하였다.

이 무렵 조선의 개혁관료 가운데 급진개화파 김옥균, 박영효 등은 일본의 군비 증강 정책에 주목하면서 일본 정부에 접근하였다. 그들은 일본의 지원을 기대하고 갑신정변(1884. 12)을 일으켜 권력을 장악하고 혁신정강을 발표하였다. 그러나 일본은 청군 개입으로 형세가 불리해지자 개화파를 지원하지 않았다. 정변은 3일 천하로 끝났다.

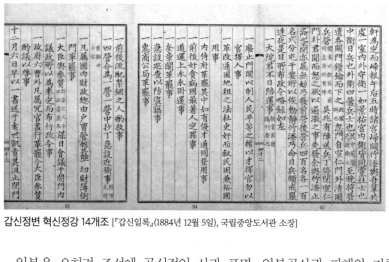

갑신정변 혁신정강 14개조 [『갑신일록』(1884년 12월 5일), 국립중앙도서관 소장]

일본은 오히려 조선에 공식적인 사과 표명, 일본공사관 피해와 거류민 희생의 보상을 규정한 한성조약(1885. 1) 체결을 강요하였다. 또한 일본은 갑신정변을 수습하는 과정에서 청과 텐진조약(1885. 4)을 체결하여 조선 문제에 대해서 청과 똑같은 파병권을 얻었다. 그것은 10년 후 농민전쟁 때 일본의 파병 구실이 되었다.

2) 1894년 농민전쟁

갑신정변 이후 조선을 둘러싼 국제정세는 청에게 유리하였다. 청은 위안스카이[袁世凱]를 파견하여 조선 속방화(屬邦化) 정책을 적극 추진하였다. 이를 계기로 청 상인들이 본격적으로 조선에 침투하였고, 조선의 대청 무역량은 확대되었으며 밀무역이 조장되었다.

조선은 청의 영향력이 강화되는 것을 우려하여 청일이 충돌할 때 러시아가 조선을 보호해 주는 조건으로 러시아에 영흥만을 조차지로 허용한다는 비밀 교섭을 진행하였다. 이에 영국은 러시아의 진출을 차단하기 위해 거문도를 불법 점령하였다(1885. 4~1887. 2). 조선을 둘러싼 영국과 러시아의 대결은 일본의 대외 위기감을 부추겼고, 일본은 이미 확보된 경제침탈 기반 위에서 내부적으로 군비 확장에 전념하였다.

이 무렵 조선 내에서는 외세의 침투에 대응한 민족적 위기의식이 고양되었다. 동학사상이 농민층을 중심으로 급속히 확산되면서 민중의 정치사회의식은 점차 근대적인 의식으로 성장하였다. 조선의 사회 현실을 자각한 전봉준, 손화중, 김개남 등 농촌 지식인층과 변혁에 대한 열망을 가진 민중이 동학교단을 매개로 결합하여 1894년 3월 농민전쟁을 일으켰다.

전라도 무장에서 3월 20일에 봉기한 농민군은 고창, 흥덕을 거쳐 3월 23일 고부 관아를 점령하고, 백산에 지휘부인 호남창의대장소를 설치하였다. 농민군은 4대 행동강령을 발표하고, 태인과 금구 원평까지 점령하였다. 농민군은 고부 황토현에서 전라감영군을 야간에 기습 공격하여 큰 승리를 거두었다. 4월 23일 약 300명의 정부군을 장성 황룡촌에서 격파하고, 정읍과 금구를 거쳐 4월 27일 전주성에 입성하였다.

반봉건을 내세운 농민군을 진압하기 위해 정부는 청에 군사원조를 요청하였고, 일본도 재빨리 군대를 파견하였다. 청일 양국이 조선에 상륙하자 농민군은 폐정개혁안 시행과 농민군 신변 보장을 조건으로 하는 전주화약을 맺고(5. 7) 전주성에서 물러나왔다. 전봉준과 전라감사 김학진은 관민상화(官民相和)의 원칙에 따라 서로 협력하여 치안질서를 바로잡고 각 고을에 집강소를 설치하여 폐정개혁을 실시하기로 합의하였다.

농민군의 폐정개혁 내용
1. 도인과 정부 사이에는 묵은 감정은 씻어 버리고 서정에 협력한다.
2. 탐관오리의 죄목은 조사하여 하나하나 엄징한다.
3. 횡포한 부호들은 엄징한다.
4. 불량한 유림과 양반들은 징벌한다.
5. 노비문서를 태워버린다.
6. 칠반천인(七班賤人)의 대우를 개선하고 백정 머리에 씌우는 평양갓을 벗게 한다.
7. 청춘과부의 재혼을 허락한다.
8. 무명잡세는 모두 폐지한다.
9. 관리 채용은 지벌(地閥)을 타파하고 인재 위주로 한다.
10. 외적과 내통하는 자는 엄징한다.
11. 공사채를 막론하고 지난 것은 모두 무효로 한다.
12. 토지는 평균으로 분작하게 한다.
[출처: 이종범·최원규 편, 『자료 한국 근현대사 입문』, 혜안, 1995, 118쪽]

집강소의 폐정개혁이 실시되는 가운데 곳곳의 봉건유생들은 농민군의 공격을 막고 반격을 준비하고자 민보군을 결성하였다. 일본의 내정간섭은 강화되었고 정부의 개혁도 지지부진하였다. 1894년 9월 전봉준과 농민군 지도부는 재봉기를 결심하였고, 동학 2대 교주 최시형이 주도한 북접과도 연합을 꾀하였다.

3) 청일전쟁과 갑오개혁, 그리고 농민군의 패배

조선 정부는 전주화약 이후 일본군의 철수를 요구하였다. 그러나 일본은 조선의 내정개혁을 내세우면서 1894년 6월 경복궁을 점령하고, 이틀 뒤 아산해전을 시작으로 청일전쟁을 도발하였다. 갑신정변 후 10년 동안 급격히 군비를 강화한 일본은 연전연승하였다.

일본을 등에 업고 20년 만에 재집권한 흥선대원군은 김홍집을 비롯한

집강소

전라도 53주읍(州邑)의 관아 안에 설치된 민정기관. 동학 교도가 각 고을의 집강이 되어 지방의 치안질서를 유지하였다. 전주에 집강소의 총본부인 대도소가 두어졌고, 전봉준은 금구, 원평 등 전라우도를, 김개남은 남원을 근거로 하여 전라좌도의 치안과 행정을 담당하였다. 농민군들은 집강소를 통해 폐정개혁을 추진하였다.

개화파 관료들이 대거 참여한 새 정부를 구성하고 군국기무처라는 관청을 두어 개혁을 추진하였다. 1차 개혁(1894. 6~1894. 11)에서는 왕실사무 궁내부 이관, 과거제 폐지, 노비제와 신분제 타파, 과부 재가 금지와 연좌법 등 폐습 폐지 등의 사회개혁이 단행되었다. 왕실과 국가재정 탁지부 일원화, 은본위 화폐제도 실시, 외국화폐 유통 허용, 지세의 금납화 등의 경제개혁도 단행되었다. 이 1차 개혁은 농민군의 폐정개혁안을 일부 받아들인 것이었으나, 농민보다는 지주의 이익을 옹호하는 방향으로 진행되었다.

1894년 9월 평양전투에서 승리한 일본은 흥선대원군을 몰아내고 박영효를 중심으로 한 친일 내각을 구성하였다. 이때부터 1895년까지 2차 개혁이 실시되었다. 이른바 '을미개혁'이다. 이 개혁에서는 군국기무처를 없애고 일본식 궁내부제도와 내각제도를 받아들였으며, 지방제도, 군사와 사법, 교육제도, 그리고 각급 정부기관의 정비에 집중하였다. 그러나 차관 도입 실패로 개혁은 좌초되었다.

한편, 박영효 내각은 농민군 토벌을 결정하였다. 재봉기한 농민군은 일본군과 관군 연합군을 맞아 11월 8일 공주 우금치에서 피비린내 나는 치열한 전투를 벌였으나 패배하였다. 1894년 12월 1일 김개남은 태인에서 체포된 뒤 전주에서 처형당하였다. 전봉준은 12월 2일 순창에서, 손화중은 1895년 1월 흥덕에서 각각 체포되었다. 이들이 1895년 3월 말 처형됨으로써 농민전쟁은 막을 내렸다.

체포 압송되는 전봉준 [출처 : 『寫眞畵報』14, 춘양당, 1895]

조선은 청일전쟁 이후 일본과 러시아의 세력 각축장이 되었다. 러시아는 독일과 프랑스를 끌어들여 일본에게 청일전쟁 결과로 획득한 요동반도를 청에게 돌려줄 것 등을 요구하면서 압력을 가했다. 이른바 삼국간섭이다. 난처해진 일본은 영국과 협력관계를 모색하였지만, 영국은 적극성을 띠지 않았다. 이에 일본은 삼국간섭에서 드러나 자국의 약세를 만회하기 위해 1895년 10월 민비를 살해하는(을미사변) 만행을 저질렀다.

3. 근대를 향한 개혁의 좌절과 위기의 조선

1) 독립협회와 광무개혁

을미사변 이후 고종은 1896년 2월 러시아 공사관으로 거처를 옮겨 일본을 견제하였다. 고종은 1년 뒤 자주독립을 선언하라는 국민과 독립협회의 여론을 등에 업고 경운궁으로 환궁하고 조선 '왕국'을 대한 '제국'으로 국호도 바꾸었다. 대한제국 수립을 축하하기 위해 중국 사신을 맞이하던 옛 영은문 자리에 독립협회가 주도하여 독립문을 건립하였다.

독립협회는 정부의 지원을 받아 한글로 된 『독립신문』을 발행하여 독립협회의 활동과 이념을 대중에게 알렸다. 독립협회는 만민공동회도 열어 대중의 생각을 청취하였다. 만민공동회는 누구나 연단에 올라가 자신의 생각을 밝히고 잘못된 정부 정책을 성토하는 토론의 장이 되었다. 정부 고관이 참가한 만민공동회에서 독립협회는 1897년 10월 '왕이 자기 마음대로 정무를 처리하지 말고 백성들의 의견을 들은 뒤 결정하라'는 내용을 골자로 하는 '헌의 6조'를 건의하였다. 이후 고종과 독립협회의 의견 차이는 커졌고, 보부상들이 만민공동회를 습격하였으며, 고종은 1898년 12월 군대를 동원해 만민공동회를 진압하고 독립협회를 해산시켰다.

고종의 대한제국은 '옛 것을 근본으로 하고 새로운 것을 참작한다'는 구본신참(舊本新參)을 원칙으로 한 광무개혁을 추진하였다. 이 개혁에서 가장 주목되는 것은 토지조사사업이었다. 양지아문을 설치하여 수행된 토지조사사업은 소유권 변동을 반영한 토지대장을 만드는 작업이 핵심이었으나 1904년 러일전쟁 발발로 중단되었다. 대한제국 정부는 경의선 철도 부설, 해운 회사 설립, 우편학당 등의 상공업학교, 의학교, 광산 학교 등 근대 기술자 양성을 위한 실업학교 설립을 비롯한 각종 식산흥업 정책도 추진하였다. 그러나 이 과정에서 제국주의 열강과 결탁한 정부는 철도, 광산, 삼림, 전차, 전기 등 거의 모든 이권을 넘겨주었고, 개혁에 필요한 자금을 민중 수탈로 조달함으로써 결국 그들의 지지도 받지 못하는 결과를 초래하였다.

2) 러일전쟁과 을사늑약

20세기에 들어와 영국과 일본은 러시아의 만주 점령에 대응하여 청과 조선에 대한 이권을 각각 묵인한 제1차 영일동맹(1902. 1)을 체결하였다. 수세에 몰린 러시아는 만주를 확보하기 위해 한반도의 39도선을 경계로 그 이북을 중립지대로 하고, 그 이남에서 일본의 우위권을 인정하는 타협안을 제시하였다. 그러나 당시 세계 최강 영국과 동맹을 체결했고, 청일전쟁 이후 러시아와 세력균형을 유지하며 끊임없이 군비확장을 추진해 온 일본은 러시아의 제안을 거부하고 러일전쟁(1904. 2)을 일으켰다.

대한제국은 러일전쟁이 임박하자 국외중립을 선언하였다. 그러나 일본은 이를 묵살하고 조선 영토 내에서 일본군의 군사활동과 군사기지 설치를 인정하는 한일의정서(1904. 2)와 외교고문과 재정고문 추천권을 규정한 한일협약(1904. 8)을 강제하였다.

미국은 러일전쟁이 일본에게 유리하게 전개되자 일본의 조선 장악을 당연한 것으로 받아들였다. 1905년 7월 비밀리에 체결된 미 육군장관 태프트와 일본 총리 가쓰라 다로의 미일비밀협약(태프트-가쓰라협약)은 동아시아 세력균형을 위해 일본이 조선을 지배하는 것이 바람직하다는 미국의 일본 지지선언이었다. 이 협약은 1924년이 되어서야 조선에 알려졌다. 영국은 조선과 인도 지배를 상호 승인한 제2차 영일동맹(1905. 8)을 체결하여 일본을 원조하였다. 결국 러일전쟁은 전체 전쟁비용의 약 3분의 2를 영국과 미국으로부터 지원받은 일본의 승리로 끝났다.

미일비밀협약(태프트-가쓰라협약)의 주요 내용

제1	······ 태프트는 필리핀을 앞으로 미국과 같은 강국의 우호적인 국민이 통치할 것이며, 이 섬을 차지하기에는 아직 적당치 않은 토착인이나 비우의적인 유럽의 어느 강국에게든 맡기지 않을 것임을 밝혔다. 가쓰라는 이 점에 관하여 태프트의 견해가 지극히 정당하다는 것을 강도 높게 확인하였다······
제3	가쓰라는 조선문제에 관해 다음과 같이 밝혔다. 조선은 대러시아 전쟁의 직접적인 원인이므로 전쟁의 논리적 결과로서 조선문제를 완전히 매듭짓는 것은 일본에게는 절대적으로 중요하다. 전후에도 그대로 방치해 둔다면 조선은 그 관습에 따라 타국과의 협약이나 조약을 체결할 것이고 그렇게 되면 전전에 존재했던 바와 다름없는 국제분쟁을 야기시키게 될 것이다.······ 태프트는 가쓰라의 이러한 인식이 정당하다는 것을 충분히 확인하고 개인적으로는 일본이 무력을 통해 '일본의 허락 없이는 조선이 어떠한 대외 조약도 체결할 수 없다'는 요구를 할 수 있을 정도의 '보호'를 획득하는 것은 대러 전쟁의 논리적 귀결이며 이는 극동의 항구적인 평화유지에 공헌하리라고 생각한다고 말하였다.······

[출처: 일본외무성, 『일본외교연표와 주요문서』 상, 1955]

일본은 영국, 미국, 러시아 등 제국주의 국가로부터 조선 보호국화를 사실상 승인 받았다. 일본은 1905년 11월 '을사늑약(乙巳勒約)'을 체결하여 통감부를 설치하고 대한제국의 외교권을 박탈하였다.

3) 일제의 조선 강점

일본은 이후 조선을 서서히 강점해 나갔다. 헤이그밀사사건을 구실로 고종을 강제로 퇴위시키고, 한일신협약(1907. 7)을 체결하였다. 이 협약은 통감 권한 강화, 사법권 위임, 군대 해산, 일본인 차관 채용을 골자로 한 것으로 사실상 합병 조치나 다름없었다.

일제는 조선의 반일민족운동을 제압하기 위해 1907년 7월에 언론, 출판

자유를 금지하는 신문지법과 집회, 결사를 금지하는 보안법을 대한제국으로 하여금 강제로 제정·반포하게 하였다. 일제는 이 법을 근거로 의병을 토벌하고, 계몽운동 단체들을 해산하였으며, 『황성신문』, 『제국신문』 등을 폐간하였다.

일제는 1909년 7월 내각에서 조선 합병을 확정짓고 1910년 5월 데라우치 마사타케[寺內正毅]를 3대 통감으로 임명해 강점에 한층 더 속도를 올렸다. 1910년 7월에 전국을 사실상 계엄 상태로 만든 뒤, 8월 22일 합병조약을 강제 조인하고 8월 29일 조인 사실을 발표하였다. 이로써 조선은 일제에 완전히 강점되었고, 근대를 향한 노력은 좌절되었다.

【참고문헌】

구대열, 『한국 국제관계사연구』 1, 역사비평사, 1995.

구선희, 『한국근대 대청정책사 연구』, 혜안, 1999.

김경태, 『근대 한국의 민족운동과 그 사상』, 이화여자대학교출판부, 1994.

김기혁, 「개항을 둘러싼 국제정치」, 『한국사시민강좌』 7집, 일조각, 1990.

김정기, 「청의 조선정책(1876~1894)」, 『1894년 농민전쟁연구』 3, 역사비평사, 1993.

역사학연구소, 『함께 보는 한국근현대사』, 서해문집, 2004.

이귀원, 「근대와 자주를 향한 사상의 궤적」, 『한국사와 한국인(근현대편)』, 선인, 2003.

정창렬 외, 『한국사』 11, 한길사, 1994.

최덕수, 「개항 이후 일본의 조선정책」, 『1894년 농민전쟁연구』 3, 역사비평사, 1993.

최문형, 『한국을 둘러싼 제국주의 열강의 각축』, 지식산업사, 2001.

IV 근현대

◆ 시기별 다양한 형태로 진행된 일제 식민지배 정책의 내용을 이해한다.
◆ 친일파 양성을 통한 민족 분열 정책을 이해한다.
◆ 일제의 식민지 경제 정책을 살펴보고 수탈체제의 확립과 그 결과를 이해한다.

1. 일제의 식민지배 정책

1) 1910년대 지배기구의 개편과 무단통치

(1) 조선총독부와 식민기구의 설치

조선을 강제 병합한 일제는 조선총독부를 두고 식민지 통치기구를 재정비하는 동시에 헌병경찰을 앞세워 무단통치를 실시하였다. 현역 육해군 대장 가운데 임명된 총독은 일본

조선총독부 청사 [출처 : 서울역사박물관]

정부가 아닌 '천황' 통제를 받았다. 총독은 행정·입법·사법·군통수권에 이르는 거의 무제한의 권력을 거머쥔 최고 통치자였다.

일제는 총독부 산하에 각급 행정기관과 경찰기구, 재판소 등의 억압기구를 두고 조선은행, 철도국, 전매국, 임시토지조사국 등 경제수탈 기구를 설치하였으며, 여러 교육기관도 식민지 통치에 맞게 개편하고 일본인 관리를 등용하여 실권을 맡겼다. 동시에 조선인의 불만을 잠재우기 위해 각 기구에 일부 조선인 관리를 두고 중앙에는 중추원이라는 조선총독부 자문기구

를 만들어 친일세력을 참여시켰다.

일제는 1914년 4월부터 '부제(府制)'를 실시하여 도시 지역을 다른 행정구역과 분리한 데 이어 1917년 10월부터 '조선면제(朝鮮面制)'를 시행하였다. 이를 통해 일제는 지방행정을 군에서 면 중심으로 개편하고 면을 지방통치의 기초 행정단위로 삼았다. 이러한 지방 행정체계의 개편은 기층 사회의 전통적 공동체 조직을 해체하여 조선 민족의 정치적 자율성을 없애고 조선인의 저항을 막으려는 데 목적이 있었다. 이와 동시에 군의 수를 1/3 수준으로 축소하면서 종전의 군수를 친일적 인물로 교체하고 면장을 지방의 유력자로 바꾸어 식민통치의 동반자로 끌어들였다. 일제는 지방행정을 친일적 조선인에게 맡기면서도 지방행정의 실무담당자인 군 서기와 면 서기에는 일본인을 대거 임명하였다. 이에 더하여 친일적인 조선인을 말단 통치기구인 헌병경찰기관의 순사보나 헌병보조원으로 임명하여 민족분열을 꾀하고 이들을 이용하여 민중을 억압·통제하였다.

(2) 헌병경찰제도의 실시

일제는 헌병경찰제도를 실시하여 총독부 직속기관으로 중앙에 경무총감부, 지방에 경무부를 두고 헌병이 경무총장, 도경무부장의 자리에 앉아 경찰을 지휘 감독하게 하였다. 이러한 무단통치하에서 헌병경찰은 의병 진압뿐만 아니라, 검사사무 대리, 범죄의 즉결 처분, 민사소송 조정, 삼림 감시, 징세사무 협조, 검열, 보건 업무 등 광범한 행정사무를 담당하였다.

지방마다 경찰서를 설치하고 경찰서가 없는 곳에는 경찰분서, 순사주재소와 파출소, 헌병분소와 헌병분견소, 헌병파견소 등을 분산 배치하였다. 또 각지에 군대를 주둔시켜 의병 등 민중의 저항을 억누르고, 여러 산업시설을 경비하는 일뿐만 아니라 간도·북만주와 연해주까지 힘을 뻗쳐 대륙침략을 위한 첨병으로 삼았다.

일제는 통감부 때부터 시행한 여러 악법을 더욱 강화하였다. 대표적인 악법이 '범죄즉결례(犯罪卽決例, 1910. 12)'와 '경찰범 처벌규칙(1912. 3)'이었다. 이 법에 의거하여 헌병과 경찰은 정식 법절차나 재판을 거치지 않고도 조선인에게 벌금·태형·구류 등을 제멋대로 가할 수 있었다. 일제가 1912년에 만든 '조선형사령'은 "피의자가 소리를 지르면 젖은 수건으로 입을 막는다."는 규정이 있을 정도로 야만적인 형법이었다.

1908년 준공된 이래 많은 독립운동가를 수감한 서대문형무소
[출처 : 국립춘천박물관]

(3) 식민지 교육제도의 수립과 민족문화 탄압

일제는 1911년 '조선교육령'을 공포하여 '천황에게 충량한 신민을 양성하는 것', '일본국민다운 품성을 함양하고 국어(일본어)를 보급하는 것', '민도에 맞는 보통교육, 특히 실업교육에 중점을 두는 것' 등에 식민교육정책의 목표를 두었다.

일제는 사립학교를 '불령선인(不逞鮮人)의 소굴'로 규정하여 탄압하였다.

그 결과 1908년 2월 2천 여 개에 이르던 사립학교는 1919년 700여 개로 크게 줄었다. 일제는 '사립학교규칙(1915)'을 만들어 사립학교 설립은 물론, 교원 채용, 교과과정, 교과서, 수업 내용 등을 통제하고 감독하였다. 이밖에도 1918년 2월 '서당규칙' 등을 만들어 서당·강습소·야학 등의 민간 교육기관을 탄압하였다.

또한 조선인의 교육체계를 보통·실업·전문교육으로 정비하고 일본인 교사를 채용하여 '공교육'을 독점하였다. 각 학교 교과과정에서 조선의 역사와 지리를 대신하여 일본의 역사와 지리가 자리 잡았다. 보통학교에서는 전체 수업시간 가운데 3/5은 일본어를 가르쳤다.

일제는 조선인의 모든 정치단체를 해체하고 각종 민족언론지들을 폐간하였다. 그 대신 『경성일보』, 『매일신보』, 『조선공론』 등 어용신문과 잡지만을 발행하도록 하였다. 또한 신채호의 『을지문덕전』 등 민족의식을 고취시키는 일체 서적의 판매를 금지하였다. 대신에 조선인을 충성스러운 '제국신민'으로 만든다는 명분 아래 식민사관에 따라 『조선반도사』를 편찬하고, '한일동조동근론', '임나일본부설', '정체성론', '타율성론'을 끌어들여 우리 민족의 역사를 왜곡하였다.

2) 1920년대 문화정치

(1) 보통경찰제 실시와 언론 활동 허용

1919년 3·1운동으로 민족적 저항운동이 폭발하자, 일제는 이를 무마하기 위하여 지금까지의 통치방식을 바꾸었다. 그 결과 이른바 '문화정치'가 시작되었다. 1919년 8월 조선총독에 임명된 해군대장 사이토 마코토[齋藤實]는 부임하자마자 치안 유지, 교육 보급·개선, 산업 개발, 교통·위생 정비, 지방제도 개혁 등을 시정방침으로 내걸었다.

그러나 문화정치는 기만정책이었다. 예를 들어 3·1운동 이후 일제는 총독부 관제를 개편하여 총독에 무관뿐만 아니라 문관도 임명할 수 있도록 방침을 바꾸었다. 그러나 3·1운동 이후 새로 임명된 6명의 총독은 모두 육·해군 대장이었다.

일제는 악명 높던 헌병경찰제를 보통경찰제로 바꾸었다. 이것은 경찰 업무와 군사 업무를 나눈 것으로 외견상 무단통치를 개선한 조치였다. 그러나 실제로는 경찰력을 더욱 강화하여 반일운동을 탄압하였다. 경찰관서와 경찰 수는 1918년과 1920년 사이에 각각 3배 넘게 늘어났다. 또 1군 1경찰서, 1면 1주재소 제도를 확립하고 고등계 형사·사복 형사·제복 순사·밀정 등을 편성하였다. 1925년에는 조선인의 독립운동과 사회주의 활동을 탄압하고 통제하기 위하여 악명 높은 치안유지법을 만들었다.

다른 한편으로 일제는 유화정책의 일환으로서 조선인에게 언론·출판·집회·결사의 자유를 일부 허용하였다. 그 결과『동아일보』,『조선일보』등의 조선인 신문이 발간되고 여러 사회단체도 결성되었다. 그러나 이러한 언론 활동과 단체 결성도 어디까지나 일제의 식민지 지배를 인정한 위에서만 가능하였다.

(2) 지방제도 개편과 '신교육령' 발포

일제는 신시정(新施政)이라는 이름으로 조선인의 정치 참여를 부분적으로 허용하였다. 조선총독부는 1920년 7월 지방제도를 개정하여 부협의회·면협의회·학교평의회·도평의회 등을 설치하고 여기에 조선인이 참여할 수 있는 길을 열어 놓았다. 물론 이들 기관은 기능상 자문기관에 불과하였으며, 대부분의 면협의회와 학교평의회, 도평의회의 구성원은 임명제였다. 단, 일본인 밀집지역인 부(府)의 부협의회 부협의원과 지정면(指定面)의 면협의회 면협의원만이 선거로 선출되었다. 이 경우 선거인 자격은 납세액 5엔 이상, 독립된 생계를 꾸리는 25세 이상의 남자로 엄격히 제한되어 있었다. 이를 통

치안유지법
1925년 4월 12일 공포되고 5월 12일 시행된 이 법은, 정치운동의 활성화를 막고 공산주의운동을 억압하려는 사상통제의 목적에서 만들어졌다. 치안유지법의 실시를 위해 사상탄압을 전문으로 하는 고등계 경찰과 사상검사가 배치되었다. 이 법에 의해 사회주의운동이나 노동운동, 농민운동 등이 억압 받았을 뿐만 아니라 국내외 독립운동 관련자들도 가혹하게 탄압받았다.

지정면
1917년 실시된 면제(面制)에 따라 일본인이 많이 사는 지정면과 그 외의 보통면(普通面)으로 나누었는데, 보통면에서는 임명된 협의회원으로 면협의회를 구성한 반면 지정면은 선거로 면협의회원을 뽑았다. 일제는 이를 자치의 도입으로 강조했지만 지정면은 전국 2,512개 면 가운데 23개 면으로 전체 면의 0.9%에 불과하였고 일본인 다수 거주지에 한정되었다.

해 일제는 조선인 상층을 식민지 지배체제 안으로 끌어들이려 하였다.

일제는 조선인의 교육열을 무마하기 위하여 신교육령(1922)을 발표하고 최초의 대학기관인 경성제국대학을 설치하여(1924), 전체 학생의 약 1/3을 조선인에게 할당하였다. 그리고 초등교육과 실업교육을 약간 강화하였지만, 1925년에 계획한 1개면 1개교 제도가 완료된 1936년 취학연령 아동의 취학률은 20% 밖에 되지 않았다.

3) 전시체제 하의 인력 수탈

(1) 경제위기로 시작된 침략전쟁과 황국신민화 정책

1929년 미국에서 시작된 경제공황으로 인해 경제 위기를 맞은 일제는 1931년 9월 '만주사변'을 일으켜 위기에서 벗어나려 하였다. 만주를 점령한 일제는 이듬해 장춘에 꼭두각시 정부인 만주국을 수립하였다. 이어서 1937년 7월에는 '노구교(盧溝橋)사건'을 일으켜 중일전쟁을 도발하고, 1941년 12월에는 태평양의 진주만을 공격하여 태평양전쟁을 일으켰다.

일본 군국주의자들은 자신들의 경제 위기를 해결하기 위해 일으킨 침략전쟁을 '대동아공영'이라는 이름으로 기만하고, 전시체제를 수립하여 식민지 조선에 대한 억압과 수탈을 한층 강화하였다. 전시체제 하에서 일제는 '내선일체'를 내세우면서 신사참배를 강요했으며, "우리는 대일본제국의 신민입니다. 우리는 마음을 합하여 천황폐하께 충성을 다합니다." 등의 내용이 담긴 '황국신민서사'를 만들

'황국신민서사'를 암송하는 학생들 [도서출판 서문당 소장]

▌노구교사건

1937년 7월 7일 베이징 부근의 노구교에서 훈련하던 일본군 한 사병이 실종되었다는 이유로 일본이 중국군을 공격하면서 일어난 사건이다. 소규모 충돌로 일단락되는 것 같았으나 일본이 군대를 증파하여 베이징과 텐진을 공격하면서 중일전쟁으로 확대되었다.

▌대동아공영

제2차 세계대전 당시 일본이 아시아의 여러 나라를 침략하며 내세운 정치슬로건이다. 아시아 민족이 서양 세력의 식민지배로부터 해방되려면 일본을 중심으로 '대동아공영권'을 결성하여 아시아에서 서양 세력을 몰아내야 한다는 논리이다.

어 늘 외우게 하였다. 또 황민화 교육 강화책으로 학생들의 우리말 사용을 금지하고, 민족말살정책의 일환으로 창씨개명을 실시하였다. '황국신민'의 줄임말인 '국민'이라는 말을 넣어 국민학교 제도를 만들어 식민지 노예교육을 강화하였다.

(2) 인력 수탈과 강제동원

일제는 1939년 '국민징용령'을 실시하고 부족한 노동력을 강제연행으로 보충하여 노예적 노동을 강화하였다. 또 태평양전쟁이 시작되자 총독부 관리와 경찰 등은 근로보국대, 근로정신대 등으로 조선인을 공공연하게 납치하거나 연행해 갔다.

특히 일제는 침략전쟁 기간 중 조선의 수많은 여성들을 전쟁터로 끌고가 일본 군대의 성노예로 부리는 반인륜적 만행을 저질렀다. '군위안부'로 전쟁터에 끌려간 여성들은 겨우 목숨을 부지하거나 혹은 포화 속에서 숨졌으며, 많은 여성들이 일본군에 의해 살해당하기도 하였다.

1939년 이래 조선에서 480만 명, 일본에서 152만 명이 노동력으로 징발되었으며, 군대 요원으로 20~30만 명, '군위안부'로 10~20만 명 등 대략 700만 명에 가까운 사람들이 강제 연행된 것으로 추정된다. 이러한 강제연행은 국내 노동력 부족 현상을 가져와, 37만 정보의 농지가 못쓰게 되었고 수확량도 1,800만석 이상 줄어들었다.

4) 친일세력의 활동

(1) '자치제' 실시와 친일세력의 포섭

1930년 12월 일제는 종전의 지방제도를 개정하여 지정면 대신 읍을 신설하고 기존의 자문기관 대신 의결기관인 부회·읍회·도회를 설치하였으며 임명제였던 면협의회원을 선거제로 선출하였다. 이처럼 일제는 허울뿐인

'자치제'에 일부 조선 자산계층을 끌어들여 식민지 지배의 동반자로 이용하면서 지방에 대한 직접 통제를 더욱 강화하였다.

1931년 5월 개정된 '지방제령'에 따라 전국에서 부·읍회 의원과 면협의회 의원을 뽑는 선거가 실시되자 민족개량주의자들은 지방자치제에 참여하는 것이 조선민족에게 보탬이 된다고 주장하였다. 지방자치제에 참여한 사람들은 친일활동에 발 벗고 나선 일이 많았다.

(2) 친일파의 활동과 친일단체

1938년 일제가 '조선지원병령'을 공포하자, 친일파들은 '조선 민족도 천황의 적자(赤子) 노릇을 할 수 있다'고 하여 이를 환영하였고, 『조선일보』와 『동아일보』도 적극적으로 지지하였다. 불교·천도교·유교·기독교 등 종교계에서도 친일활동에 나선 일이 많았다. 이들 종교단체는 일본군을 위문하는 등 시국행사에 참여하기도 하고 신사참배에 참여하기도 하였다. 단, 남장로선교회나 몇몇 기독교인들은 신사참배를 거부하여 탄압을 받았다. 교육계에서도 친일활동을 한 사람이 적지 않았다. 대표적으로 이화여전 교장이었던 김활란은 애국여자단을 조직하여 스스로 단장이 되었고, 덕성여자실업학교장인 송금선과 성신가정여학교장이었던 이숙종은 『매일신보』 등에 기고하여 황국신민화 정책이나 조선에서의 징병령 실시를 찬양하였다.

친일의 글을 쓴 문인들도 많았다. 최남선, 이광수, 주요한, 서정주 등이 대표적인 인물로, 신문의 기고나 시작을 통해 일제의 침략전쟁을 미화하고 조선 청년들의 참전을 독려하였다. 모윤숙, 노천명 등 일부 여류문인들도 유사한 친일활동을 하였다.

친일파들은 국민정신총동원연맹, 조선방공협회, 녹기연맹, 조선문인보국회, 임전보국단과 같은 친일단체에서 활동하였고, 연설을 하거나 글을 쓴 사람 또는 일본 군대에 들어가 '독립군 토벌'에 앞장선 사람들도 있었다. 친일파는 사법·군대·경찰 등의 억압기구와 정치 분야뿐만 아니라 경제·사회·문화·교육 등 사회 모든 분야에서 활동하였다.

2. 일제의 식민지 경제정책

1) 토지조사사업

1910년대 무단통치 시기, 일제는 조선을 식량 및 자원 공급지, 상품 판매 시장으로 재편하기 위해 여러 기반 정책을 시행하였다. 그 첫 번째가 토지조사사업(1910~1918)의 실시였다. 일제는 조선총독부 내에 임시토지조사국(1910. 9)을 설치하고 '토지조사령'(1912)을 공포하였다. 그리고 신고주의를 원칙으로 전국의 토지소유권, 토지가격, 지형지목(地形地目)을 조사하기 시작했다. 토지소유권 조사는 토지의 소유권 및 토지의 경계를 분명히 하고 지적을 설정하여 토지등기제도와 지번제도 등을 만들기 위한 목적에서 실시되었다. 토지가격 조사는 지세의 부과표준을 설정하고 지세제도를 확립하기 위한 것이었으며, 지형지목 조사를 통해 지형도를 만들어 지물(地物)을 지도상에 명확하게 나타내었다.

즉, 토지조사사업은 토지를 정확히 측량하여 토지의 소유권을 명확하게 한 뒤 이를 토대로 지세 부과, 양도·매매 등 토지 거래를 자유롭게 하려는 것이었다. 그러나 이 사업은 사실상 조선 농촌을 수탈하기 위해 농업 구조를 재편하는

토지조사사업 관련 자료
[출처 : 대한민국역사박물관]

대표적인 식민지 수탈정책이었다.

일제는 토지조사사업을 실시하면서 지주의 소유권을 토지에 대한 유일한 권리로 확정하고 지주에게 독점적 지위를 부여하였다. 당시 조선의 토지에는 지주의 소유권 이외에도 도지권(賭地權)과 같은 농민의 권리가 있었다. 그러나 토지조사사업을 통해 경작자들의 도지권은 소멸되었고 토지에 대한 일체의 권리가 부인되었다. 토지조사사업 이후 조선 농촌은 지주제를 중심으로 재편되었으며 경작인은 계약 관계에 의한 단순 소작농으로 전락하였다.

조선총독부는 토지조사사업을 진행하면서 상당수의 민유지가 혼합되어 있던 역둔토(驛屯土) 등을 국유지로 편입하였다. 또한 전국의 개간 가능한 미간지(未墾地)의 면적과 지형, 지목을 정밀 조사하여 무상으로 점유하였다. 신고가 없는 산림, 간석지, 개간지 등도 대부분 국유지로 편입하였다. 조선총독부는 거대한 국유지를 독점함으로써 조선 최대의 지주가 되어갔다. 이렇게 약탈한 토지는 동양척식회사를 비롯한 식민회사나 일본인 농업회사, 개인 지주에게 헐값에 팔렸다.

토지조사사업의 결과 1918년 무렵 일본인 소유 경작지는 43만여 정보(町步)로, 조선 전체 경작지의 약 10%에 이르렀고 삼림은 전 면적의 58%가 일본인 소유로 집중되었다. 1918년의 지세 수입은 1910년에 비해 두 배 가까이 증가하였고 이는 1919년 조선총독부 재정 수입 가운데 39.6%를 차지하였다. 지세의 산정 과정에서 고율 소작료를 인정하여 소작농에게 지세 부담을 전가시킬 수 있도록 하는 등 지주 권한을 확대, 강화하기도 하였다.

이러한 약탈적인 토지조사사업을 통해 일제는 조선 통치의 경제적 기초를 마련한 것과 동시에 농촌을 통제하고 지주층을 식민 통치의 동반자로 포섭할 수 있었다.

▍도지권

조선 후기 양반의 몰락 과정에서 발생한 것으로서 농민들의 소작지에 대한 권리이다. 경작자가 지주의 묵은 땅을 개간하거나 토지 경작에 필요한 제방을 수축하거나 기타 지주에게 일정한 대가를 지불하고 해당 토지에 대해 획득한 권리가 도지권이다. 이는 소작료가 저렴했고 소작권이 안정되어 있었기 때문에 농민들이 부농으로 성장할 수 있는 기반이 되었다.

▍지주제

한말·일제시기의 지주제는 지주소작제, 소작제 등으로 불린다. 지주제에서 지주는 소유지의 일부 또는 전부를 타인에게 빌려주어 경작시키고 대신 지대로 소작료를 받는다. 소작인은 다른 사람의 소유지를 경작하고 소작료를 납부하는 사람으로, 지주와 소작인이 하나의 토지에 결부되어 있는 생산관계를 지주제라고 한다.

▍역둔토

역(驛)의 경비를 충당하기 위해 지급된 역토(驛土), 각종 관아에 부속된 관유지인 둔토(屯土), 왕궁의 일부인 4궁과 왕족에게 지급한 궁장토(宮庄土)가 일제에 의해 국유화된 1908년 이후, 이들 토지를 가리키는 통칭이다. 역둔토 내에는 민유지가 혼합되어 있었지만 일제는 역둔토를 모두 국유지로 판정하여 소유권을 확정함으로써 민유지를 약탈하였다.

2) 산미증식계획

토지조사사업을 통해 농촌 통제 및 식민 통치의 경제적 기반을 마련한 일제는 산미증식계획(제1차 1921~1925, 제2차 1926~1935, 제3차 1940~1945)을 통해 본격적으로 조선을 일본의 식량공급기지로 만들었다. 제1차 세계대전 이후 일본에서는 폭발적인 인구 증가와 이에 따른 식량 부족으로 인해 대규모의 쌀 폭동(1918)이 발생할 정도로 식량공급 문제가 심각하였다. 게다가 1920년부터 경제 불황은 더욱 심각해져, 일제는 조선에서 식량을 대량 증산하여 일본에 안정되게 공급하고자 하였다.

산미증식계획은 개간, 개척, 수리시설의 정비 등 대규모 관개 개선을 통한 토지(농지)개량사업과 품종, 경종법 개량을 통한 농사개량사업을 두 축으로 하여, 총 8백만 석 이상의 쌀을 증산하고, 이 가운데 5백만 석을 일본으로 반출한다는 목표로 추진되었다. 산미증식계획으로 1920년에 1,270만석이었던 것이 1928년에는 1,730만석으로, 500만석 가량 증산되었다. 이 무렵 일본으로의 쌀 수출량 또한 급증하여, 1910년대에는 130만~290만석 정도를 일본으로 수출하였지만 1920년대에는 300만~700만석으로 급증하였다. 증산된 쌀 생산량 이상으로 일본에 수출된 것이다. 이에 따라 조선에서는 식량부족 문제가 대두되어 만주산 잡곡의 수입량을 늘릴 수밖에 없었다.

한편 조선 쌀 수입이 증가할수록 일본의 쌀값은 폭락하였고 일본 농민들의 불만은 높아져 갔다. 이에 1930년대부터 일본 농민들 사이에 조선 쌀 배척운동이 시작되어 결국 산미증식계획은 중단되었다. 이후 중일전쟁(1937)의 발발을 시작으로 전쟁이 장기화되자, 일본 내의 노동력 부족으로 쌀 생산에 위기를 맞이하여 조선에서의 쌀 증산이 다시 요구되었다. 그러나 전쟁의 장기화로 인한 조선 내 노동력 부족 및 자원의 부족 등으로 성과를 거둘 수 없었다.

결과적으로 산미증식계획은 조선 쌀의 품종을 일본 것으로 바꾸는 벼 품종 개량만 목표치를 초과하여 달성하였을 뿐, 토지개량 사업의 실적은 애초 계획의 절반에 그쳤고 쌀 증산도 기대치에 못 미쳤다. 시기적으로도 1920년대 후반을 제외한 나머지 기간에는 지지부진하였다. 그 원인은 우선 일본 측의 투자 자금 조달이 예상대로 되지 않은 데 있지만, 근본적으

1923년 전북 익산 익옥수리조합의 입석리
갑문 통수식 [출처 : 대한민국역사박물관]

쌀가마니가 노적되어 있는 군산항 광경
[출처 : 국립민속박물관]

로 농사개량이나 토지개량을 통한 투자 수익보다 소작료 수익이 더 높았기 때문이었다. 지주들은 산미증식계획의 각종 개량사업에 소극적인 반면 산미증식계획 자금으로 토지를 구입하는데 더 많은 관심을 가졌다. 특히 대규모 사업에 자금 대출을 원활하게 할 수 있었던 대지주들의 소유지가 증가하였다. 지주가 더 많은 토지를 가질수록 소작농은 증가할 수밖에 없다. 결국 산미증식계획으로 1920년대 조선 내 농민층의 분화현상은 심각해졌으며 농민들의 생활은 빈곤해졌고 이는 농민들의 활발한 소작쟁의로 이어지게 되었다.

3) 농촌진흥운동

1930년을 전후한 시기 불어 닥친 경제 공황의 여파는 폭발적으로 확대되었다. 특히 쌀값의 폭락은 벼농사 의존도가 높은 조선 농촌 경제에 심각

한 타격을 주었다. 이와 동시에 갈수록 늘어나는 농가 부채는 농촌 경제에 치명상을 입혔다. 더 심각한 문제는 조선 내의 식량부족이었다. 산미증식 계획 기간 동안 일본으로의 쌀 수출량이 조선 내 증산량을 넘어서고 있었고 이러한 현상이 누적되어 1930년을 전후한 시기, 조선 전역에 극심한 식량 부족 현상이 나타나게 되었다. 식량 부족 현상은 농촌도 예외가 아니었다. 농민의 생활은 점점 궁핍해졌고 빈곤을 견디지 못한 농민들의 이농 현상이 활발하게 나타났다. 화전민의 수가 100만 명을 넘었고 도시로 이동한 농민들이 도시 근교에 토막을 짓고 도시 하층민으로 전락하였으며 유랑자도 해마다 늘었다. 농촌에서는 경제 파탄으로 인해 곳곳에서 소작쟁의가 빈발하였고 혁명적 농민조합운동이 활발히 전개되기도 하였다.

이러한 상황에서 1932년 6월, 조선총독부는 조선의 농촌 경제를 안정시키고 농민들의 불만을 잠재우기 위해 구체적인 농촌 '구제' 방침을 내어 놓았다. 이른바 '농산어촌의 진흥, 자력갱생의 실시계획'을 발표하고, 그 해 11월부터 본격적으로 '농촌진흥운동'을 실시하였다.

실천 방법은 각 호(戶)를 지도·장려의 단위로 삼아 각 농가마다 '농촌경제갱생 5개년 계획'을 세우도록 하고 그것을 전국으로 파급시켜 '도, 읍면' 등은 물론 경찰, 관헌, 학교, 금융조합 등이 혼연일체가 되어 농민 지도의 제일선에 서도록 하였다. 이른바 하급관리를 유기적으로 철저하게 동원하며, 특히 경찰이 중심이 되어 치안정책과 농업정책을 강행하도록 하였다. 또한 '자작농지설정사업'을 통해 일부 농민에게 농지 구입 자금을 대부하여 자작농으로 육성함으로써 다수의 농민에게 자립의 환상을 심어주어 농민을 지배 체제 내에 묶어두려고 하였다. 그러나 제대로 지원을 하지 않아 효과는 지극히 제한적이었고 그나마 계획대로 진행되지 않았다. '조선농지령' (1934. 4)의 발포는 소작농을 보호하기 위해 지주제에 일정한 통제를 가한다는 것이 입법 취지였다. 그러나 소작제도의 핵심인 고율소작료는 그대로 둔 채, 소작기간 연장, 마름 규제와 같이 소작농에 대한 지나친 약탈을 자제시키는 정도에 불과하였다.

농촌진흥운동은 빈곤과 농가 부채를 해결하여 절대 궁핍 상태에서 벗어나는 것을 목표로 설정했음에도 불구하고 애초에 무리한 계획을 세웠고 구체적인 농촌 구제책이 없었다. 농민 궁핍의 원인을 농가의 게으름과 무지로 호도하여 궁핍한 농가에 절약을 강요하고 농민의 노동력을 최대한 소진하도록 압박하는 방식은 근본적으로 한계가 있을 수밖에 없었다.

그러나 농촌진흥운동은 결과적으로 일제의 침략전쟁에 농민의 노동력을 동원할 수 있게 만들었다. '농촌진흥운동=자력갱생운동'이라 선전하면서 모든 계층의 민중이 협력 일치하여 수행하는 '일대국민운동'으로 전개하였다. 농촌진흥운동은 당시 침략전쟁의 확대와 더불어 전 조선을 전체주의적 전시동원체제로 전환하는 식민지 정책 변화의 계기가 되었다고 볼 수 있다.

4) 조선공업화

일제는 병합 직후 조선의 민족 산업을 억제하고 조선을 자원 공급지와 일본 상품 판매 시장으로 만들기 위해 식민지 경제 구조 조정의 일환으로 회사령(1910. 12)을 공포하였다. 회사령에 따라 조선 내에서는 총독의 허가를 받아야 회사를 설립할 수 있었으며, 설립 후에도 총독의 엄중한 감독을 받아야만 하였다. 반면 일본 자본의 조선 진출은 보장되었다. 1916년 이후 회사령이 형식화되고 제1차 세계대전의 호경기로 회사와 공장 설립이 증가하였다. 1920년 회사령 철폐 이후에는 조선에서의 공장 설립이 본격화되었다. 그럼에도 불구하고 조선 민족 산업 억압 정책으로 조선인 공업은 영세하고 취약하였다.

1920년대 말부터 시작된 공황은 조선 내 산업의 분위기를 바꿔 놓았다. 일본 내 조선 쌀 배척 운동이 일어나고 조선 쌀 유입 반대 분위기가 확산되자 총독부는 농업 중심의 산업정책인 산미증식계획을 중단하고 공업화로의 전환을 모색해야만 하였다. 또한 조선 농촌 경제의 파탄과 도시 유입 인구의 증가가 사회문제화 되고 있었기 때문에 이들을 공업노동자로 흡수할 필요가 있었다. 한편 일본에서는 공황 극복을 위해 중요 산업을 카르텔화하고 생산과 판매를 통제하였다. 이 결과 과잉 산업 자본이 창출되었고 이들의 투자처가 필요해졌다.

1931년 조선총독으로 부임한 우가키 가즈시게[宇垣一成]는 이러한 국내외적 요구에 부응하여 '조선공업화' 정책을 실시하였다. 그는 '공업진흥에 의한 생활의 향상과 개선'을 통해 식민지 체제를 안정시키고 일본, 만주, 조선을 하나로 묶어 엔 블록 경제권을 완성하려고 하였다. 이를 위해 조선 내 투자 기반을 마련하고 자금을 지원함으로서 일본 자본의 진출을 유인하였다. 이러한 방식은 조선 산업에 대한 일본자본의 지배력을 강화시키는 것이기도 하였다. 조선으로 유입된 일본 자본은 대규모의 방직업, 기계, 화학공업 등에 투자되었다.

한편 1930년대 공업화가 급격히 진행되는 가운데 발생한 중일전쟁(1937)과 침략전쟁의 확대는 조선의 공업 구조를 바꾸어 놓았다. 이른바 '전시체제기'에 접어든 조선은 일본의 대

흥남 조선질소비료주식회사
1927년 5월 일본의 질소비료주식회사가 자본금 1000만 엔을 투자하여 설립한 동양 제일의 황산암모늄 비료 회사 [출처 : 부산시립박물관]

륙 침략을 위한 '병참기지'가 되었고 이에 따라 조선의 공업은 군수공업에 주력하게 되었다.

5) 전시체제기 농공업

중일전쟁 발발 이후 일제는 본격적으로 전시체제에 돌입하였다. 이에 따라 식량 및 공업원료의 수요가 증대되었으므로 조선총독부는 조선의 농공업을 전시체제에 맞추어 변화시킬 필요가 있었다. 30년대 중반 중단되었던 산미증식계획은 1940년을 전후한 시기 다시 실시되었고 전시 식량 확보를 위해 '미곡배급통제법', '조선미곡시장주식회사령', '조선미곡배급조정령' 등이 공포되었다. 본격적으로 국가에 의한 식량통제, 공출의 제도화, 배급제도가 실시된 것이다.

공출과 같은 농민 수탈은 농민의 생산의욕을 감소시켜 농업생산력 저하로까지 이어졌다. 조선 쌀의 생산고는 1937~38년을 정점으로 1940년대에는 격감하였다. 당시 조선 농촌은 조선인들이 일상적으로 소비하는 양곡은 물론이고 한국과 중국 주둔 일본군의 양곡까지 책임지고 있었기 때문에 생산량의 감소는 총독부에게 있어 심각한 문제였다. 이 문제를 해결하기 위해 총독부는 '공출사전할당제'(1943), '농업생산책임제'(1944)를 채택하여 공출제도(供出制度)를 강화하였다.

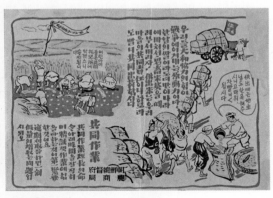

미곡공출 포스터 [출처 : 부산시립박물관]

전시체제기 공업 부분에서는 금속, 화학 등 군수공업이 강화되었고 지하자원 등 원료 반출을 위하여 철도, 항만 등의 교통기관이 확장되었다. 조선에서 확충해야 할 군수공업으로서 경금속, 석유, 소다, 황산암모늄, 폭약, 공작기계, 자동차, 철도차량, 선박, 항공기, 피혁 등을 구체적으로 설정하고 확충 계획과 방법을 세

대일본부인회 금속 공출 사진 [출처 : 대한민국역사박물관]

웠다. 조선의 산업구성을 기존의 경공업 중심에서 군수공업으로 재편하고 시국 산업 부문을 보호, 육성하기 위해 거액의 자본을 여기에 집중시켰다.

　이러한 정책은 1940년대 들어 더욱 강화되었다. 조선 공업의 군사적 재편은 '임시자금조정법', '수출입품 등 임시조치법', '국가총동원법' 등의 법령을 통해 강행되었다. 일제는 임시자금조정법으로 조선 금융통제와 군수산업부문의 투자를 강화할 수 있었다. 자본을 조달하기 위해 '저축장려운동'이 대대적으로 전개되기도 하였다. 군사적 생산의 확장과 강화는 물자통제로 이어졌고 이는 조선인들의 생활을 위협하는 것은 물론 중소기업의 몰락을 가져왔다. 또 국가총동원법의 조선 적용에 따라 강제적 노동력 동원이 일상화되었다.

【참고문헌】

강동진, 『일제의 한국침략정책사』, 한길사, 1980.

강만길, 『한국자본주의의 역사』, 역사비평사, 2000.

김경일, 『일제하 노동운동사』, 창작과 비평사, 1992.

김민영, 『일제의 조선인노동력수탈 연구』, 한울, 1995.

김영희, 『일제시대 농촌통제정책 연구』, 경인문화사, 2003.

김운태, 『일본제국주의의 한국통치』(개정판), 박영사, 1998.

박경식, 『일본제국주의의 조선지배』, 청아출판사, 1986.

박광서, 「일제하 토지조사사업과 분쟁지 조사에 관한 연구」, 『순천향사회과학연구 논문집』 3(1), 1997.

손정목, 『한국지방제도 자치사연구(상)』, 일지사, 1992.

윤명숙 지음/최민순 옮김, 『조선인 군위안부와 일본군 위안소제도』, 이학사, 2015.

이만규, 『조선교육사 Ⅱ』, (원문 1949 발행) 거름, 1988.

이영학, 「1920년대 조선총독부의 농업정책」, 『한국민족문화』 69, 부산대학교 한국민족문화연구소, 2018.

임종국, 『일제침략과 친일파』, 청사, 1982.

최원규, 「일제 토지조사사업에서의 소유권 사정(査定)과정과 재결」, 『한국근현대사연구』 25, 한국근현대사연구회, 2003.

홍순권, 『근대도시와 지방권력』, 선인, 2010.

IV 근현대

◆ 국내 민족해방운동에 대해 살펴본다.
◆ 국외 민족해방운동에 대해 살펴본다.

1. 국내 민족해방운동

1) 3·1운동

1910년대 국내외에서 다양한 형태로 전개되었던 민족해방운동이 하나로 결집되어 3·1운동으로 나타났다. 1910년 8월 29일 일본은 조선을 강점한 뒤 군사력을 앞세워 정치·경제·사회·문화의 각 분야에서 폭력적인 억압과 수탈을 자행하는 무단통치(武斷統治)를 실시하였다. 헌병경찰제도를 실시해 수많은 항일운동가들을 학살하고 투옥하였으며, 모든 반일 활동을 탄압하였다. 따라서 3·1운동은 일제의 폭압적인 식민지 지배에 대한 민족적 저항으로 일어났다.

3·1운동 당시 국외적으로는 1917년 제1차 세계대전이 독일을 비롯한 동맹국의 패전으로 종결되었다. 이후 1918년 1월 미국의 윌슨이 민족자결주의를 주창하면서 식민지 민족에게 민족해방의 가능성을 제시하였다. 이러한 제1차 세계대전의 종전과 함께 새로운 시대의 분위기는 국내외 항일민족운동의 기운을 고조시켰다. 이에 3·1운동은 각계각층의 사람들이 모여 약 200여만 명이 참가할 정도로 대규모 운동으로 확산되었다.

3·1운동의 주도세력은 천도교, 기독교, 불교 등 종교계 인사가 연합하여 이루어졌다. 이들은 민족대표 33인을 선발하고, 독립운동의 3대 원칙을 발표하였다. 이는 독립운동을 대중화할 것, 일원화할 것, 비폭력적으로 할 것을 결정하였다. 그리고 민족대표 33인은 폭력적 민중시위 사태와 이에

따른 희생을 막기 위해서 1919년 3월 1일 오후 2시 태화관에서 독립선언문을 낭독하였다. 이날 같은 시각에 청년, 학생, 지식인, 교사, 상인, 노동자 등 5,000여 명의 조선인은 파고다 공원에 모여 독립선언서를 낭독한 후 '대한독립만세'를 외쳤다.

청년·학생들이 비밀결사를 조직하여 독립선언서와 각종 유인물을 전국에 배포하면서 만세운동은 서울을 비롯하여 평양, 진남포, 안주, 의주, 선천, 원산 등의 주요 도시로 확산되었다. 상인들은 철시투쟁을 하였고, 노동자들도 3월 2일부터 공장지대가 밀접한 서울과 평양, 겸이포 등지에서 수백 명씩 참여하는 대규모 시위를 하였다. 노동자의 항일시위 이후 만세운동은 농촌지역으로 확산되었다. 평화적인 방법으로 시작된 시위는 대부분 일제 헌병의 총격 등의 무력행사로 주도자가 구금되거나 항일시위가 강제 해산 당하면서 점차 폭력시위로 변해갔다.

3·1운동은 일제의 무력탄압과 잔인성을 전 세계에 폭로하였고, 또한 우리 민족의 독립 의지를 강력히 호소했다는 점에서 큰 성공을 거두었다. 또한 일제가 식민통치정책을 '무단통치'에서 '문화통치'로 바꾸는 데 결정적인 역할을 하였다. 3·1운동은 전체 민족구성원이 참가한 최대 규모의 항일운동으로 자유와 평등을 추구하였다. 3·1운동을 계기로 민주공화제 이념이 전면적으로 보급되었고, 그 결과 공화제 형태의 대한민국 임시정부가 수립될 수 있었다.

3·1운동 이후 만주지역에서 본격적인 독립군단의 편성이 활성화되었다. 그 중 한 단체가 1919년 11월 10일 만주 길림성에서 성립된 의열단이다. 의열단은 일제의 주요기관·시설 파괴, 요인 암살, 밀정 및 친일·부일배 등 민족반역자 처단을 목표로 삼았다. 의열단의 투쟁은 강도가 높았고 일제에게 가한 타격이 컸으며 민중의 지지와 호응도 만세시위 못지않은 대일항쟁

이었다.

2) 문화운동

3·1운동으로 인해 1920년대 일제 식민지 지배정책이 변화함에 따라 문화통치 속에서 전개된 문화운동은 청년회운동, 신교육운동, 물산장려운동 등 문화적 실력양성운동을 일컫는다.

청년회운동은 1919년 말부터 1920년 말까지 신문화건설운동의 중심적 역할을 하였다. 이 운동은 1920년 12월 1일 전국의 121개의 지방 청년단체가 참가하여 조선청년회연합회 결성으로 절정에 달하였다. 청년회연합회는 사회를 혁신할 것, 세계에 지식을 광구할 것, 덕의(德義)를 존중할 것, 건강을 증진할 것, 산업을 진흥할 것 등 7대 강령을 발표하였다. 청년회연합회의 활동은 주로 강연을 통한 계몽활동에 집중하였다. 강연 내용은 조선청년의 사명, 민족의식의 고취, 농촌문제, 교육문제, 세계대세 등의 내용이었다. 청년회연합회의 문화운동은 '선민족개조 후독립', '선실력양성 후독립'을 표방하였다.

신교육운동은 신문화건설론에 따라 실력양성을 위한 근대 교육보급론으로 전개되었다. 3·1운동 이후 신교육에 대한 욕구가 커지면서 교육운동이 활발해졌다. 교육운동의 특징은 교육기회균등을 위한 학교 증설, 한국인 교육의 차별대우 폐지, 한국어 교육용어 사용, 한국사 과목 개설 요구 등이었다. 이런 시대적 요구에 따른 교육운동이 조선민립대학교 설치운동까지 확산되었고, 조선교육회가 모체가 되어 추진되었다. 그러나 조선교육회의 민립대학설립운동은 일제가 '경성제국대학령'을 발표함으로써 방해를 받았고, 또한 대홍수와 관동대진재(關東大震災), 한재 및 지주들의 불참 등으로 설립운동이 중단되었다.

1920년대 전반 대표적인 물산장려운동은 조만식(曺晩植)을 중심으로 한

■ 문화운동
본래 학술·문화·종교·언론운동 등을 가리키는 것이지만, 1920년대 초반의 문화운동이란 무력을 통한 독립운동 혹은 민중시위를 통한 독립 운동이 아닌 '문화적인 실력 양성을 통한 독립운동이었다.

■ 물산장려운동
3·1운동 후 개화한 근대 지식인층과 대지주들이 중심이 되어 물자 아껴쓰기 및 우리 산업 경제를 육성시키자는 취지 아래서 벌여 나간 민족경제 자립실천운동이다.

민족 지도자들과 자작회(自作會)가 주축이 되어 1920년 7월 20일 평양에서 조선물산장려회 발기인대회를 기점으로 시작되었다. 1923년 1월에는 서울에서도 만들어지면서 조선물산장려회는 전국적인 조직으로 발전하였다. 이렇게 평양에서 비롯된 토산품 애용운동은 일제의 탄압에 시달리며 경제적 착취를 당해오던 시민들을 일깨우는 계기가 되어, 소비조합을 비롯한 민족기업 등의 설립을 촉진시켰다. 하지만 일제는 조선물산장려운동을 새로운 민족운동으로 보고 탄압하기 시작하였고, 사람들의 열기도 줄어들어 결국 물산장려운동도 실패하였다.

1920년대 일제의 지배정책이 문화통치로 전환됨에 따라 조선인의 민족해방운동도 무력을 통한 독립운동보다는 '문화적인 실력양성'이라는 온건노선으로 전환하였다. 일제는 조선인들이 문화적 방법으로 운동노선을 변경한 것을 환영하였다. 이에 일제는 온건노선으로 전환한 문화운동을 동화주의를 지향하는 친일어용적인 운동으로 전환하려고 하였다. 일제의 그러한 의도는 상당한 성과를 거두어 청년회운동, 물산장려운동, 민립대학운동 등은 더 이상 발전하지 못하였다.

3) 신간회

1920년대 중반 국내 항일운동은 민족주의계열과 사회주의계열로 뚜렷이 나누어졌다. 러시아혁명의 성공과 소련의 식민지 해방운동에 대한 지원은 한인들에게 많은 영향을 주었고, 한인들 가운데서도 사회주의 사상을 받아들이는 사람들이 많았다. 1925년에는 조선공산당이 서울에서 결성되었다. 이러한 사회주의운동의 확산은 거꾸로 민족운동 내부의 갈등을 가져왔다. 이러한 갈등극복과 함께 전선의 통일을 이루려는 움직임이 동시에 일어났다. 이에 서울청년회와 물산장려회 계열의 민족주의자들이 먼저 조선민흥회를 결성하였다. 그리고 일본유학생 출신의 사회주의 사상단체 정우회가 1926년 '정우회 선언'을 발표하였다.

'정우회 선언' 이후 사회주의자들과 비타협적 민족주의자들은 협동전선 결성을 모색하여 1927년 2월 신간회(新幹會)를 창립하였다. 신간회의 회장은 이상재, 부회장은 홍명희가 선출되었다. 창립대회에서 신간회는 ① 정치적, 경제적 각성을 촉구함 ② 단결을 공고히 함 ③ 기회주의를 일체 부인함 등 3조의 강령을 채택하였다. 1928년 말 신간회 지회 총수는 143개, 회원 수는 2만 명에 이르렀다. 신간회 본부와 각 지회는 활발하게 진행되고 있던 각종 대중운동을 주도하거나 지원하였다.

신간회는 1929년 1월부터 시작된 원산노동자 총파업의 지원, 함남의 수력발전소 건설에 따른 매립지 보상운동, 화전민 방축사건에 대한 진상 규명과 항의 활동을 하였다. 또한 1929년 11월에 광주학생사건이 일어나자 진상조사단을 현지에 파견하는 한편 12월에는 서울에서 대규모 민중대회를 준비하는 등 학생운동을 전국적으로 확산시켜 나아갔다.

그러나 이러한 대규모 민중대회를 사전에 탐지한 일제 경찰은 신간회 중앙집행위원장인 허헌 등 간부들을 검거하였다. 간부들의 검거로 인해 신간회의 내부에서는 노선 갈등이 시작되었다. 김병로가 이끄는 새 집행부는 온건 방향으로 신간회운동 방향을 전환하고자 하였다. 신간회의 이와 같은 변화는 사회주의자들의 반발을 불러일으켰다. 그리고 때마침 코민테른은 1928년 「12월 테제」를 통하여 조선의 사회주의자들에게 민족주의자와의 협동전선을 포기하고 독자적인 운동을 촉구하였다. 이에 영향을 받은 일부 사회주의자들은 신간회 해소를 주장하였다. 이로써 신간회는 발족한 지 4년 만에 해산되었다.

신간회는 1920년대 후반에 민족주의 세력과 사회주의 세력이 합작하여 민족협동전선으로 역량을 하나로 결집시키는 역할을 한 것에 큰 의의를 가

정우회 선언

이들은 사회주의운동이 경제투쟁에서 정치투쟁으로 전환해야 한다는 것, 사회주의 세력과 민족주의세력이 제휴해야 한다는 것 등을 주장했다. 이에 민족주의자들도 호응하여 양측의 협동전선 결성이 모색되기 시작했다.

진다. 하지만 신간회 결성 이후 모든 민족해방운동의 역량이 신간회로 집중되어 청년운동, 노농운동이 약화되는 모습을 보이기도 하였다. 또한 신간회는 일제 경찰의 방해로 전국대회를 개최하지 못하는 등 활동에 큰 제약을 받았지만, 일제의 탄압에 의해 해산된 것이 아니라 신간회 회원들에 의해 스스로 해체되어 버린 것은 참으로 큰 민족적 손실이다.

4) 조선공산당과 적색농민조합운동·노동조합운동

조선에서는 1921년 무렵부터 청년, 학생, 지식인, 노동자들을 중심으로 사회주의 사상을 연구하는 사상단체 또는 청년회가 등장하였다. 서울청년회(1921. 1), 무산자동지회(1922. 1), 신상연구회(1923. 7), 화요회(1924. 11), 북풍회(1924. 11) 등 전국 각지에 사상단체가 조직되었다. 화요파, 북풍파, 조선노동당, 서울파 등 사회주의 단체들은 조선노농총동맹과 조선청년총동맹 등 전국적인 대중운동체를 조직한 이후 본격적으로 국내에 전위당으로서 조선공산당을 결성하였다.

1925년 4월 17일에 1차 조선공산당이 중국음식점 황금정 아서원에서 20여 명이 참가한 가운데 비밀리에 창당대회를 연 것을 비롯하여 1925년 12월 말부터 1926년 1월 초 사이 책임비서 강달영과 이준태, 이봉수, 김철수, 홍남표, 권오설 등을 중앙집권위원으로 하는 제2차 조선공산당이 구성되었다. 2차 조선공산당은 순종 장례일인 1926년 6월 10일 만세운동 준비단계에서 발각되어 책임비서인 강달영이 체포되고, 총 100여 명의 관련자도 체포되었다. 이리하여 1926년 9월에 ML당이라고도 불리는 3차 조선공산당이 김철수를 책임비서로 해서 다시 조직되었다. 책임비서를 김철수에서 안광천, 김준연, 김세연으로 바꾸면서 1년 넘게 활동을 유지했던 3차 조선공산당은 고려공산청년회원과 함께 200여 명이 검거되면서 해체되었다. 1928년 2월 '제3차 조선공산당사건'에서 검거를 피한 당원들이 중심이 되어 3월에 노동자 출신인 차금봉을 책임비서로 안광천, 양명, 한명찬 등이 간부로 선출되면서 4차 조선공산당이 결성되었다. 그러나 4차 조선공산당은 5개월도 채 안되어 1928년 7월~10월 책임비서인 차금봉이 구속되고 170여 명이 일제에 검거됨으로써 조직이 와해되었다.

조선공산당은 4차례에 걸쳐 일제의 폭압적인 탄압을 받아 무너졌지만, 그때마다 다시 당을 만들어 일제에 맞섰다. 하지만 1928년 「12월 테제」는 공장노동자와 빈농에 기초한 강철 같은 당조직의 복구와 강화를 지시하였다. 이와 함께 코민테른 「12월 테제」 이후 사회주의자들은 밑으로부터 노동자·농민을 조직하여 조선공산당을 재건하기 위해 본격적으로 노동조합과 농민조합에 뛰어들게 되었다.

1928년 코민테른 「12월 테제」를 계기로 사회주의 운동노선이 '전위당 중심'에서 '노농대중을 기초로 하는 당 재건'으로 바뀌면서 적색농민조합운동이 활발하게 전개되었다. 적색농민조합운동은 농민의 경제적 이익을 옹호하는 운동뿐만 아니라 사회주의자들의 혁명적 지도 아래 토지혁명을 비롯한 민족혁명의 주요 과제를 해결하려는 것이었다.

적색농민조합은 1930년대 농업공황으로 쌀값이 폭락하고 각종 세금부담으로 농민들이 파산몰락하면서 농촌에서 급격하게 전개되었다. 적색농민조합은 군·도(島)를 기본 단위로, 각 동리에 3~7명의 농조반을 조직하고, 이를 바탕으로 면 단위의 농민조합 지부를 결성하는 방식으로 1930년대 전국 220개 군·도 가운데 80개 정도의 지역에서 조직화를 이루었다. 1930년대 적색농민조합의 투쟁은 소작료 및 각종 공과금을 불납하거나 고리대를 상환하지 않는 등 식민지 수탈 경제체제에 도전하였다. 나아가 면사무소, 군청, 경찰서 등 통치기관과 수립조합, 삼림조합, 농장 사무소 등을 습격 파괴하거나 각종 기념일투쟁, 구속 동지 탈환투쟁 등 폭력적이고 혁명적인 투쟁을 펼쳤다.

이 밖에도 적색농민조합은 강연회·야학·독서회 등을 통해 반제 계급 의식과 항일의식을 고취하는 등 사회주의 교양사업도 진행하였다. 따라서 1930년대 적색농민조합운동은 농민운동을 민족해방운동의 부문운동으로 자리매김하는 데 중요한 역할을 수행하였다.

노동조합운동은 대도시 공장지대와 일제의 병참기지화 정책에 따라 새로 발달한 공업도시를 중심으로 전개되었다. 노동조합은 먼저 각 공장내에 작업장에 3~5명으로 공장반이나 공장그룹을 조직하고, 이를 기초로 공장분회(分會)로 설치하였다. 그 위에 공장위원회, 지역 산업별 노동조합, 나아가 전국적 산업별 노동조합을 결성하였다. 그리고 노동자의 이익을 옹호하는 경제투쟁을 통해 대중적 토대를 확대하고 이를 정치투쟁, 반제투쟁으로 나아가려고 하였다. 날로 심해지는 일제의 탄압 속에서 노동조합운동을 전개한다는 것은 목숨을 내건 운동이었고, 이러한 어려운 상황에서도 노동조합운동은 치열하게 전개되었다.

이에 1931년에서 1935년까지 노동조합운동 관련사건은 70건에 1,759명이 연루되었다. 그들의 공통적인 요구사항을 보면, 임금인하 및 노동시간 연장 반대, 임금인상, 8시간 노동제 실시, 성·연령·민족의 구별없이 동일노동에 대한 동일임금 지불, 사회보험 실시, 해고 반대, 매주 1일의 유급휴가, 성년은 매년 2주간·소년은 매년 1개월의 유급휴가, 파업권·노동자의 혁명적 단체권 확립, 일체의 정치범 즉시 석방, 조선과 만주에서의 일본군 철수 등이었다.

노동조합운동은 일제의 혹독한 탄압에도 불구하고 장기간에 걸쳐 지속적이고 반복적으로 진행되었다. 또한 일제의 탄압 아래서 파업형태도 동맹파업이나 데모, 공장습격과 점거 등 대규모 대중적 시위 형태와 전투적 형태로 전개되었다. 이러한 노동자들의 적극적인 투쟁은 농민의 대중적 투쟁에 영향을 미쳤으며, 노동자들은 농민들의 투쟁에 적극적으로 연대하고 지원하였다. 이 시기의 노동운동은 노동조합의 지도아래 일제 식민지통치에 저항하는 민족적·계급적 슬로건을 제시하였다.

조선공산당의 해산을 계기로 공산당 재건을 목표로 사회주의자들이 농민·노동자에게 집중하여 농민·노동조합운동을 전개하였다. 그러나 코민테른이 제시한 노동자·농민에 바탕을 둔 당재건의 과제는 조선의 사회주의자들에게는 과도한 요구였다. 1928년 12월에 해체된 조선공산당의 재건을 위한 각 분파들의 당재건운동은 1945년 해방이 되기까지 성공하지 못했지만, 8월 해방 직후 조선공산당의 재건으로 이어지게 되었다.

2. 국외 민족해방운동

1) 대한민국임시정부 수립

1919년 3·1운동이 전개되면서 국내외에서는 대한민국임시정부(이하 임시정부) 수립의 움직임이 나타났다. 가장 먼저 만들어진 임시정부는 1919년 3월 21일에 수립된 러시아령의 대한국민의회였다. 4월 1일 천도교에서 기호지역에 수립하려던 임시정부는 대한민간정부, 4월 9일 서울지역에

대한민국 3년 1월 1일, 임시정부 및 임시의정원 신년축하식 기념촬영
[출처: 국가기록원]

조선민국임시정부, 4월 11일 상하이에 대한민국임시정부, 4월 17일 평안도에 신한민국임시정부, 4월 23일 서울·인천에 한성임시정부, 그리고 동삼성(東三省:만주일대)의 고려임시공화국 등 6개 지역 이상에서 임시정부가 준비되었다.

이 가운데 러시아령 대한국민의회, 상해 대한민국임시정부, 서울 한성임시정부가 헌법·의회·정강·강령 등을 갖추었고 나머지 정부는 전단적(傳單的)인 범주에서 벗어나지 못했다. 이 3개의 실질적인 정부의 합의 내용을 살펴보면 상해 정부와 러시아령 정부를 해산하고 국내의 한성정부안을 계승하며, 정부의 위치는 상해에 둔다는 것이었다. 또 한성정부의 집정관총재 제도와 그 인선을 채용하고, 정부의 명칭은 '대한민국임시정부'로 하기로 하였다. 그 결과 임시정부는 상해에 집결하여 1919년 9월 11일 대한민국임시정부로 재탄생하였다.

임시정부는 9월 11일 '민주공화제'의 헌법을 제정하였다. 헌법은 삼권분립을 표방하였으며, 정부형태는 대통령중심제와 내각책임제를 절충한 것으로 하였다. 행정부는 대통령제로 운영되고 국무총리 아래에 내무·외무·재무·군무·법무·학무·교통·노동 등 8개 부를 두었다. 임시의정원은 출신 지역별로 선임된 의원으로 구성하였다. 임시의정원은 행정부보다 우위에 있었다. 대통령 이승만은 워싱턴에서 업무를 계속하였고 국무총리 이동휘는 9월 18일 상해에 도착하여 11월 3일 내각 취임식을 하였다.

임시정부는 초기에는 비교적 활발한 활동을 펼쳤으나, 이내 침체기에 들어갔다. 그것은 외교활동이 성과를 거두지 못했고, 일제의 감시와 탄압에 의해 국내로부터의 자금 조달이 어렵게 되었기 때문이었다. 또한 1924년 9월 임시정부의 임시의정원은 대통령 이승만이 임지를 떠나 미주에 너무 오래 머무르고 있으므로 국무총리 이동녕에게 대통령직을 대리하도록 명했다. 이에 이승만은 크게 반발하였고 임시정부에 내고 있던 하와이 동포들의 독립 자금을 이승만의 구미위원부에 내도록 하였다. 임시의정원은 1925년 3월 결국 이승만을 탄핵·파면하고, 박은식을 대통령으로 선출하였다. 박은식은 이후 대통령제를 국무령제로 바꾸고, 그 해 8월에 사임하였다.

1926년 12월 김구가 국무령에 취임하여 1932년 1월 이봉창의 일왕 폭살 미수 사건, 같은 해 4월 윤봉길의 홍구공원사건 등 항일무장투쟁을 전개 하였다. 1932년 5월 임시정부는 일제의 탄압을 피해 중국 절강성 항주(抗州)로, 37년에는 강소성 진강(鎭江)으로 옮겨 장개석과 협력하여 항일전을 펼쳤다. 1944년 김구를 주석으로 선출하였다. 미국군과 함께 광복군의 국 내진공작전을 준비하다가 해방을 맞았다. 임시정부의 내각과 정책은 해방 이후 계승되지 못했다.

2) 만주지역 무장투쟁-봉오동전투와 청산리전투-

3·1운동 이후 조선인이 약 50만 명 정도 살고 있던 만주지역에서 독립 운동가들은 본격적으로 일제와 무력으로 싸우는 무장투쟁을 준비하였다. 3·1운동을 전후하여 만주와 연해주에는 30여 개의 독립군 부대가 조직되 었는데, 그 중 압록강 이북 서간도 지역에 군정부(뒤에는 서로군정서로 개편), 두만강 이북 북간도 지역에 대한국민회군, 간도의 왕청현 지역에 대종교 세 력의 북로군정서, 그 밖에도 대한독립군, 대한의용군, 광복군총영 등이 활 발한 활동을 전개하였다.

독립군 부대가 펼친 전투 가운데 가장 큰 성과를 올린 전투는 1920년 6월 7일 홍범도와 최진동이 이끄는 대한독립군이 길림성 왕청현 봉오동에서 크 게 승리한 전투였다. 일본군이 봉오동을 향해 진격해 오는 상황을 보고받 은 홍범도와 최진동은 봉오동에서 일본군을 섬멸하기로 결정하고 우선 마 을 주민들에게 안전한 곳으로 대피명령을 내린 후 구체적인 작전에 돌입하였다. 홍범도는 일본군이 나타나면 교전하는 척하면서 후퇴하여 일본군을 포위망 안으로 유인해 오도록 명령하였다. 홍범도는 일본군 본대가 봉오동에 매복해 있는 독립군의 포위망 안으로 들어오면 일시에 공격하여 적을 격퇴하는 작전을 구사하였다. 이에 봉오동 전투에서는 일본군 1개 대대를 격파하였다.

같은 해 10월 김좌진과 이범석이 이끄는 북로군정서 부대는 청산리 전투에서 일본군 1,200여 명을 사살하고 2천여 명을 부상시키는 전과를 거두었다. 청산리 전투는 일본군 주력부대인 동지대(東支隊)가 김좌진이 이끄는 북로군정서군을 공격하기 위해 청산리방향으로 진격해 오는 것을 1920년 10월 21일 삼도구 청산리 백운평 부근의 골짜기에서 기습공격을 하여 크게 승리한 전투이다. 백운평 전투를 시작으로 완루구, 천수평, 어랑촌, 맹개골, 만기구, 쉬구, 천보산, 고동하 지역에서 1920년 10월 26일 새벽까지 약 6일간 10여 차례의 크고 작은 전투에서 독립군 연합부대가 일본정규군을 상대로 대승을 거두었다.

청산리 전투 당시 독립군의 병력규모는 북로군정서, 대한독립군, 훈춘국민회, 대한광복단, 대한의민단, 신민단 등을 합하여 약 2,000명 정도였다. 다시 말해, 다양한 독립군 전투부대가 산개한 상황에서 일본군이 그 사이로 들어왔고, 백운평 전투는 그러한 전체 전투 중 활약이 컸다. 청산리 전투 이후 대부분의 독립군은 북쪽으로 이동하여 북만주의 밀산에 집결했다가 이듬해 러시아령으로 이동하였다. 봉오동 전투와 청산리 전투의 승리는 1907년 조선의 군대가 해산된 이후 13년 만에 총을 들어 독립군이 일제의 정규군을 물리쳤다는 점에서 큰 의의가 있다. 또한 이 두 전투의 승리는 독립운동의 의지를 더욱 굳건히 할 수 있었던 사건이었다.

3) 1930년대 이후 민족해방운동

(1) 대한민국임시정부와 한국독립당

대한민국임시정부는 1919년 상해에서 수립되어 1945년 해방을 맞이할 때까지 27년 동안 중국에서 활동하였다. 상해를 중심으로 활동하던 임시정부는 1932년 윤봉길 의거를 결행한 후 항주(杭州)로 이전하였고, 이후 1937년 중일전쟁이 발발하면서 중국 대륙 여러 곳으로 옮겨 다니다가 최종적으로 정착한 곳이 중경이었다. 중경에 정착한 것은 1940년 9월이었다.

1937년 7월 중일전쟁을 계기로 민족협동의 필요성을 절감하고 대한민국임시정부 계열의 한국국민당과 좌익계열의 조선민족전선연맹은 제휴하여 1939년 '전국연합진선협회(全國聯合陣線協會)'를 조직하였다. 통일전선의 형성은 단순히 일시적 연합으로만 그친 것이 아니라 자유민주주의에 사회주의를 가미한 건국방략, 즉 좌우이념의 대립을 새로운 차원으로 통합하려고 시도하였으나 성공하지 못했다.

임시정부는 중경에 도착한 후 세력기반을 확대하고 조직과 체제를 정비하기 시작하였다. 세력기반을 확대하는 일은 3당으로 나뉘어 있던 민족주의 세력을 통합하는 것이었다. 1940년 5월 김구를 중심으로 한 한국국민당, 조소앙과 홍진이 주도한 한국독립당, 이청천을 비롯하여 만주에서 이동해 온 독립군 출신들이 주축이 된 조선혁명당은 합동하여 새로운 한국독립당을 만들어 임시정부를 강화하였다. 한국독립당이 중심이었던 임시정부는 일제가 패망할 것을 대비하여 1941년 11월 '건국강령'을 발표하였다. 건국강령 제1장 총강에서 "새로운 민주주의를 확립하고 사회계급을 타파함을 목적으로 한다"고 하고 제3장에서 "경제적 균등주의를 실현하기 위하여 모든 토지는 국유로 한다. 대생산과 기계는 국유로 한다. 일체의 적산은 몰수되어 국가가 이를 빈공·빈농 및 무산자에게 분배하거나 국영 또는 공영화한다"고 하여 조소앙이 주장한 이른바 '삼균주의'를 받아들였다.

한편, 1941년 중국 국민당 정부는 임시정부 지원의 조건으로 독립운동 세력이 통합 즉 민족혁명당 세력과의 통합을 요구하였다. 이 해 태평양전쟁이 발발하자 김원봉은 결국 임시정부 참여를 선언하였다. 김원봉 등 민족혁명당세력의 임시정부 참여는 일단 이들이 임시의정원에 참여하는 형식으로 이루어졌다. 그리고 이어서 조직을 확대하여 신설된 부주석에 김규식, 군무부장에 김원봉이 취임함으로써 임시정부는 좌우 통합정부가 되었다.

(2) 동북항일연군과 재만한인조국광복회

1930년대 전반 만주지역에서는 일본군에 맞서 싸우는 항일유격대가 조직되었다. 이와 같은 항일투쟁에 대응하여 1933년 9월 중국공산당 만주성위원회는 동북인민혁명군을 조직하였다. 이는 만주지역에 흩어져 있는 여러 무장부대의 연합적 군사력으로 특히 남만주 지역의 제1군, 동만주 지역의 제2군은 조선인이 주력이었다. 이들은 조국해방을 위해 끊임없이 국내진공작전을 진행하였다. 1935년 7월에 코민테른 7회 대회에서 식민지에서의 민족통일전선 방침이 제시됨에 따라 중국공산당도 국민당에 대해 내전중지와 항일통일전선 결성을 호소하게 되었고 그와 동시에 동북인민혁명군은 동북항일연군으로 확대 개편되었다.

동북항일연군의 조선인 무장부대들은 활발한 유격활동을 전개하기 위해 부대를 국내침공이 쉬운 한만국경으로 이동하였다. 한만국경지대에 도착한 부대는 제1로군 제2로군 병력 가운데 절반을 차지하던 한인들을 기반으로 '재만한인조국광복회(1936)'(이하 조국광복회)를 조직하였다. 조국광복회의 주요 간부는 오성륜, 이상준, 엄수명 등이었다. 조국광복회 창건 후 동북항일연군은 항일투쟁의 거점인 장백현 일대에 새로운 혁명근거지를 설치하고 전국적인 조직활동을 전개하였다. 또한 국내로 대원을 파견하여 박달, 박금철 등 국내 공산주의자들과 연계를 맺고 조국광복회의 국내 조직인 '한인민족해방동맹(1937)'을 결성하였다.

동북항일연군 제1로군과 제2로군에는 한인대원이 많았기 때문에 동북항일연군은 사실상 중국인과 한국인의 항일연합전선의 성격을 갖고 있었다. 동북항일연군은 해방까지 군대의 독자성을 유지하기 어려웠으며 실질적으로도 중국측의 영향력하에 있었다. 그러나 해방 후 북한 정권 수립과정에 참여한 다수가 동북항일연군에서 활동했던 사람들이었기 때문에 북한과 중국의 인적 유대는 강화되었고, 또한 중국공산당의 실질적 지원을 받을 수 있었다.

(3) 화북조선독립동맹과 조선의용군

일제가 조선을 강점한 뒤부터 산해관 남쪽의 중국은 보수적 민족주의자, 의열단원, 무정부주의자, 공산주의자 등 여러 성격을 지닌 항일세력들이 활동해 온 곳이었다. 관내 중국의 항일투쟁은 일제가 만주를 점령하자 대일전선이 화북지방으로 옮겨오면서 무장투쟁의 주요한 곳이 되었다.

1932년 11월 10일 중국 내의 독립운동 단체들 중 우파계열의 한국독립당(이동녕, 안창호, 김두봉), 한국광복동지회(김규식)와 좌파계열의 조선의열단(김원봉), 조선혁명당(최동오), 한국혁명당(민병길)이 상해에 모여 통일체로써 '한국대일전선통일동맹'을 결성하고 민족유일당을 세우기로 합의하였다. 그러나 이 동맹단체가 연락기관의 역할밖에 못하는 데 한계를 느끼고, 더 견고한 통일전선을 형성하기 위해 1935년 7월 난징(南京)에서 한국독립당, 신한독립당, 조선혁명당, 대한독립당, 의열단의 5당 대표 14명이 모여 '민족혁명당'을 창건하였다.

1937년 민족혁명당은 조소앙, 이청천, 최동오 등이 탈퇴하자 김원봉이 중심이 된 '조선민족혁명당'으로 개편되었다. 그리고 약화된 통일전선을 다

시 강화하기 위해 '조선민족해방운동자동맹'(김규광, 김창숙), '조선청년전위
동맹'(최창익), '조선혁명자연맹' 등의 단체들과 연합하여 1937년 12월 한구
(漢口)에서 '조선민족전선연맹'을 결성하였다.

1938년 10월 10일 조선민족전선연맹은 기본강령으로 '진정한 민주주의
독립국가 건설' 등을 내세우면서 자신의 군사조직으로 무한에 조선의용대
를 만들었다. 조선의용대는 민족혁명당이 조선의열단이었을 때 운영했던
조선혁명간부학교 졸업생을 중심으로 중국 국민당 정부의 원조를 받아 조
직하였다. 그러나 조선의용대는 일제에 맞서는데 소극적이었던 국민당과
그 지역 안에서 제대로 항일투쟁을 할 수 없었다.

호북성(湖北省) 무한에서 창설된 조선의용대의 주력 80여 명은 1941년 6월
화북의 팔로군 근거지로 들어와 현지에 있던 화북조선청년연합회(이하 조청)
인원들과 합하여 1941년 7월 7일 조선의용대 화북지대를 창설하였다. 이
어서 북상한 대원들은 점차 조청에 회원으로 가담하였다. 중국 진동남(晉
東南) 태항산(太行山) 지구에서 열린 조청 제2차 대회에서 조청을 화북조
선독립동맹으로, 조선의용대 화북지대를 조선의용군 화북지대로 개칭하였
다. 이 대회에서는 중앙지도기구도 개편하였는데 김두봉·무정·최창익·박
효삼·김학무·최야화·김창만·왕지연·이유민·진한중·이춘암 등 11명을 독
립동맹 본부 집행위원으로 선출하였다. 이 11명 가운데 김두봉이 주임위원
으로 선출되었다.

조선의용군 대원들은 화북 각지의 팔로군 유격지역에서 팔로군에 합세
하여 일본군과 전투를 벌였다. 조선의용군은 화북·화중 곳곳에 독립동맹
분맹을 두고 새로 포섭된 한인들을 분맹원으로 받아들여 세력을 늘렸다.
조선의용군은 중국 국민당 정부군과 합세하여 중국 각 지역에서 활발한
항일무장투쟁을 전개하여 많은 성과를 올렸다.

【참고문헌】

강만길 외 지음, 『통일지향 우리 민족해방운동사』, 역사비평사, 2000.

박영석, 『만주지역 한인사회와 항일독립운동』, 국학자료원, 2010.

박찬승 편, 『한국 근현대사를 읽는다』, 경인문화사, 2014.

박철하, 『청년운동』, 한국독립운동사편찬위원회, 2009.

역사학연구소, 『강좌 한국근현대사』, 풀빛, 2003.

이재화, 『한국근현대민족해방운동사』, 백산서당, 1994.

정병준, 『광복 직전 독립운동세력의 동향』, 한국독립운동사편찬위원회, 2009.

한국사연구회편, 『한국사 길잡이 下』, 지식산업사, 2013.

한시준, 『대한민국임시정부Ⅲ-중경시기』, 한국독립운동사편찬위원회, 2009.

한영우, 『다시찾는 우리역사』, 경세원, 2014.

◆ 일상과 대중문화를 통한 근대(성)을 탐구한다.
◆ 근대(성)과 식민성의 상관관계를 이해한다.

1. 식민지 근대와 일상

"잠을 깨세 잠을 깨세/ 사천년이 꿈속이라/ 만국이 회동하여/ 사해가 일가로다/ 구구세절 다 버리고/ 상하동심 동덕하세"(『독립신문』1896. 5. 26)

"기(汽:증기기관).전(電:전기).활(活:활동사진).우(郵:우편)를 천하의 네 가지 큰 그릇이라 하나니 이것들을 이용후생함이 다 국부민강의 대기초라."(『황성신문』1899. 5. 26)

기차와 전차 [출처 : 부산일보]

개항과 일본의 식민지화를 통해 등장한 전통과 다른 근대의 모습은 우리에게 사천년의 꿈속에서 깨어난 새로운 계몽의 시대로, '네 가지' 기계 문명의 발달로 인식되었다. 사람들은 이러한 새로운 시대의 기계 문명이 만들어 준 편리함과 실용성에 찬사를 보내면서 근대가 가져온 생활의 변화를 점차 실감해갔다. 과학의 발달이 이루어 낸 '문명개화'에 대한 놀람과 열광적인 숭배! 그것이 우리가 근대와 대면한 첫 장면이었다.

그러나 그 이면에는 이를 '우월한 문명'이라 주장하며 비서구로 가지고 온 서구, 그리고 서구의 무력에 굴복하여 이를 배우고 스스로 서구화하려고 한 일본의 제국주의적 의도가 숨어 있었다. 즉, '타자보다 우월한 자아'에 대한 인식 속에서 '문명과 야만'이라는 이분법적인 사고의 주입과 전파가 이루어졌다. 이를 통해 위계서열적인 식민지/제국의 구조를 관철시켰다. 그 속에는 자본주의적 부의 축적이라는 제국주의 국가의 욕망이 꿈틀대고 있었다.

이처럼 19~20세기 세계 자본주의 체제 아래 서구 중심의 세계 질서가 재편되던 시기, 세계 여러 나라는 각각의 입장에 따라 서로 다른 근대(성)를 경험했다. 불행히도 우리는 '자주적인 근대화'를 달성하지 못하고 일제에 의한 강압된 근대 즉, '식민지적 근대'를 경험해야 했다. 일제가 도입한 온갖 근대적인 제도, 사상, 그리고 문물은 '문명화의 사명'이라는 수사 아래 한국인을 굴복시켰을 뿐만 아니라 식민지 지배를 영속화하기 위해 내면화시켰다. 그런데 이마저도 식민지라는 특수성 때문에 한국인을 위한 것이라기보다는 일본(인)을 위한 제국주의의 욕망이 투영된 근대였다.

하지만 제국 일본의 의도가 어떻든지 간에 새로운 근대 문물은 식민지였던 한국 사회에 빠르고 깊숙이 스며들었다. 일부의 한국인들은 일상에서 그러한 문물에 젖어 들었다. 지금은 전면화 된 근대 문물과 일상을 당시는 부분적으로 향유하는 것에 그쳤다. 하지만 그 시작을 통해 지금의 우리를 확인하는 것은 그때와 지금을 이해하고 새로운 미래로 나아가기 위한 소중한 자양분이 될 것이다. 여기서는 서구와 제국 일본에 의해 전파된 근대 문물과 일상의 변화를 부분적이지만 도시화와 소비문화, 대중문화로서의 영화, 그리고 '새로운 인간'으로서의 여성 등을 통해 그 일단을 엿보도록 하자.

2. 식민지 도시의 탄생과 도시화

한국은 일본에 의해
개항된 이후 서울인 한
양을 중심으로 상하수
도 공사 등 새로운 근대
도시 건설이 고종의 광
무개혁에 의해 추진되
었다. 반면, 서구와 일
본에 의해 창출된 치외

1907년 한국부산항시가명세도 [개인소장]

법권인 '조계' 등 개항장과 개시장의 외국인 거주 지역은 이들 국가와 거주
민들에 의해, 특히 일본 정부를 비롯한 한국에 거주하던 일본인들에 의해
추진되었다. 이들은 '조계'를 '거류지'로 명명하고 근대적인 시가지로 조성하
는 한편, 조계 밖의 한국인 토지를 불법으로 사들여 직선적이고 반듯한 격
자형의 근대적인 시가지를 만들고 확장하기 시작했다.

제국 일본의 강제병합은 한국 측 도시 건설의 노력을 수포로 돌아가게
하는 한편, 조선총독부를 중심으로 하는 식민권력의 '합법적' 행정력을 통
해 식민지 근대도시를 만들어갔다. 조선총독부와 식민지 한국에 거주하
는 일본인들은 일본인 중심의 도시 건설을 위해 본국 일본과의 연결을 위
한 새로운 도시 공간인 항만 개발은 물론 도시의 혈맥과도 같은 철도와 전
철, 그리고 도로 등 교통망의 확충에 나섰다. 이와 병행해 '도시계획'인 '시
구개정', 그리고 '조선시가지계획령'으로 대표되는 '시가지계획' 등을 통해 도
시영역을 점차 농촌지역으로 확장했다. 나아가 확장된 영역을 다시 재편하
여 거주지구, 공업지구, 풍치지구 등으로 세분화하는 등 도시화의 기틀을
마련했다.

▌근대도시

근대도시는 인간에 의해 압축
적으로 표현된 근대적 공간
으로, 신의 공간으로 숭고의
대상이던 자연의 인공화이며
세속화라고 할 수 있다. 근대
이후 진행된 도시화는 신의
공간인 자연을 세속화하는
과정을 통해 구축되었다. 이는
새로운 공간의 인위적 창출과
도시 계획에 따른 도로망과
필지구획 등을 통해 이루어
졌다.

근대 도시의 형성과 영역의 확대는 일본인이 거주하는 영역을 중심으로 농촌지역의 한국인들을 끌어들이는 형태였다. 따라서 공간적으로 한국인 거주지와 일본인 거주지의 분리를 토대로 형성되고 있었기 때문에 민족적 차별을 드러내는 것이기도 했다. 다만 도시화의 진전에 따라 한국인들도 도시화의 영향을 조금씩 받기 시작했기 때문에 계급, 계층적 차별도 차츰 심화되기 시작했다.

한편, 앞에서도 언급한 것처럼 도시화는 도시 공간의 창출과 더불어 교통망의 확장을 통해 심화되었다. 당시 교통기관의 대표인 항구와 기선, 역과 기차는 그 자체로 도시의 상징일 뿐만 아니라 근대 문물과 일상의 전파자이기도 했다. 따라서 항구와 역의 건설은 식민지 근대도시의 탄생을 의미했고 이와 같은 새로운 도시의 탄생은 전통적인 도시의 붕괴 또는 쇠락을 의미했다. 대표적으로 대전의 탄생은 전통도시 공주의 쇠락을 초래했고 부산의 탄생은 경상도의 대표적인 전통도시 대구와 진주의 쇠락을 가져오기도 했다.

반면 교통망의 설치는 식민지라는 한계에도 불구하고 폐쇄적인 지리적 한계를 극복하고 세계와 소통할 수 있는 근대적 신체와 새로운 '심상지리' 감각을 갖출 수 있었다. 또한 근대화와 도시화의 기초인 '일일생활권'을 탄생시킴으로써 '속도'와 '도시민'이라는 공통감각을 갖출 수 있게 했다. 뿐만 아니라 이들 교통수단은 근대 문물과 도시 문화의 유통에도 직결되었다.

도시화가 심화되고 또 사람과 상품이 교통

미나카이 백화점 [개인소장]

망을 통해 소통되기 시작하자, 근대 문물에 의한 자본주의 문화와 여가 문화가 일상에 자리 잡기 시작했다. 도시 공간의 탄생과 소통을 통해 근대 문물인 상품을 토대로 한 자본주의 문화는 '메인스트리트'라고 할 수 있는 번화한 상점가를 만들었다. 백화점과 상가, 식당과 영화관 등 근대 소비문화를 향유할 수 있는 이 거리에는 수많은 일본인과 한국인들로 넘쳐 났다. 물론 이 같은 상점가는 일본인 중심가였다. 하지만 도시화가 진전되면서 한국인들도 이 거리를 차츰 기웃거리기 시작했다.

이로 말미암아 번화한 상점가는 새로운 근대적 인간군상이라고 할 수 있는 '모던보이', '모던걸', '유한마담', '셀러리맨'들이 할 일 없어도 산책하며 구경하는 등 근대적 거리로 변모했다. 식민지 근대도시의 상점가는 제국 일본의 중심, 도쿄의 긴자거리처럼 번성하기 시작했다. 이른바 긴자거리를 어슬렁거리는 '긴부라'가 있다면 경성의 번화가인 본정거리를 어슬렁거리는 '혼부라'와 부산의 번화가인 장수통을 어슬렁거리는 '나가부라'도 존재했다.

뿐만 아니라 전철과 기차 그리고 자동차 등 교통망의 정비와 함께 교내외의 여가 문화도 확산되었다. 일본인들에 의해 추진되고 점차 한국인들도 일부 향유하기 시작한 여가 문화는 기차와 기선을 이용한 해외여행은 물론 도시 안팎의 온천욕과 밤의 벚꽃놀이(夜櫻), 여름마다 펼쳐지는 해수욕과 캠핑 그리고 불꽃놀이, 공설운동장의 야구와 정구 등 각종 체육대회, 경마장의 경마와 골프장의 골프 등 전시기 전방위로 확장되었다. 물론 경마와 골프는 일본인들로 구성된 동호회와 클럽에 의해 설치 운영됨으로써 한국인에게는 제한적이었다. 하지만 온천욕과 해수욕 그리고 체육대회 등은 '국가'와 '자본'에 부합하는 근대적 신체를 만들어야 한다는 명분 속에서 점차 한국인에게도 조금씩 확장되어 일상화된 여가 문화로 차츰 자리잡기 시작했다고 할 수 있다.

근대적 인간

근대적 인간은 신과 신의 공간인 자연의 속박으로부터 분리된 '주체적 인간'을 의미한다. 전근대의 인간은 신에 의한 질서와 이를 표상화한 신분제의 구속으로 말미암아 그저 주어진 삶을 살아가는 것이 최선의 길이었다. 그러나 근대는 신으로부터 벗어나 더 이상 이와 같은 수동적 삶이 아니라 능동적 삶이 가치 있는 것임을 전파하기 시작했다. 즉, 근대는 세계에 구속되는 것이 아니라 세계를 대상으로 자신의 삶을 주도적으로 개척해 나갈 운명을 인간에게 부여했다. 따라서 근대적 인간은 기존의 전통적 인간상과는 질적으로 다른 새로운 인간상의 출현을 초래할 수밖에 없었다. '시민'의 탄생이 이를 가장 잘 보여준다고 할 수 있다. 그런데 전근대 사회에도 존재했지만 주체적 인간으로 명명되지 못했던 여성과 아동, 그리고 청년 등의 출현도 근대적 주체의 탄생에서 특이할 만한 사건이라고 할 수 있다.

3. 식민지 대중문화와 영화

일제강점기는 왜곡된 형태이긴 하지만 제국 일본을 위한 자본주의적 발전이 식민지에도 진행되고 근대적인 신문, 방송, 음반, 극장 등 대중매체도 도입되었기 때문에 다양한 대중문화가 싹틀 수 있는 토대가 갖춰졌다. 그중 영화와 대중가요, 그리고 신파극이 식민지 시기 한국인들에게 많은 영향을 끼쳤다. 특히 영화는 한국인에게 너무나 신기한 문화였다. 한국인들은 영화를 보면서 새로운 근대를 확인하고 학습했다. 또한 극장을 통해 근대인의 규율도 익혔다. 반면 한국인 스스로의 영화 제작은 한국인들의 정체성 인식은 물론 민족과 계급의식의 고양에도 기여했다.

이처럼 영화가 사람에게 미치는 영향이 크자, 근대국가는 영화를 통해 국민을 계몽하거나 이데올로기를 선전하는 도구로 활용했다. 당연하겠지만 제국 일본도 식민지 지배를 정당화하고 공고화하기 위해 영화를 적극 활용하기도 하고 통제하기도 했다. 영화는 식민지에서 근대성과 식민성을 모두 경험할 수 있는 대중문화였던 것이다. 이제 그 수용과정과 식민지에서의 영화에 대해 대략적으로 살펴보도록 하자.

한국에서 최초의 영화 상영은 1903년 한성전기회사의 미국인 콜브란이 전차승객을 유치하기 위해 상영한 것이 의외의 호응을 얻자 상설적인 유료 상영을 시작한 것으로부터 기인한다고 한다. 한성전기가 상영한 활동사진을 비롯해 1910년대 영화는 대부분 외국의 기차, 경치, 해수욕 등 풍경과 풍속, 그리고 문물을 소개하는 기록필름이 주종을 이루어 그저 충격과 호기심, 놀라운 볼거리를 제공하는데 그쳤다.

1910년을 전후하여 유럽영화는 '죄와벌', '햄릿' 등 장편 소설이 영화화되고 최초의 만화영화인 '작은 파우스트'가 만들어질 정도로 발전했지만 식민지 조선은 그렇지 못했다. 아직까지 대중문화는 서구의 영화를 그대로 수

대중문화

대중문화는 문화의 생산이라는 측면에서 대중매체에 의해 대량으로 복제되는 문화라는 의미(mass culture)와 문화의 소비라는 측면에서 다수의 사람들이 향유하는 문화(popular culture)라는 두 가지 의미를 모두 포괄한다. 그래서 대중문화는 대중매체의 발달과 자본주의적 발전과 긴밀한 관계를 맺을 수밖에 없다. 이 때문에 대중문화의 주요 장르는 영화, 가요, 방송, 무용, 소설 등이며 이들 문화는 대중매체를 통해 '상품'으로 대중과 만나게 된다.

시네마토그라프 (Cinematographe)

1895년 프랑스의 뤼미에르 형제가 처음 만든 시네마토그라프(Cinematographe)는 '무성영화'이며 그야말로 '활동사진'이었다. 이 시네마토그라프는 곧바로 아시아로 전파되었는데, 인도에서 상영된 이후 중국, 일본으로 확대되었다. 1897년 일본에서 처음 '활동사진'이란 용어가 사용되었고, 1901년 정도에는 조선에서도 사용되었다. 처음 대중에게 상영한 영화는 드라마라기보다는 '공장을 나서는 노동자들과 같은 실제 장면이었다.

입하거나 아니면 신파극처럼 그것을 무분별하게 베끼는 과정에 있었다. 신파극은 19세기 후반부터 일본에서 유행하던 '신극'의 한 형식이며 일본에 의해 이식된 문화조류였다. 하지만 대부분 저급한 통속물로서 대중의 정서를 오염시켜 왔다는 의미로 많이 이해되었다.

한국에서 최초의 신파극은 1909년 이인직의 '은세계'가 원각사에서 공연된 것이 효시로 알려져 있다. 초기 신파극은 대부분이 일본 대중소설의 복사판이었기에 한국인의 문화적

원각사 [출처 : 국립중앙도서관]

정서를 직접적으로 반영하고 있지 못했다. 그런데 식민지라는 시대적 상황과 한(恨)의 정서가 신파극의 감상성과 맞물리면서 점차 대중의 인기를 구가했다. 이수일과 심순애로 더 잘 알려진 '장한몽'의 성공은 이를 잘 보여주는 예였다. 나아가 신파극은 당시 대중의 관심을 끌었던 영화의 인기에 착안하여, 연극 사이사이에 영화장면을 삽입하는 연쇄극(連鎖劇)을 만들어냈다.

연쇄극은 '연쇄활동사진극' 또는 '키노드라마'라고도 하는데 일본에서 이미 상영되고 있던 것을 조선에 옮겨온 것이었다. 최초의 연쇄극은 1919년 단성사 주인 박승필과 신파극단 신극좌의 운영자 겸 배우 김도산에 의해 만들어진 '의리적 구투'였으며, 이후 1920년대 전반기까지 다수 만들어졌다. 연쇄극은 흥행면에서 큰 수입을 올렸고, 극영화가 만들어지기 전 시도된 최초의 우리 영화라는 점에서 한국영화사에서 그 의미가 컸다. 나아가

신파류의 내용이 식민지 시기 우리 영화의 대부분을 차지할 정도로 한국 영화와 대중문화에 끼친 영향도 상당했다.

신파극과 연쇄극은 대부분의 소재가 가정, 여성, 사랑 등에 한정되어 대중의 취미에 잘 영합했다. 그러나 세속적인 스토리, 감정의 과잉, 비극적 갈등과 상투적인 해피엔딩, 등장인물의 통속성과 유형성으로 말미암아 본질적 문제의 해결보다는 일시적 도피 욕구를 만족시키는 것에 머물렀다. 그 결과 당시 가장 큰 문제로 자리 잡은 봉건성과 근대성의 충돌, 식민지의 비극을 체념으로 일관케 함으로써 역사적 비관주의와 체제 순응적인 비극 정서를 한국인에게 유포시켰다.

연쇄극 이후 1923년 한국 최초의 극영화인 '국경'이 제작되었다. 뒤이어 조선총독부가 저축 장려를 목적으로 만든 '월하의 맹서'가 제작되는 등 극영화가 본격적으로 나오기 시작했다. 극영화 제작과 상영은 영화에 대한 대중들의 관심을 더욱 증가시켜 이 시기 전국 주요 도시마다 상설관이 생길 정도로 영화시장도 확장되었다. 본격적인 흥행극 제작의 시도는 영화산업의 상품성을 인식한 일본인에 의해서였다.

1923년 1월 일본인 하야가와[早川增太郎]가 '동아문인협회'라는 영화사를 만들고 조선인의 정서에 기대어 '춘향전'을 만들어 흥행에 성공하자 부산에 있던 나데[名出晉一]도 돈을 벌 목적으로 자본금 20만원의 조선키네마주식회사를 차려 '해의 비곡'을 제작했다. 한편 박승필, 윤백남, 이필우 등 한국인들도 고려키네마사, 반도키네마사 등의 영화사를 만들고, '장화홍련전', '개척자', '장한몽', '산채왕', '쌍옥루' 같은 영화를 만들었다. 하지만 이들 영화사의 자본 부족과 투기적 속성으로 말미암아 전체적으로 흥행에 성공하는 예가 드물었고 파산하는 영화사가 속출했다. 다만 초기 영화제작의 여러 문제에도 불구하고 이후 우리 영화를 이끌어나갈 나운규와 같은 많은

영화 인재들을 배출하
기도 했다.

영화 아리랑 [출처 : 한국영상자료원]

한편, 1926년 '아리랑'
의 개막과 함께 민족주
의 리얼리즘 영화시대가
시작되었다. 3.1운동 이
후 민족해방을 위한 각
부문의 운동역량이 성

장함에 따라 문화예술계도 민족의 현실과 처지를 예술에 반영하기 위해 노
력했다. 영화에서도 '아리랑'을 필두로 식민지 민족의 현실과 처지를 구체적
이고 전형적으로 보여주는 민족주의 리얼리즘 경향의 영화가 1935년경까
지 80여 편 제작되어 관객수도 폭발적으로 증가했다. 그러나 식민지 한국
의 민족주의 리얼리즘 영화는 표현에 일정한 제한을 가질 수밖에 없었다.
'아리랑'이 당대의 모순구조를 정확히 설정하고 그것에 저항하는 식민지 지
식인의 모습을 그리고 있지만, 모순구조의 총체적 해결을 위한 구체성은
결여될 수밖에 없었다.

또 다른 하나의 조류로 사회주의 리얼리즘 영화가 등장했다. 사회주의
리얼리즘 영화는 1927년 안종화를 중심으로 '조선영화예술협회'에서 제작
한 '유랑(流浪)'이 최초였다. 이 작품은 지주에게 항거하는 무산계급의 농민
들이 계급투쟁을 부르짖으면서 노동에 시달리는 과정을 객관적으로 묘사
한 내용이었다. 이후 '서울키노(서울영화공장)'으로 바꾸고 1929년 '혼가(昏
街)'를 발표했지만 이들 영화는 흥행에 성공하지 못했다. 하지만 사회주의
리얼리즘 예술운동은 당대의 사회주의 운동의 성장과 결부되어 전국적으
로 퍼져나갔다.

1930년대에 들어서면서 서구 영화는 토키시대로 접어들었다. 토키영화의 등장은 한국영화계의 시련으로 이어졌다. 영화제작비의 확대와 1929년 몰아닥친 세계대공황으로 말미암아 영화계는 크나큰 위기에 직면했다. 또한 제국 일본도 영화의 상품적 가치와 선전 효과에 주목하는 한편 영화가 한국인들에게 미치는 영향을 간파하여 검열을 더욱 강화했다.

조선총독부는 1934년 '활동사진영화취체규칙', 1940년 '조선영화령'을 공포하여 영화통제정책을 실시했다. 이는 기본적으로 우리 영화에 대한 통제와 일본 영화의 한국 진출을 강화시켜 시장을 장악하고 민족정서를 말살하기 위한 것이었다. 결국 한국인들이 만든 영화사는 통합이라는 이름 아래 일본인에게 주도권을 완전히 빼앗겼다. 나아가 제국 일본의 전시배급체제가 시작되자 식민권력이 주도하여 제작한 선전수단으로서의 전시영화만 상영되어 한국인은 더 이상 이외에는 어떤 것도 볼 수 없게 되었다.

4. 근대적 인간의 탄생과 여성

전근대 전통적인 사고방식 속에서 한국의 여성은 결혼하지 않은 '계집아이'와 결혼한 '부인'으로만 존재했다. 개항 이후 새로운 근대적 문물의 도입과 다른 국가의 사정이 개화 사상가들에 의해 알려지면서 개화의 바람이 한국의 여성들에게도 불어왔다. 1898년 9월 서울 북촌의 양반여성들이 한국 최초의 여권운동으로 '여권통문(女權通文)'을 발표했다. 이는 '여학교 설시 통문(女學校設始通文)'으로 여성의 교육받을 권리를 강조하는 것이었지만 이와 함께 여성의 정치·경제활동 참여권도 요구하는 주장이었다. 이를 위해 이들은 찬양회(贊襄會)를 조직하고 관립여학교 설립을 추진했다. 그러나 정부의 미온적 태도로 그 뜻을 이루지 못하고 1899년 2월 30명 정원의 사립 순성여학교를 개교하여 1903년까지 여성교육을 담당했다.

1905년 이후 국권회복을 위한 계몽운동과 여성교육에 대한 사회적 요구로 말미암아 여학교와 여성단체들이 급증했다. 이 무렵 전국에 세워진 여학교만 170여 개로 집계되었다. 그런데 여성교육의 활성화는 여성 의식의 성장에 기인하기 보다는 국가 위기상황에서 계몽운동가들이 여성교육을 통해 애국심 강한 어머니로서 현모양처를 길러내기 위한 것이었다. 이른바 여성의 주체적 자각을 일깨우는 데는 미흡했다.

하지만 이러한 상황에도 여성들의 주체적 구국운동은 빛을 발했다. 대표적으로 의병운동에서 활약한 윤희순(1860~1935)은 물론, 1907년 일본에 진 빚 1,300만 환을 국민의 힘으로 갚아 국권을 회복하겠다는 국채보상운동에도 양반층 부인에서부터 기생 출신 여성까지 다양한 계층의 여성들이 '국채보상부인회' 등을 결성하고 적극적으로 참여했다. 이를 통해 새로운 여성층의 성장을 보게 되었던 것이다.

강제병합 이후 제국 일본은 그들의 필요에 의한 산업화를 식민지에도 부분적으로 추진했다. 이에 따라 많은 사람들이 농촌에서 도시로 이주하면서 여성의 경제활동에도 변화가 일어났다. 당시 여성들은 전통적인 농림·목축업에 90% 정도 참여했지만, 새로운 경제활동으로 상업에 4%, 공업에 1% 내외로 참여하기도 했다. 새로운 경제활동으로 상업의 경우 주로 상업 및 서비스 부문에 흡수되었는데, 특히 접객업, 노점상, 행상, 가사사용인 등의 직종이 두드러졌다. 공업의 경우 전체 노동자 내의 비율은 방직, 정미공업의 발달로 상당했다. 하지만 여성의 새로운 경제활동은 저임금을 기반으로 하는 업종이며 불안정한 상태로 노동력을 착취당했다. 이제 여성에 대한 억압은 봉건적, 가부장적 착취구조가 온존한 채 자본주의라는 또 하나의 억압구조가 첨가되었던 것이다.

일제강점기 여성은 전근대적 모순과 자본주의적 억압, 그리고 식민지 상

황을 타파하기 위해 노
력하지 않으면 주체로서
자리매김할 수 없었다.
3.1운동의 결과 1920년
대부터 교육받은 신여성
을 중심으로 초보적인
의식계몽운동에서 여성
해방을 위한 여성운동

동래일신여학교 신사임당 시 수업(1934)
[출처 : 학교법인 동래학원]

으로 나아갔다. 특히 초기 신여성은 근대적 신체(양장, 구두, 양산, 모자, 숄, 안
경 그리고 단발)를 통해 곧 근대의 상징으로 여겨졌지만 신여성은 다양하게
분화되어 있었다. 주로 모성에 앞서 여성을 강조한 급진적 자유주의를 대표
하는 나혜석, 김명순, 김원주 등이 있는가 하면, 계급모순을 강조하며 반봉
건 계급투쟁을 주장하는 사회주의를 대표하는 허정숙, 주세죽, 정칠성, 정
종명 등이 있으며, 일부일처제를 강조하고 축첩제도를 비판하는 기독교 계
몽운동의 영향을 받은 신여성도 존재했다.

이와 같은 다양한 신여성 중 민족주의계열과 사회주의계열은 새로운 사
회를 위한 실천의 구체적인 단체로 근우회를 조직하고 활동했다. 근우회는
봉건적 인습을 타파하고 여성에 대한 일체의 차별을 철폐할 것을 주장했
다. 나아가 부인 노동자의 임금 차별을 철폐하고 산전 산후의 휴양은 물론
부인 농민의 경제적 이익을 옹호했다. 근우회의 해소 이후에도 1930년대
여성노동운동과 여성농민운동은 여전히 여성문제를 제기하며 활발히 전개
되었다.

이와 대조적으로 식민지 한국의 두 권력 주체인 하부의 남성권력과 상
부의 식민권력은 여성을 바라보는 시선에서는 묘하게 닮아 있었다고 할 수

있다. 당시 지식인 남성은 여성상으로 여전히 남편의 보조와 자녀의 양육을 위한 어머니이자 아내로 규정하며 현모양처를 강조했다. 한편, 1930년대 이른바 '만주사변'과 중일전쟁으로 말미암아 식민지가 전시체제에 접어들자 식민권력은 전쟁에 동원하기 위해 제국 일본에 충성하고 전장에서 목숨 바쳐 싸울 수 있는 충성스런 신민의 양육이라는 모성애를 강조했다. 이에 따라 단순한 현모양처를 넘어 '군국의 어머니', '총후 부인'으로서 '건모(健母)'상을 정립했다. 이들 두 시선은 안팎의 가정을 지켜야 한다는 여성상으로 묘하게 중첩되어 있었던 것이다.

【참고문헌】

부경역사연구소, 『한국사와 한국인(근현대편)』, 선인, 2003.

부경역사연구소, 『시민을 위한 부산의 역사』, 선인, 2012.

손정목, 『일제강점기 도시사회상연구』, 일지사, 2005.

손정목, 『일제강점기 도시화과정연구』, 일지사, 1996.

송찬섭 외, 『근대적 일상과 여가의 탄생』, 지식의날개, 2018.

이송희, 『한국현대여성운동사』, 백산서당, 1994.

이효인 외, 『한국근대영화사』, 돌베개, 2019.

최규진 엮음, 『근대를 보는 창 20』, 서해문집, 2007.

1. 해방과 미소의 한반도 점령

1945년 8월 15일, "삼각산이 일어나 더덩실 춤이라도 추고" "한강물이 뒤집혀 용솟음 칠" 그 날이 왔다. 해방은 조선 인민에게 기쁨과 환희의 날이었고, 그 기쁨은 일제시기 내내 식민지배에 저항해 온 민족해방운동이 있었기에 가능한 것이었다. 그러나 해방은 조선 인민의 투쟁과 저항만으로 얻어진 것이 아니었다. 파시즘과 반파시즘의 대결이었던 제2차 세계대전에서 일본이 항복하고, 연합국이 승리함으로써 얻어진 것이기도 했다. 그 결과 해방 후 38선을 경계로 남북한을 분할 점령한 미국과 소련이 해방 정국의 중요한 변수로 등장했다. 미국과 소련은 연합국으로 함께 2차 대전을 승리로 이끌었지만, 전쟁이 끝난 후 세계질서가 동서 냉전으로 재편되면서 각각 자본주의체제와 사회주의체제를 확장하는 데 열을 올렸다.

식민지 체제에서 벗어나 해방을 맞이했지만, 조선 인민은 향후 식민 잔재를 청산하고 자주적인 근대민족국가를 수립해야 했다. 당시 미군정이 실시한 여론조사에 의하면, 순수 자

해방기념사진 [출처 : 대한민국역사박물관]

본주의 지향 세력이 17%, 공산주의 지향 세력이 13%, 사회주의 지향 세력이 70%로 나타났다. 사회주의를 중도 정치노선으로 볼 수 있다면 해방 후 조선 인민들이 지향하는 국가체제가 어떤 것이었는지를 가늠할 수 있다. 그러나 해방은 불완전했고, 새로운 국가를 건설하려는 다양한 정치세력, 미국과 소련, 친일파 등이 얽이면서 해방 정국의 신국가수립운동은 복잡하게 전개되었다.

1) 연합국의 한반도 정책

미국은 일본과 전쟁을 치르면서 한반도 문제에 관심을 가지게 되었다. 한반도의 경우 식민지 시기동안 지속적으로 민족해방운동을 해 왔던 사실을 알고 있었기 때문에, 연합국들은 전쟁이 끝난 후 한반도를 패전국의 식민지로 남겨둘 수 없다는 점에 인식을 같이 했다. 다만 바로 독립시킬 것인가, 바로 독립시키지 않는다면 어떻게 할 것인가가 문제였다. 이러한 가운데 미국은 한반도를 연합국의 국제 공동관리구역으로 지정해 신탁통치할 것을 구상했다.

이후 연합국은 1943년 11월 카이로 선언에서 "일정한 절차를 밟아서(in due course) 조선을 자유 및 독립국가로 할 결의를 가진다"라고 했다. 1945년 2월 얄타회담에서 미국의 루즈벨트는 한반도의 신탁통치 기간에 대해 2,30년으로 말했고, 스탈린은 기간이 짧을수록 좋다는 의견을 제시했다. 같은 해 7월에 열린 포츠담회담에서는 미·소·영·중 4개국에 의한 5년 내지 10년간의 한반도 신탁통치가 논의되었다.

한편, 얄타회담에서 미국은 소련의 대일전 참여를 유도했고, 소련 또한 부동항 확보와 사할린, 쿠릴 열도를 넘겨받는 조건으로 참전을 결정했다. 유럽전쟁이 끝난 뒤 소련이 대일전에 참전하여 빠른 속도로 한반도를 점령하자 당황한 일본은 1945년 8월 10일 연합국에 항복의사를 통고했다. 미국 또한 소련의 급속한 진격에 위기감을 느끼고 이에 대응하기 위해 '일반 명령 제1호'를 기초했고, 소련은 이를 수락했다.

일반명령 제1호는 ① 만주와 북위 38도선 이북의 조선, 사할린 및 쿠릴 열도에 있는 일본군은 소련 극동최고사령관에게 항복하고, ② 일본국 대본영과 일본국 본토 및 이에 인접한 섬들, 38도선 이남의 조선과 류큐 열도 및 필리핀에 있는 일본군은 미국 태평양육군부대 최고사령관에게 항복하도록 하자는 내용이었다. 이로써 소련의 남하를 저지하고 미국과 소련이 한반도를 분할하여 일본의 항복을 받는 경계선으로서 38도선이 그어졌으며, 이후 민족분단의 선으로 고착화될 위험성이 내재되었다.

2) 미국의 한반도 정책과 미군정

2차 세계대전으로 자본주의 맹주로 성장한 미국은 한반도를 미국의 영향 아래 두면서 미국식 자본주의 국가를 건설하고자 했다. 그러나 소련이 한반도와 접경지대에 있는 점, 일제시기 사회주의 운동세력이 소련과 긴밀한 관계를 유지해 온 점, 중국 내전이 미국에 불리하게 전개되고 있는 점, 동아시아에서 사회주의 세력이 강력한 점 등 현실적인 여건은 미국에게 불리했다. 미국이 한반도를 국제 공동관리구역으로 두려 했던 것과 38선을 그어 미소가 한반도를 분할 점령한 것은 바로 이러한 현실적 여건을 고려했기 때문이었다.

이러한 미국의 전략은 한반도 점령에서 구체화되었다. 1945년 9월 8일 미군이 남한에 주둔했다. 미군은 '매카서[MacArthur] 포고 1호'를 발표하여 ① 38도선 이남 지역 일체의 행정권 실시, ② 정부 공공단체의 일본인 직원 유임, ③ 모든 주민에 대한 명령복종 요구, ④ 점령군에 대한 적대행위 엄벌, ⑤ 군정기간 중 영어의 공용어화 등을 공포했다. 미군정은 미군정만이 남한 내 유일한 실질적 정부라고 하면서 '직접 지배'와 '현상유지', '안정

최우선' 정책을 펴 나갔다. 이러한 정책 기조에 따라 먼저 미군정은 인공을 부정하고 인민위원회와 치안대, 각종 대중 단체들을 강제로 해산시켰다. 다음으로 미군정은 그들의 지지기반으로 조병옥, 이묘묵 등 미국유학생 출신과 보수세력인 한국민주당을 선택했고, 식민지배에 협력했던 친일관료, 경찰, 군인 등을 다시 등용했다. 미군정의 다수의 친일 관료, 경찰, 군인의 등용은 해방 후 식민지 유제의 철저한 청산을 지향했던 남한 민중의 저항을 불러 일으켰다.

미군정은 정치세력을 재편해 나갔다. 조선인 주도의 통일전선을 저지하고 중도 좌파를 좌익에서 분리하여 우익 전선을 강화하기 위해 좌우합작을 지원했지만, 방안을 바꾸어 안재홍을 군정장관으로 하는 남조선과도정부를 수립했다. 그러한 가운데 미소공위가 결렬되어 모스크바 삼상회의 결정안이 무산되어 버리자 한반도 문제는 미국의 힘이 작용하는 유엔으로 넘어갔다. 유엔의 결정에 따라 1948년 8월 15일 단독정부가 수립되면서 미군정의 통치권은 이승만 정부로 넘어갔다.

3) 소련의 북한 점령과 민주개혁

대일전에 참여한 소련은 미국의 일반명령 제1호를 수락한 후 38도선 이북의 북한지역을 점령했다. 1945년 8월 20일 소련 극동군 총사령관은 제25군 사령관 치스짜꼬프에게 북조선 지역 점령임무를 부여했다. 치스짜꼬프는 ① 소련군의 목적이 조선 영토의 획득에 있지 않고, ② 북조선의 사유물 및 공공 소유물은 소련군정의 보호 하에 들어가며, ③ 소련군사령부는 북조선 지역에서 일본 식민통치의 유물을 일소하고, 민주주의와 시민적 자유원칙 강화를 목적으로 하는 반일 민주당의 설립과 활동을 보장한다는 내용의 포고문을 발표했다.

미국이 직접 지배 방식을 채택한 반면 소련은 북한의 인민위원회와 자치

좌우합작원칙

조선공산당을 중심으로 하는 좌익은 합작 5원칙을 제시하였고, 한민당을 중심으로 하는 우익은 8원칙을 제시하였다. 좌익의 5원칙은 ① 모스크바 3상회의 결정지지와 미소공동위원회 속개 운동 전개, ② 무상몰수·무상분배에 의한 토지개혁, 중요산업 국유화 및 민주주의 기본 과업 완수, ③ 친일파·민족 반역자·친'파쇼'반동거두 배제와 '테러' 박멸 그리고 검거 투옥된 민주주의 애국지사의 즉시 석방, ④ 남한정권의 인민위원 회로의 이양, ⑤ 군정 고문기관 및 입법기관 창설 반대 등이었다. 우익의 합작 8원칙은 ① 신탁문제는 임시정부 수립 이후 미소공동위원회와 자주독립정신에 기하여 해결할 것, ② 정치·경제·교육의 모든 제도법령은 균등사회 건설을 목표로 하여 국민대표회의에서 결정할 것, ③ 친일파 민족반역자를 징치하되 임시정부 수립 이후 즉시 특별법정을 구성하여 처리할 것 등이었다. 좌우합작이 원칙 문제로 대립하던 중 여운형은 절충안인 7원칙을 제시했다. 그 내용은 ① 삼상회의 결정에 의하여 남북을 통한 좌우합작으로 민주주의 임시정부를 수립할 것, ② 미소공동위원회 속개를 요청하는 공동성명을 발할 것, ③ 토지개혁 실시, 중요산업 국유화, 사회노동법령 및 정치적 자유를 기본으로 지방자치제의 확립, ④ 친일파 민족반역자를 처리할 조례 추진, ⑤ 남북의 정치운동자 석방 및 남북 좌우의 '테러'적 행동 제지 노력, ⑥ 입법기구의 기능과 구성방법 운영 방안 모색, ⑦ 언론·집회·결사·출판·교통·투표 등 자유 절대 보장 등이었다.

를 인정하는 간접 통치를 해 나갔다. 북한 인민위원회는 소군정과 협력하면서 통치력을 유지하면서 공공기관과 산업시설을 인수했고, 식민잔재도 청산해 나갔다. 1946년 2월 8일 각 정당 사회단체 대표와 지역인민위원회 대표가 모여 북조선임시인민위원회를 결성했다. 이 조직은 위원장 김일성, 부위원장 김두봉으로 하였고, "북조선에서 반제·반봉건적 민주혁명을 완수하고 인민민주주의 제도를 확립함으로써 북조선을 강력한 혁명적 민주기지로 만들 목적"으로 일련의 민주개혁을 실시했다. 무상몰수 무상분배의 토지개혁과 주요 산업의 국유화를 골자로 한 민주개혁을 통해 북한 우파정치세력의 기반을 제거하고 북한 단독정부 수립의 물적 기반을 확보하고자 했다. 이러한 과정에서 북한은 친일 잔재를 청산하고자 했으며, 지주·자본가 등의 우파세력은 대부분 월남했다. 이들의 월남으로 북한은 비교적 수월하게 사회통합을 이룰 수 있었지만, 좌우 대립이 한창이던 남한에는 월남한 북한의 우파세력이 가담하면서 좌우 이데올로기 대립이 더욱 극심해졌다. 이후 1948년 9월 9일 조선민주주의인민공화국을 선포함으로써 북한에는 김일성 정권이 수립되었다.

4) 모스크바 삼상회의

미·소·영·중 연합국은 전후 문제를 처리하기 위해 1945년 12월 16일 모스크바에서 회담을 개최했다. 이 과정에서 한반도 문제가 논의되었는데, 미국은 미·소·영·중 대표들이 사법, 입법, 행정 등 모든 권한을 행사하는 신탁통치를 실시할 것을 제안했다. 이에 대해 소련은 한국의 정당 사회단체와 협의하여 임시정부를 수립한 뒤 이를 통해 4개국이 원조한다는 방안을 내놓았다. 1945년 12월 27일 조선민이 중심이 되어 임시정부를 수립하고 4개국이 후원한다는 절충안이 삼상회의 결정안으로 확정되었다. 이 결정안의 핵심은 조선을 독립국가로 만들려면 먼저 민주주의 원칙에 따라 임시정부를 건설한다는 것이었다.

그러나 국내에는 이 결정안이 왜곡 보도되었다. 동아일보는 1945년 12월 27일자 신문 머리기사에서 "소련은 신탁통치 주장, 미국은 즉시 독립 주장, 소련의 구실은 38선 분할점령"이라는 제목으로 미국과 소련의 한반도 처리 방안을 거꾸로 보도했다. 삼상회의의 결정안이 동아일보의 보도로 국내에 처음 알려지자, 전국적으로 반탁운동이 전개되었다.

모스크바 삼상회의의 결정안 전문이 알려지지 않은 상태에서 남한에서는 반소분위기가 팽배해졌고, 우익은 대중의 정서를 이용하여 신탁통치 반대 운동을 확대해 나갔다. 조공을 중심으로 한 좌익은 처음에는 태도를 결정하는 데 머뭇거렸으나 곧 모스크바 삼상회의 결정안의 핵심이 신탁통치가 아니라 임시정부 수립이라는 것을 확인하고 삼상회의 결정을 지지하였다.

신탁통치를 둘러싼 좌우의 대립은 결국 우익=반탁=애국, 좌익=찬탁=매국의 이분법적 논리 속에서 치열해졌다. 해방 후 식민잔재를 청산하고 통일 민족국가를 수립하고자 했던 민족문제가 수면 아래로 가라앉고 치열한 좌우 이데올로기 대립이 정국을 주도하게 되었다. 게다가 청산의 대상이었던 친일세력이 반탁운동에 가담하여 애국자로 둔갑하였고, 좌익은 친일세력 청산과 전면적인 토지개혁을 강조하면서 양측의 갈등은 더욱 증폭되었다.

모스크바 삼상회의 결정안을 둘러싼 대립이 격화되는 가운데 1, 2차 미소공동위원회가 개최되었다. 그러나 미소공동위원회는 신탁통치 문제와 임시정부 수립 참가 정당, 사회단체

신탁통치 반대 집회[출처 : 대한민국역사박물관]

의 수 문제 등으로 결렬되었다. 1차 미소공동위원회가 결렬된 후 이승만을 중심으로 하는 우익세력은 1946년 6월 정읍발언을 시작으로 단독정부 수립으로 나아갔다. 그리고 한국문제는 당시 미국의 영향력 아래 있던 유엔으로 이관되었다.

2. 통일민족국가 수립 운동

해방이 되자 조선민은 식민잔재를 청산하고 새로운 근대민족국가를 수립해야만 했다. 1930년대부터 국내외 각 정치세력들은 해방을 준비하면서 어떠한 국가를 만들 것인지에 대해서 고민하였다. 구체적으로 어떠한 경로를 통해 근대국가를 건설할 것인가에 대해서는 정치세력마다 차이가 있었지만, 조소앙의 삼균주의에 입각해서 식민잔재 청산과 민주공화국 수립이라는 큰 틀에서 좌우가 통일전선을 구축하여 신국가 건설을 준비하고 있었다. 이러한 흐름은 해방 이후에도 지속되었다. 이승만·김구를 비롯한 민족주의 우파 세력들은 자본주의 국가를, 김일성·박헌영을 비롯한 좌파 세력들은 사회주의 국가를, 여운형·김규식 등 중도 세력들은 사회민주주의 국가체제를 지향하는 가운데, 미국과 소련, 거대한 친일 세력이 변수로 작용하면서 해방 정국에서 근대 민족국가 건설을 둘러싼 이해관계가 첨예하게 대립하였다.

1) 조선인민공화국

일제 패망이 다가오자 여운형, 안재홍을 비롯한 정치지도자들은 1944년 8월 좌우익 조직을 망라한 건국준비위원회(이하 건준)를 결성했다. 그러나 국내 정치세력은 국제정세와 열강의 전후처리 방안에 대해 자세히 알지 못했고, 해방이 독립이라고 생각하여 미소군의 진주 이전에 독립을 확신하고 건국을 준비해 나갔다. 건준은 32명의 중앙위원과 총무부, 재무부, 조직부 등 12부 1국의 부서를 둔 중앙정부적 조직을 갖추었고, 지방에도 145개 지부를 두는 등 치안과 행정권을 장악하면서 해방정국을 주도했다.

그러나 안재홍 등의 우익세력이 이탈하고 한민당 등이 건준 해체를 요구하자 건준은 이에 대응하면서 미군이 진주하기 전에 정부를 선포하고 승인을 받고자 급히 전국인민대표자회의를 열어 조선인민공화국(이하 인공)을 선포했다(1945. 9. 6). 인공은 초대 대통령으로 이승만, 부주석으로 여운형을 지명했고, 정강으로 ① 정치적 경제적 자유국가 건설, ② 식민지적 봉건적 잔재 세력 일소, ③ 노동자 농민 등 대중생활의 급진적 향상, ④ 세계평화의 확보 등을 내세웠다.

인공은 이승만과 임정과의 합작을 시도했다. 인공은 이승만의 귀국을 환영하면서 합작을 시도했으나 친일파 제거를 둘러싸고 이승만은 선통합 후 제거, 인공은 선제거 후통합이 맞서면서 통합이 결렬되었다. 임정은 연합국의 승인을 받지 못해 개인자격으로 귀국했지만, "국내에 과도정권이 성립되기 전에는 국내 일체 질서와 대외 일체 관계를 본 정부가 책임지고 유지할 것"이라고 발표하면서 통치권을 행사하고자 했다. 인공의 주요세력이던 조선공산당은 임정에 대해 좌우익 절반씩 참여하는 통일원칙을 제시했으나 임정이 이를 거부함으로써 통합이 무산되었다.

인공은 형식적으로 모든 정치세력을 망라했으나 이승만이나 김구 등 국내외 인사들의 동의나 전국민의 동의를 얻은 것은 아니었다. 뿐만 아니라 미군정 또한 인공을 부정함으로써 실질적인 힘을 갖지 못했다.

2) 좌우합작운동

모스크바 삼상회의 결정을 둘러싸고 좌우가 첨예하게 대립하는 가운데 미군정은 1946년 4월부터 좌우합작을 시도했다. 미국은 북한의 민주개혁에 불안해하면서 미국에 우호적인 정치세력을 육성하기 위해 합작을 추진했다. 합작을 주도해 나갈 인물로는 중도 좌파인 여운형과 중도 우파인 김규식에 주목하였고, 이들을 중심으로 운동을 주도해 나갔다. 여운형과 김규식도 통일국가 수립을 위해 미군정의 합작운동에 참여했다. 특히 중도파에서 좌우합작을 본격적으로 추진한 것은 우익 통일전선체인 대한국민대표 민주의원과 좌익 통일전선체 민주주의민족전선 간의 대립이 심해졌고, 제1차 미소공위가 결렬되었으며, 정판사위조지폐 사건으로 미군정의 좌익 탄압이 심해진 데다 이승만이 정읍발언을 통해 단정수립을 주장했기 때문이었다.

우익대표로 김규식, 원세훈, 안재홍, 최동오 등이, 좌익대표로 여운형, 성주식, 정노식, 이강국 등이 중심이 되어 1946년 7월 좌우합작위원회가 발족했다. 그러나 신탁통치 문제와 토지 및 중요산업체 처리, 친일파 처리 등 합작원칙을 둘러싸고 좌우익이 합의점을 찾지 못했다. 좌우익의 핵심세력인 이승만과 한민당, 그리고 조선공산당이 합작위원회의 절충안을 반대하였다. 반면 여운형, 김규식, 안재홍, 홍명희 등은 100여 명의 시국대책협의회를 구성하여 합작운동을 적극 지지했다.

좌우합작은 1946년 9월 총파업과 10월 항쟁으로 결렬되었다. 합작위원회는 10월 민중항쟁의 가장 큰 원인이었던 친일 경찰의 온존과 횡포에 문제를 제기하며 조병옥, 장택상 등 수뇌부의 해임을 요구했으나

좌우합작위원회 위원들 [출처 : 몽양여운형선생기념사업회]

미군정이 반대하였다. 또한 10월 민중항쟁 이후 실시된 과도입법의원 선거에서 이승만과 한민당계의 친일파, 지주, 부패 정치인이 당선되어 신탁통치 반대를 결의하면서 합작이 불투명해졌다. 이후 여운형의 암살, 2차 미소공위의 결렬, 미국의 한국문제 유엔이관으로 합작은 실패하고 단독정부 수립이 본격화되었다.

좌우합작이 실패한 가장 큰 원인은 미군정과 여운형, 김규식의 목적이 달랐기 때문이었다. 미군정은 좌우합작을 통해 중도 좌파를 극좌에서 분리하여 중도 우파 중심의 우익진영을 강화하면서 대중의 지지를 확보하여 미군정의 기반을 강화하고자 했다. 반면 여운형과 김규식은 민족통일을 추진하는 데 목적이 있었다. 이들의 동상이몽은 결국 좌우합작운동의 한계를 드러냈다. 또한 해방 공간에서 실질적인 힘을 갖고 있던 조공과 이승만, 김구 세력을 뺀 좌우합작은 현실적으로 성공하기 어려웠다. 그럼에도 불구하고 합작운동은 일제시기 민족해방운동 세력의 통일전선을 계승한 통일민족국가 수립운동이었고, 분단시대 내내 전개될 평화운동의 시발점이었다.

3) 단정수립 반대와 남북 통일정부 수립 운동

미소공위가 결렬되자 소련의 반대에도 불구하고 한국문제는 미국의 영향력 아래 있는 유엔으로 이관되었다(1947. 10. 28). 1947년 11월 14일 유엔소총회에서 한국임시위원단을 구성하고 남북한 총선거를 실시한다고 결의하였고, 유엔한국임시위원단이 만들어졌다. 1948년 1월 8일 유엔한국임시위원단이 남한에 들어왔으나 소련과 북한의 입국 거절로 남북한 총선거 실시가 어렵게 되자 유엔소총회에서는 미국의 단정수립안을 통과시켰다. 이로써 조선민의 의사와 무관하게 남한 단독선거에 의한 단정수립이 확정되었다.

단정수립이 진행되는 가운데 이에 반대하는 움직임도 거세어졌다. 1948

년 2월 7일 남로당과 조선노동조합전국평의회가 중심이 되어 "남한 단선을 꾀하는 유엔한위 결사반대, 미소양군 즉시 철수" 등을 내걸고 2.7구국투쟁을 벌였다. 2.7구국투쟁은 총파업, 동맹휴학, 삐라 살포 등 민중의 지지를 받으며 더욱 확대되었다. 1947년 3월 1일 제주도에서는 단정수립 반대 시위를 하던 제주도민을 경찰이 총을 쏘아 6명을 죽인 사건이 발생했고, 다음 해인 1948년 4월 3일 제주 전 오름에서 피워 올린 봉화를 신호로 단정수립을 반대하고 통일정부 수립을 위한 4·3항쟁이 치열하게 전개되었다.

민중투쟁과 더불어 각 정치세력들 사이에서도 통일정부 수립을 위한 노력은 계속되었다. 김규식은 홍명희, 안재홍, 원세훈 등과 함께 민족자주연맹을 결성했고(1947. 12. 20), 김구는 이승만과 결별하고 중도세력과 연합해서 통일정부 수립에 앞장섰다. 이들은 북한에 있는 독립동맹의 김두봉에게 서신을 보내 남북요인회담을 제의했고, 김일성, 김두봉이 이를 수락하자 1948년 4월 19일부터 26일까지 전조선 정당사회단체대표자 연석회의가 개최되었다. 이 회의에서 미소 양군의 즉시철수와 단독정부 수립 반대 격문이 채택되었다.

이후 김구, 김규식, 박헌영, 백남운 등 남쪽 대표 11명과 김일성, 김두봉, 최용건 등 북쪽 대표 4명이 참가한 남북조선 제정당사회단체 지도자협의회(15인 회의, 4.27~30)가 열렸다. 여기서도 ① 외국군 즉시 철수, ② 외국군 철수 후의 내전 발생 부인, ③ 전조선 정치회의 구성과 그 주도에 의한 남북한 총선거 실시 및 정부 수립, ④ 남한 단독 선거 반대 등 4개 항을 합의했다. 남북한 대표들은 미소 양 군사령부에 가서 15인 회의 결정사항 중 하나인 양군 철수를 요구했으나 받아들여지지 않았다.

서울로 돌아온 김구, 김규식은 5.10선거에 참가하지 않고 단독정부 수립 반대 세력을 집결하여 "통일독립운동자의 총역량 집결", "민족 문제의 자주

4.3항쟁 (1947~1954)

남한만의 단독정부 수립에 반대하고 통일국가 수립을 위해 제주도에서 일어난 항쟁. 1947년 3.1절 발포로 시작된 항쟁은 제주도민과 경찰, 서북청년단 등 우익단체들과의 갈등 대립이 계속된 상태에서 1948년 4월 3일을 기해 본격적으로 폭발했다. 항쟁은 한라산을 근거로 한 유격전까지 확대되었으나 토벌대의 초토화 작전으로 유격대는 거의 궤멸되었다. 이 과정에서 2만5천에서 3만명에 달하는 제주도민이 희생되었고, 여순사건이 일어나기도 했다. 4.3항쟁은 오랫동안 좌익의 사주에 의한 폭동으로 규정되었다. 그러나 김대중, 노무현 정부 때 특별법 제정, 진상조사위원회 활동 등을 통해 진상규명과 정부의 공식 사과, 희생자 보상 등이 이뤄졌다.

적 해결"을 목표로 통일 독립촉진회를 결성하면서(1948. 7. 21) 통일국가 수립운동을 계속해 나갔다. 그러나 유엔의 결정사항과 단독정부 수립의 부당성을 항의하던 김구는 결국 암살되

남북연석회의에서 연설하는 김구 [출처 : 백범김구선생기념사업회]

었고(1949. 6. 26), 김규식은 한국전쟁 때 납북되면서 통일국가 수립은 좌절되었다.

38선을 경계로 각각 다른 두 개의 체제가 들어섰고, 통일국가수립운동은 좌절되었다. 남과 북은 이승만과 김일성을 중심으로 자신들의 체제를 확립해 나갔다. 김일성은 북한의 행정력을 빠르게 장악했고, 소련·중국과 긴밀한 관계를 유지하면서 군사·문화 협정을 체결했다. 남한은 대한민국 헌법을 제정했고, 4.3항쟁, 여순사건, 국회프락치 사건, 반민특위 해체, 국가보안법 제정 등을 통해 반공체제를 수립했다.

평화통일이 좌절되면서 이승만은 '북진통일'을 주장했고, 김일성은 '남조선 해방'을 내세웠다. 38선에는 874회에 이르는 크고 작은 전투가 끊이질 않았다. 이 군사적 충돌은 1950년 6월 25일 북한이 총공세를 펴면서 전면전으로 확대되었다. 한국전쟁은 3년 동안 지속되었고 150만 명의 사망자와 360만 명의 부상자를 내면서 한반도를 폐허로 만들어 버렸다. 또한 국민보도연맹사건과 같은 대규모 민간인 학살도 있었다. 한국전쟁으로 민족분단이 고착화되었다. 이승만과 김일성은 전쟁을 계기로 독재체제로 나아갔고, 동서 양 진영의 냉전은 격화되었다.

반민특위

반민족행위특별조사위원회의 약자이다. 반민족행위처벌법을 집행하기 위해 1948년 9월 구성된 특별기관이다. 국민들의 지지 속에 반민특위는 화신 백화점 재벌 박흥식을 시작으로 최린, 최남선, 김연수, 이광수 등을 차례로 체포했다. 그러나 반민특위를 적극적으로 지지하던 소장파 의원들이 '남로당 프락치'라는 혐의로 체포되고(국회프락치사건, 1949. 4), 친일경찰이 반민특위를 습격하면서(1949. 6) 반민특위는 와해되었다. 1949년 9월 '반민족행위처벌법 개정안'이 국회에 통과됨으로써 반민족행위자에 대한 청산 작업은 좌절되었다.

【참고문헌】

강만길, 『20세기 우리역사』, 창비, 1999.

김광운, 『북한 정치사 연구 1―건당, 건국, 건군의 역사』, 선인, 2003.

김성보, 『남북한 경제구조의 기원과 전개』, 역사비평사, 2000.

박태균 외, 『쟁점 한국사』(현대편), 창비, 2017.

서중석, 『사진과 그림으로 보는 한국현대사』, 웅진지식하우스, 2005.

서중석, 『한국현대사 60년』, 역사비평사, 2007.

역사학연구소, 『함께 보는 한국근현대사』, 서해문집, 2004.

정용욱, 『해방 전후 미국의 대한정책』, 서울대학교출판부, 2013.

한국역사연구회, 『한국현대사』 1, 2, 푸른역사, 2016.

IV 근현대

해방은 일제강점기 일본 및 북한과 강하게 결합되어 있던 경제구조의 단절을 의미했다. 남한의 경제사정은 자본, 원료, 기술부족으로 생산공장은 마비상태였다. 그 결과 생활필수품은 금융 인플레이션과 결합해 가격상승과 물자부족을 초래했다.

미군정은 남한 경제를 '질병과 폭동 예방'을 위한 수준으로만 안정시키기 위해 통제정책을 실시했다. 미곡공출제 실시, 귀속기업체 접수 및 관리, 각종 구호원조의 제공 등이었다.

1. 귀속재산

'귀속재산(歸屬財産)'이란 2차 세계대전으로 패망한 나라의 소유재산, 즉 일본 및 일본인의 모든 재산을 미군정 소유로 '귀속(歸屬)시킨 재산'이란 의미이다. '적(敵)의 재산'이란 의미에서 '적산(敵産)'이라고도 했다. 국제법적으로 적의 재산이란 국가 재산에 국한되지만 당시에는 일본 정부 재산뿐만 아니라 민간인인 일본인 재산까지를 포함했다. 내용은 기업체, 농지, 임야, 대지, 잡종지, 주식, 광산, 주택, 점포, 창고, 선박, 동산, 기타 등이었다. 이 가운데 1948년 현재 추정 가치로 볼 때 기업체의 비중이 가장 높았다(총가치 3,053여억 원 중 2,170여억 원). 1948년 1월 현재 귀속 공장 수는 1,759개로 당시 전체 공장 수의 1/4에 해당되지만, 노동자 수는 전체의 1/2를 차지하고 있어 상대적으로 대규모 공장이었음을 짐작할 수 있다.

귀속기업체는 해방과 동시에 해당 기업체의 노동자들이 관리하였다. 노동자들은 각 기업체에 '자주관리위원회'를 두고 경영권을 일본인으로부터 인수했다. 그런데 미군정은 모든 귀속기업체를 접수하여 노동자의 경영권을 박탈하고, 관리인 및 임차인을 임명하여 관리했다. 이 과정에서 노동자와 미군정간의 치열한 쟁탈전이 연출되었다.

미군정 파견 관리인은 해당 기업체의 직원 또는 주주처럼 연고가 있는 경우도 있었지만, 미군정 관리, 상공업자, 기술자 등 연고 없이 자금력, 기술 또는 정실에 의해 임명되기도 했다. 이들은 재산의 관리보다 개인 이익에 급급하여 귀속기업체의 운영난을 가중시켰다.

미군정은 1948년 9월 11일 "한미 재정 및 재산에 관한 협정"으로 모든 귀속재산을 한국정부로 이관하였다. 한국 정부는 1949년 12월 임시관재총국을 설치하여 귀속재산을 관리 운영하였다.

귀속 기업체 불하 건수 및 계약고(단위 : 만환, 1958년 5월 현재)

연도	48	49	50	51	52	53	54	55	57	58	합계
건수	407	107	162	391	359	121	233	165	61	23	2,029
계약고	1,209	139	7,404	59,366	86,070	314,247	121,907	1,153,025	403,743	98,317	2,245,426

자료 : 재무부, 『재정금융의 회고』, 1958, 167쪽.

귀속재산은 궁극적으로 민간인에게 주어져 관리 운영되어야 할 것이었다. 일시 관리를 담당한 미군정이나 한국정부가 일정한 절차를 거쳐 민간인에게 소유권을 이전하는 것을 불하라고 한다. 귀속기업체 불하는 1947년 소기업체(1945년 6월 현재 장부가격 100만원 이하)부터 진행되었으나, 미군정기에는 그다지 활발하지 못했다. 그 이유는 첫째 국제법적으로 귀속재산 처리문제에 대해 미군정이 확고한 결론을 내리지 못했기 때문이며, 둘째 미군정이 자신의 통치기간 동안 귀속기업체를 통해 한국경제에 대한 지배력을 유지하려 했기 때문이다. 불하 기업체 수로 보면, 한국전쟁기에 기업체가 가장 많이 불하되었으나, 가격면에서는 한국전쟁 직후가 가장 컸음을 알 수 있다. 대규모 귀속기업체가 대부분 한국전쟁 후 불하되었기 때문이다.

1950년대 주요 귀속기업체와 불하자

불하자	일제시기 기업체명	귀속기업체명	불하시기	불하후 회사명
설경동	郡是紡績 대구공장	조선방직 대구공장	1955년 8월	대한방직
남궁련	일본흉관	일본흉관	1952년 4월	한국흉관
함창희	모리나가(森永)제과	삼영식량공업	1951년 11월	동립산업
백낙승(백남일)	종연방적 경성공장	고려방직공사	1956년 1월	태창방직
이한원	일본제분	대한제분	1952년 12월	대한제분
김성곤	동면섬유 경성본점	동면섬유회사	1948년 8월	금성방직
	조선직물	조선직물	1952년 1월	금성방직
김지태	아사히(旭)견직	욱견직	1949년 12월	조선견직
김용주	종연방적 광주공장	전남방직공사	1951년 12월	전남방직
박두병	昭和麒麟麥酒	동양맥주	1952년 5월	동양맥주
서정익	동양방적 인천공장	동양방적공사	1955년 8월	동양방직
김종희	조선화약공판	조선화약공판	1953년 8월	한국화약
	조선유지 인천공장	조선유지 인천공장	1955년 10월	한국화약

자료 : 공제욱, 『1950년대 한국 자본가 연구』, 백산서당, 1993, 202쪽에서 정리

불하는 우선권 부여와 경쟁 입찰 두 가지 경우로 이루어졌다. 대규모 기업체는 우선권 불하가 많았다. 우선권 부여대상은 기존 관리인 및 임차인, 그리고 정치적 배경을 가진 자들이었다. 이들은 적산을 아주 싼 가격에 불하받았다. 불하가격은 시가보다 1/4~1/3정도에 지나지 않았고, 상환기한도 최고 15년까지여서 당시 높은 인플레이션을 감안하면 실제 가격은 아주 낮았다. 당시 귀속기업체 불하는 경제적 특혜로 인식되었고 누가 불하받는가 하는 것은 초미의 관심사였다. 그래서 불하를 둘러싼 잡음도 끊이지 않았다.

위의 표는 1950년대 23대 자본가의 귀속기업체 불하상황이다. 주로 식료품 및 섬유공업 관련 귀속기업체임을 확인할 수 있다. 이들 기업체는 당시 부족한 생활필수품을 생산하던 기업체들로, 1950년대 원조원료의 제공과

결합해 대자본가로 성장할 수 있는 발판을 만들 수 있었다.

2. 농지개혁

농지개혁은 1949년 농지개혁법에 의해 대규모 지주의 농지를 실제 농사를 짓는 농민에게 분배함으로써 농민들의 경제적 자립을 시도한 정책이다. 일제강점기 미곡 수출에 따른 쌀 중심의 단작화로 지주제가 강화되고 토지를 소유하지 못한 소작농이 70%를 넘었다. 해방이 되자 다양한 정치세력들은 지주−소작관계를 근본적으로 개혁하는 토지개혁을 이슈로 내걸었다. 지주계급의 이해를 대변하던 한국민주당 조차도 이런 분위기에 동조했다.

한편 미군정은 안정적인 식량조달과 농촌의 정치적 안정을 위해 농민의 경제적 자립화를 추진하였다. 일제강점기 국책회사로서 많은 농지를 보유했던 동양척식주식회사의 보유 자산을 관리하기 위해 신한공사를 설립하였다. 1946년 3월 북한이 무상몰수 무상분배의 토지개혁을 시작하자, 미군정은 1946년 3월 7일 귀속농지 불하를 발표하고, 농지개혁을 추진했지만, 지주들의 반대로 시행이 늦춰졌다. 미군정은 1948년 4월 신한공사 소유 귀속농지를 일반 농가에 매각하면서 토지개혁에 시동을 걸었다.

1948년 정부수립을 계기로 농지개혁은 당연한 과제가 되었다. 하지만 정부가 지주로부터 토지를 매수하면서 지불해야 하는 보상액과 토지를 분배받은 농민으로부터 받아야 하는 상환액을 결정하지 못해 논의가 길어졌다. 우여곡절 끝에 1950년 3월 10일 농지개혁법이 발포되었다. 농지개혁은 농지의 매수 및 분배, 농민의 상환곡 납부, 지주에 대한 보상, 소유권 이전 등기 등으로 진행되었다. 정부는 1농가당 총면적 3정보(9,000평)를 초과하는 농지를 매수하고, 1농가당 3정보 내에서 분배하였다. 정부는 지주에게 보상금 형식으로 지가증권을 발급하였다. 한편 농지를 분배받은 농민은 지가 상환을 위해 주생산물 생산량의 일정량을 현물로 5년간 정부에 납부해야 했다. 정부가 농민들로부터는 현물로 받고, 보상은 수 년 뒤에 하는 방식이었다.

농지개혁은 일제강점기 이후 고착화된 지주-소작제를 개혁했다는 점에서 의미가 있다. 하지만 이 정책으로 이익을 본 계급은 지주도 소작인도 아닌 산업자본가였다. 지주가 정부로부터 받은 지가증권은 보상금

상환대장

분배농지관계철

농지항고사건결정서철

경상남도 울산군 농지개혁 관련 서류

지급을 늦춰 현금화를 어렵게 했다. 경제적으로 곤란에 직면했던 많은 지주들은 지가증권을 헐값에 시중에 매각하면서 큰 손실을 보았다. 반면 헐값에 지가증권을 매입한 자본가들은 귀속재산 불하에 활용하면서 큰 이익을 보았다. 한편 농지를 불하받은 농민 또한 한국전쟁기를 거치는 과정에서 안정적으로 정착하지 못했다. 정부가 전쟁기간 동안 인플레이션이 심해지자 전시재정 충당을 위해 수확량의 15~28%를 현물로 징수하는 '임시토지수득세법'(1951. 9)을 시행해 생산 농민의 부담이 컸다. 여기에 농지개혁으로 분배받은 토지의 상환 또한 매년 30%씩 부담해야 했기 때문에 생산량

의 최소 45% 이상을 현물로 정부에 납부해야 했다. 농민의 피해가 클 수밖에 없었고, 절량농가들이 증가했다. 그리고 한국전쟁 이후 전후 복구와 부흥을 위해 헐값에 도입된 밀, 원면, 보리, 쌀 등의 원조농산물은 농가경제를 몰락시키는 주 요인이 되었다.

3. 원조경제

원조는 2차 세계대전 이후 미국의 세계지배전략의 하나였다. 2차 세계대전 동안 미국경제는 전쟁 특수를 누렸다. 하지만 전쟁이 끝나자 미국 경제는 군수생산을 민수생산으로 전환하면서 과잉생산 상태에 빠져있었다. 미국에게는 과잉생산품 판매시장이 필요하였다. 반면 유럽 국가들을 비롯한 대부분 나라들은 전쟁으로 피폐해져 구매력이 없었다. 그래서 미국은 이들 나라들이 미국 과잉 생산품을 구매할 수 있을 만큼 경제를 회복시켜야 했다. 이를 위한 필요에서 지원된 자금이 원조였다. 즉 미국 생산품을 판매할 시장 활성화를 위한 자금이었다고 할 수 있다.

미군정기 한국에 지원된 원조는 점령지역행정구호원조(GARIOA)가 대부분으로 총 원조액의 40%가 식료품이었다. 1948년 마샬플랜(유럽부흥계획)으로 원조제공기구로서 ECA(경제협조처)가 만들어졌다. 동시에 미국은 동아시아 전략을 중국원조에서 일본원조로 바꾸면서, 동아시아의 경제구조를 일본의 공업과 주변국의 농업 및 시장과 결합시키려는 지역경제통합정책을 구상했다. 이에 따라 ECA 원조는 1949년부터 우리나라에도 제공되어 일본에서 필요물자를 구매하도록 계획되었다. ECA 원조는 GARIOA와 달리 경제건설을 목적으로 추진되었다. 하지만 ECA당국의 한국 수입대체산업 육성과 미국의 일본 공산품 구매요구라는 두 정책이 대립하였다.

미국의 한국 원조자금 지원의 목표는 공산권 봉쇄를 위한 일본 중심의 아시아 경제통합이었다. 미국은 한국에게는 지원한 원조자금으로 일본의 공산품 구입을, 일본에게는 미국에서 필요한 시설재와 원료를 구매토록 해 원조자금의 순환과 군사비로 인한 재정부담을 줄이려 했다. 하지만 한국정부는 일본 공산품 수입을 거부하고 오히려 수입대체산업 시설을 건설하려 함으로써 한미·한일간의 외교적인 마찰이 증대하였다. 양국의 마찰은 「경제재건과 재정안정계획에 관한 합동경제위원회협약」(1953. 12)을 체결해 한국의 수입대체산업화와 미국의 안정론으로 절충되었다. 이 협약에서 원조자금으로 물가안정과 재정적자 해소를 위한 소비재공업을 육성하되, 국내 수요가 큰 필수품 가운데 원조로 원료조달이 용이한 분야의 공업화를 추진토록 계획되었다.

미국의 식량원조 [출처 : 국가기록원]

한국전쟁으로 1951년 8월 말 현재 방직공업, 화학공업 등 제조업은 건물의 40%, 시설의 42%가 파괴되었다. 귀속기업체는 한국전쟁을 거치면서 약 70%가 피해를 입었다. 전쟁이 한창이던 1951년 10월을 기준으로 서울시내 소재 귀속기업체 322개 중 약 58%가 시설파괴를 당했고, 운영 가능한 기업체는 144개에 지나지 않을 정도였다. 미국의 원조는 경공업 중심의 전후 복구를 위한 설비와 원료 조달에 집중했다. 1950년대 중반 이후 미국이 제공한 원조자금은 귀속기업체 불하 못지않게 한국 자본주의 발전에 중요한 역할을 하였다.

미국의 원조자금은 두 가지 형태로 운영되었다. 원료, 시설재 구입을 위한 원조자금(달러)의 배정과 달러 수요자들이 일정한 환율에 따라 지불하

는 한국 화폐인 대충자
금의 배정 두 가지였다.
원조자금(달러)은 공장
설립 시설재와 원료 도
입에 사용되었다. 원조
자금(달러)으로 시설재
를 도입해 설립된 공장
은 문경시멘트공장(현
쌍용양회), 충주질소비료

원조자금으로 설립된 문경시멘트공장
[출처 : 국가기록원]

공장, 한국유리, 제일모직 등이 대표적이다.

원료는 원면(면방공업), 양모(소모방공업), 소맥(제분공업), 원당(제당공업) 등
소비재 공업의 원료도입이 중심이었다. 이들 원료는 주로 미국 과잉 농산
물이었다. 원료는 원칙적으로 실수요자에게 배정되었다. 대자본가들은 대
한방직협회, 대한모방협회, 한국제분공업협회 등 카르텔을 구성해 원료를
독점했다. 배정원칙은 주로 시설능력이었다. 원료는 낮은 공정환율을 적용
해 싼 가격으로 제공되었다. 원료를 배정받는 것만으로도 부를 축적할 수
있었다. 대자본가들은 배정원칙인 시설능력을 늘리기 위해 시설투자경쟁
을 벌였다. 그 결과 1950년대 한국경제는 소위 '3백공업'으로 대표되는 면방
직, 제분, 제당산업의 발달을 이룰 수 있었다. 시설의 과다투자는 결국 국
내외 시장을 고려하지 않고, 값싼 원료확보를 목표로 한 것이어서 생산과
잉을 초래했다. 1957년 이후 원조자금이 축소되자 소비 곤란으로 불황에
직면했다.

한편 원조자금(달러)을 한국 화폐로 변제된 대충자금은 한미간 합의에
따라 사용되었다. 대충자금은 경제부흥(43.7%), 국방비(34.8%), 산업은행

3백공업
1950년대 미국의 대한원조
자금으로 가장 많이 도입한
물자가 원당, 밀, 솜이었다. 이를
원료로 설탕, 밀가루, 면직물
산업이 발달하였다. 이들 상품
이 흰색이어서 3백공업이라
불렀다.

융자(14.0%) 등에 사용되었다. 이 가운데 경제부흥과 산업은행 융자로 구성된 재정투융자가 약 60%였다. 대충자금이 한국 자본주의 발달에서 지니는 역할을 가늠할 수 있다. 재정투자는 전기, 통신, 도로, 항만, 철도, 관개 시설, 도시계획 등 사회간접자본 투자와 개인 투자를 유발할 수 없는 분야에 투자되었다. 재정융자는 주로 민간 대기업체에 제공되었다.

대충자금과 정부자금으로 구성된 재정투융자 재원은 일반 금리보다 훨씬 낮은 수준이 제공되었다. 그 중에서도 산업은행을 통한 융자는 금리가 가장 낮았고 장기대출이어서 대기업을 중심으로 이루어졌다. 1950년대 산업은행으로부터 10억환 이상 융자받은 제조업체를 보면, 금성방직, 삼호방직, 태창방직, 제일모직, 신흥제지, 충주 비료공장, 대한양회, 한국유리, 삼성광업회사, 기아산업, 대한조선공사, 동림산업 등 13개였다.

산업은행 융자는 한국 산업구조를 경공업 중심으로 고착시키는 계기가 되었다. 원조자금과 대충자금 배정은 정치와 연결된 대자본가에게 막대한 특혜와 축재를 안겼다. 이러한 특혜를 받았던 자본가들은 5.16 쿠데타 이후 부정축재자로 규정될 정도였다.

4. 경제개발계획

박정희정권은 쿠데타의 정당성을 확보하기 위해 경제성장을 주요 정책과제로 삼았다. 1950년대 이후 농촌에서 도시로 몰려든 노동예비군들이 대거 존재하였고, 다른 한편으로는 정치적으로 체제에 순응하도록 만들 필요가 있었다. 대외적으로는 미국의 케네디 정권이 대소련 봉쇄정책을 기존의 군사원조에서 경제개발원조로 변경하였다. 미국의 동아시아 전략은 한국을 비롯한 여러 나라들을 일본과의 경제적 수직관계로 재구성하려고 시도했다. 그래서 미국의 요청으로 한일국교정상화가 추진되었던 것이다. 이러한 국내외 사정을 고려한 경제개발계획이 추진되었다.

경제개발계획은 원래 한국전쟁 직후 이승만정권기에 계획되었다. 2차 세계대전 이후 신생독립국들은 저마다 경제계획을 추진했고, 무엇보다 북한에서의 경제부흥계획이 적극적이었다. 이승만정권은 1956년 정부통령선거에서 진보당 출신 조봉암이 약진하자, 반공이데올로기만으로 국민을 지배할 수 없다고 판단하고 '경제개발 3개년 계획'(1960년 4월 15일 국무회의 통과)을 확정하였다. 하지만 이 계획은 4.19 항쟁으로 추진되지 못했다. 이후 등장한 민주당 장면정권은 앞선 이승만정권의 계획안을 토대로 '경제개발 5개년 계획 수립요강'을 세우고 수입대체 공업화와 수출지향 공업화를 계획했다. 하지만 5.16군사쿠데타로 계획은 실행에 옮겨지지 않았다. 박정희 군사정권은 장면정권의 계획안을 토대로 1962년 1월 중화학공업 중심의 종합경제계획안을 확정했으나, 미국의 요구로 경공업 중심의 수출지향적인 정책으로 변경했다. 이 사업을 위해 중요한 것은 자금조달이었는데, 외자도입에 주력하였다.

경제개발을 수행하기 위한 자금은 국내저축, 미국의 차관, 일본의 '독립축하금(경제협력자금)', 베트남 파병이나 독일에 광부와 간호사 파견, 해외 각지 이민자들의 송금 등으로 획득한 자금이었다. 이 가운데 지금까지 문제가 되고 있는 일본의 배상금은 1965년 체결된 한일국교정상화의 대가였다. 우리는 일본에 식민지배에 대한 배상금을 요구했고, 일본은 한국의 독립축하금의 명목으로 지불했다. 이때 받은 자금은 무상 3억 달러, 유상차관 2억 달러였다. 이 자금은 더 이상 식민지배와 관련한 어떠한 요구도 할 수 없다는 전제로 받은 것이었다. 지금도 일본정부가 위안부와 강제동원 피해자의 보상요구를 수용하지 않는 이유는 여기에 있다. 그렇지만 최근에는 1965년 협정이 개인청구권과 불법행위에 대한 손해배상청구를 누락한 것으로 개인 배상 협상의 필요성이 제기되고 있다. 그리고 한일 국교정상화와 베트남전쟁 참전은 일본과 미국으로부터 유상차관을 들여올 수 있는 계기가 되었다.

5. 수출중심 경제정책

유상차관에 기반한 공업화는 상환을 위해 수출을 강요당했다. 경제개발계획으로 진행된 수출은 1960년대 중반부터 1차 산업제품에서 공산품으로 전환하였다. 한일국교정상화, 베트남 파병, 무역자유화 등의 여건 변화로 수출은 급증하였다. 1960년대를 통한 수출의 주력상품은 의류 및 직물, 목제품(합판류), 잡제품(가발 등), 신발류 등 노동집약적 경공업제품이었다. 경공업 제품의 생산에 필요한 원자재, 부품, 기계설비를 외국에서 수입하여 완제품으로 가공 조립하여 수출하였다. 1960년대 차관의존과 값싼 저임금에 기반한 수출중심 경제정책은 국가가 주도했고, 이를 담당한 재벌의 성장을 가속화시켰다. 베트남전 참전을 대가로 더욱 확대된 미국시장은 한국 총 수출액의 절반에 이를 정도의 대미의존적인 무역구조를 만들었다.(1971년 현재 총 수출액에서 미국 비율은 49.8%)

미국 의존적인 경제구조는 한국 경제를 미국 경제여건에 민감하도록 만들었다. 1968년 미국공황으로 인한 달러위기로 외자조달이 곤란해지고, 선진국의 보호무역주의로 수출이 더욱 어려워지자 국내 경제는 곧바로 불황으로 이어졌다. 이 영향으로 외자에 의존하던 차관기업들이 부실화되면서 경제혼란을 가져왔다. 게다가 1969년 닉슨독트린, 1971년 주한미군 일부 철수 등 냉전구조의 완화에 따른 한미간 갈등은 1971년 양대 선거에서 보인 정치적 위기로 나타났다.

박정희 정권은 정치·경제위기를 동시에 해결하기 위해 국가권력을 폭력

닉슨독트린(1969. 7)
미국 닉슨 대통령이 발포한 아시아에 대한 새로운 외교 전략으로 아시아의 방위는 아시아인의 힘으로 한다는 내용을 담고 있다. 이 정책으로 냉전체제가 점차 화해 분위기로 전환되었고, 미국은 베트남에서 군대를 철수하였다. 또 남한에서 주한미군 철수가 거론되면서 한미관계가 악화되었고, 냉전에 기반했던 박정희 정권의 안보위기를 초래하였다.

8.3조치(사채동결)

1972년 8월 3일 경제 안정과 성장을 위한 긴급명령 15호에 의해 실시된 정책. 기업이 보유한 모든 부채를 동결해 부담을 낮추고, 세제특혜를 제공하였다. 이 조치로 기업의 투자자금이 확대되고 세제 혜택으로 한국 재벌이 성장하는 토대가 되었다.

수출자유지역 설치법

수출자유지역은 경제개발 과정에서 부족한 제조업 투자재원을 유치하기 위해 외국인의 투자촉진과 고용증대, 기술향상을 목적으로 하였다. 이 법은 수출자유지역 설치를 목적으로 1970년 1월 제정되었다. 이에 경남 마산과 전북 이리 2곳이 수출자유지역으로 지정 개발되었다.

적으로 재편하는 '유신체제'를 단행했다. 유신체제는 경제적으로 8.3조치(사채동결, 1972년)를 통한 기업자금지원체계의 재정비, 외국인 투자 자유화의 확대(수출자유지역 설치법, 1970년), 반노동입법 강화 등으로 경제기반을 재정비하였다. 경제구조도 기존 경공업 중심의 단순가공수출 전략을 폐기하고 중화학공업화로 전환을 추진하였다.

중화학공업화는 철강, 비철금속, 기계공업, 조선, 전자, 화학의 6개 공업을 육성하는 전략이었다. 중요 공업별 집중 건설지역을 설

포항종합제철 [출처 : 국가기록원]

정하였다. 철강은 포항, 비철금속은 울산 온산, 조선공업은 울산 방어진, 거제, 화학공업은 울산, 여수, 광양, 전자공업은 구미, 기계공업은 창원 등에 집중되어 지역별 불균형 발전의 출발이 되기도 하였다. 여기에 참여하는 기업은 국가로부터 막대한 지원을 받았다. 값싼 공장부지, 저리의 투자자금 및 외국차관, 전문 기능공 양성(실업계 고등학교, 전문대학) 등이 제공되었다.

중화학공업화를 계기로 성장한 대표적인 회사는 철강 분야에서 포항제철, 동국제강, 인천제철, 연합철강, 비철금속 효성알미늄, 고려아연, 온산동제련(현 LG금속), 조선분야에는 현대중공업, 대한조선공사(현 한진중공업), 대우조선, 삼성조선, 기계공업에서는 현대중공업, 대우중공업(현 두산중공업), 삼성중공업, 효성중공업 등이, 자동차 분야에서는 현대, 기아, 새한(현 대우-GM), 동아(현 쌍용), 전자에서 금성(LG), 삼성, 대한전선 등, 화학분야에

서는 석유공사(현 SK), 호남정유(현 GS)가 정유 분야에서 기반을 다졌다. 중화학공업화 정책은 소수의 재벌들을 성장시키는 계기가 되었다.

그런데 중공업 육성은 경공업 생산재를 수입대체하는 소재산업이라기 보다는 그동안 경공업이 담당해 오던 수출을 대체하는 조립가공산업, 저부가가치 소재산업으로서 종속적 재생산구조에 기반한 것이었다. 중화학공업제품의 수출비중은 1974년 37.4%에서 1982년 50.8%로 증가하였다. 경공업제품에서 점차 중화학공업제품의 비중이 확대되고 있었다. 1977년 기준으로 주요 수출품에 직물류, 신발류, 목제품 등이 여전히 중심 품목이지만, 전기기기, 운반용기기류, 금속제품, 철 및 강철이 포함되고 있는 것은 수출구조의 변화를 보여주는 근거이다. 그 결과 한국경제가 집중한 수출은 1971년 10억 달러를 달성하고, 불가능하다고 생각되었던 100억 달러 수출이 계획보다 4년 앞선 1977년에 달성되었다. 박정희 신화는 여기에 있었다. 하지만 이런 경제구조는 국가의 지원을 받는 대기업 중심의 자본축적이라는 특질과 결합되어 '구조적 성격'을 가졌다. 한국경제의 특징은 1979년 2차 오일쇼크를 계기로 경제위기를 초래하였고 결국 박정희 정권의 붕괴로 이어졌다.

【참고문헌】

공제욱, 『1950년대 한국의 자본가 연구』, 백산서당, 1993.
김기원, 『미군정기의 경제구조』, 푸른산, 1989.
부경역사연구소, 『한국사와 한국인(근현대편)』, 선인, 2003.
이대근, 『한국전쟁과 1950년대의 자본축적』, 까치, 1987.
이영훈, 『한국경제사』 2, 일조각, 2016.
정태헌, 『문답으로 읽는 20세기 한국경제사』, 역사비평사, 2010.

IV 근현대

학습목표

◆ 해방 이후 민주화 운동의 배경과 전개 그리고 그 성격에 대해서 살펴본다.
◆ 민주화 운동에 대척점에 선 권위주의 정권의 통치체제 및 방식에 대해 살펴본다.

1. 이승만 정권기 민주주의 시련과 4월혁명

이승만 정권은 친일관료와 친일경찰을 기반으로 하고, 반공·냉전이데올로기를 표방하면서 수립되었다. 일제 하 민족해방운동전선 좌우익은 물론이고 국민의 절대 다수의 지지를 받지 못한 태생적으로 정통성이 대단히 취약한 정권이었던 것이다. 따라서 이승만은 민중을 강제하는 방식으로 자신의 권력을 영속화하고자 하였다.

먼저 이승만 정권은 '식민지관료제'를 계승하여 감시기구를 강화하고 지방 말단기구를 정비하였다. 특무부대(SIS) 강화와 헌병총사령부 설치가 전자의 사례라면, 이승만에게 복종하는 시·읍·면장을 선출하고 일제 강점기의 애국반을 원용한 국민반 조직은 후자의 대표적 예라 할 수 있다. 다음으로 이승만 정권은 반공이데올로기로 사상을 통제하면서 민중을 억눌렀다. 국민의 멸공 의식 앙양을 위해 공보관을 각 도에 설치하거나, 학도호국단을 조직하여 학교의 병영화를 꾀하였다. 교장과 학생을 각각 단장 및 대대장으로 임명하여 각종 궐기대회와 반공집회에 수시로 동원하였다.

억압기구 및 반공이데올로기를 통해 민중을 억압한 이승만은 마침내 자신의 권력욕을 충족시키기 위해 절차적 민주주의의 틀과 기조를 훼손하기에 이르렀다. 그 신호탄은 부산정치파동이었다. 의회선거를 통해서는 재선이 불가능하다는 것을 알게 된 이승만은 ① 부산 일대 계엄령 선포 ② 공산당 프락치 사건을 날조하여 국회의원 수십명 연행 ③ 백골단, 땃벌떼 등

부산정치파동

1950년에 치러진 5·30선거로 말미암아 반이승만을 표방하는 정치인들이 대거 정치무대로 진입하였다. 곧이어 터진 한국전쟁은 이승만정권의 무능력과 부정부패 등을 여과 없이 보여주었다. 6월 27일의 '나홀로' 피난과 거짓 방송, 그 직후 이뤄진 한강 다리 폭파 그리고 국민방위군 사건 등이 바로 그것이었다. 따라서 국회를 이루는 구성원이 대통령 선출권을 가진 당시로서는 이승만을 대통령으로 선출할 리 만무하였다. 이승만 입장에는 직선제 개헌만이 자신의 권력을 장기화할 수 있는 유일한 방안이었다. 이승만은 1952년 5월 25일 0시를 기해 부산지역에 비상계엄을 선포하였다. 이튿날 국회로 등원하기 위해 통근 버스에 몸을 실었던 40여 명의 국회의원이 헌병에 의해 헌병대로 끌려갔고, 그중 10명이 국제공산당 혐의로 구속되었다. 이러한 초법적 조치로 국회를 무력화시킨 이승만은 정·부통령 직선제를 골자로 한 발췌 개헌안을 마련하여 국회에 제출하였다. 발췌 개헌안은 1950년 7월 4일 기립표결로 통과되었고 7월 14일 개정헌법이 공포되었다. 이승만은 개정헌법에 따라 치러진 8월 5일 정·부통령 선거에서 대통령으로 선출되었다.

관제 단체를 동원하여 국회 위협 ④ 대통령 직선제를 골자로 한 기립표결 통과라는 헌정질서 유린을 통해 권력의 기반을 다졌다. 곧이어 대통령 연임으로도 성에 차지 않았던 이승만은 기어이 영구집권을 꾀하게 되는데 사사오입 개헌이 바로 그것이었다. 사사오입 개헌으로 초대 대통령에 한해 중임 제한이 폐지되었고, 그로 말미암아 대통령 중심제가 더욱 강화되었다. 영구 집권의 토대가 구축된 것이다.

한편, 이승만은 자신의 정치적 라이벌에 대해서도 냉혹한 면모를 보여주었다. 진보당 사건이 이를 명백히 증명한다. 1956년 정·부통령 선거 이후 이승만의 가장 강력한 적수는 조봉암이었다. 부정선거의 악조건을 뚫고 총투표자의 30%의 지지를 획득한 조봉암은 대중적 지지를 기반삼아 1956년 11월 10일 진보당을 창당하였다. 진보당은 통일정책으로 평화통일론을, 경제적으로는 피해 대중론과 아울러 수탈 없는 경제를 정강으로 삼게 되면서 북진통일론과 자유경제체제를 내건 이승만과 대척점에 서게 되었다. 위기감을 느낀 이승만 정권은 경찰을 동원하여 조봉암 등 간부 10명을 검거하였다. 진보당이 내건 평화통일론이 국시인 무력통일론에 어긋날 뿐 아니라, 조봉암은 북한의 사주를 받은 간첩이라는 이유에서였다. 진보당이 불법화되었음은 물론이고 간첩으로 몰린 조봉암은 사형을 언도받고 형장의 이슬로 사라졌다.

요컨대, 억압기구와 반공이데올로기를 무기삼아 이승만 정권이 자행한 절차적 민주주의 파괴 행위는 부정부패를 유발하고 민중의 경제적 질곡을 심화시켰을 뿐만 아니라, 정치의 공공재적 성격을 심대하게 훼손시켜 궁극적으로 4월 혁명을 발발케 하는 결정적인 요인으로 작용하였다.

4월 혁명의 배경을 좀 더 조직적으로 살펴보면, 첫째, 상술한 바대로 이승만 정권의 민주주의에 대한 파행적 행태를 꼽을 수 있다. 둘째, 원조경제체제 아래 형성된 삼백산업으로 말미암아 집권 관료층과 대기업의 결탁이 심대해지고, 이를 유지하기 위한 정부의 저곡가 정책 등으로 인하여 농민, 중소기업, 노동자 등 이른바 기층민중의 삶이 나날이 악화되었기 때문이었다. 이와 같은 정치·경제적 모순이 누적되어 민중의 분노가 임계점에 다다른 상황에서, 3·15 부정선거의 계기로 폭발한 학생·시민·기층 민중의 대규모 항쟁을 우리는 4월 혁명이라 일컫는다.

민중의 기본권을 철저하게 억누르는 방식으로 정권 재창출을 꾀하던 이승만 정권은 1960년 3월 15일 정·부통령 선거에서 실로 유례를 찾기 힘든 부정선거 방식을 동원하였다. 이를테면 공무원 불법선거운동, 선거 전날 공무원에 의해 동원된 배우들의 시민위안공연, 4할 사전투표, 3인조·5인조 투표, 투표함 바꿔치기, 야당 참관인 구타 및 축출, 개표수 조작 등이었다.

참다못한 마산 시민들이 부정선거를 규탄하기 위해 거리로 뛰쳐나왔다. 그 날 경찰의 발포로 8명이 사망하였다. 경찰의 폭력적인 진압으로 움츠려들었던 시위는 4월 11일 최루탄이 눈에 박힌 김주열의 시체가 마산 앞바다에 떠오르면서 다시 불붙었다. 제2차 마산항쟁이 터진 것이다. 이승만은 제2차 마산항쟁을 공산당의 사주 때문인 양 몰고 갔지만, 반정부 시위의 전국화를 막기에는 역부족이었다.

4월 19일 서울 시내의 대학생·고등학생·중학생들이 반정부 투쟁에 돌입하자 시민들이 곧장 합세하였다. 오후 1시 40분경 경찰의 발포

부정선거 규탄 마산시위 [출처 : 3·15의거기념사업회]

로 유혈사태가 벌어졌다. 이른바 '피의 화요일' 사건이 일어난 것이다. 그날 전국적으로 약 130여명이 경찰이 쏜 총탄으로 사망하였다. 그럼에도 민중들의 반정부 시위는 누그러질 기미조차 보이지 않았다.

위기감을 느낀 이승만은 4월 21일 각료들을 경질하는 한편 자유당 총재 자리에서 물러나겠다고 발표하였다. 그러나 시민들은 대통령의 즉각적인 '하야'를 요구하고 있었다. 더욱이 4월 25일 시국선언문을 채택하고 거리에 나선 대학교수들의 시위로 말미암아 각계각층의 이승만 하야 요구는 더욱 거세졌다.

정국이 요동치자 그 동안 '혁명'을 관망해오던 미국은 이승만에게 정치적 책임을 요구하였다. 반정부 시위가 급진화 될 조짐이 나타나자, 이승만 하야를 통해 사태를 조기에 수습하고자 했던 것이다. 4월 26일 오전 이승만은 성명서를 발표하고 하야하였다. 4월 27일 대통령 사임서를 국회가 즉각 수리하자, 외무부 장관이던 허정을 수반으로 하는 과도정부가 수립되었다. 마침내 제1공화국이 무너진 것이다.

그러나 자유당의 몰락이 체제변화를 수반한 것은 아니어서, 이승만 정권이 완전하게 붕괴하였다고 할 수 없었다. 실제로 허정 과도정부는 ① 과거보다도 일층 더 견실하고도 확고하게 반공산주의 정책 쇄신 ② 혁명적 정치개혁을 비혁명적 방법으로 단행 등을 골자로 한 5대 시정방책을 발표하면서 이승만 정권과 별반 다를 바 없음을 보여주었다. 1950년 내내 이승만과 극도로 대립했던 민주당 역시 대통령제에서 내각책임제로의 권력구조 개편을 이끌어내기 위해 자유당 의원들과 타협하였다. 더 나아가, 7·29총선 압승으로 출범한 민주당의 장면 내각은 반독재 체제 청산에 대단히 미온적으로 임했을 뿐만 아니라, 반공임시특별법과 데모규제법 제정 시도에서 보듯 민주주의 원리를 일정한 틀 속에 가둬 놓고자 하였다. 이는 민주

당 또한 극우반공 이데
올로기를 정책 운영의
근간으로 삼았음을 보
여주는 것으로, 이승만
정권과 마찬가지로 구체
제의 일원임을 자인하
는 것이었다. 따라서 4
월 혁명의 주도세력은

탱크위에서 환호하는 시민들 [출처 : 3·15의거기념사업회]

권력구조 개편과 집권세력 교체에만 만족하지 않고 구체제 청산을 대망하
면서 다양한 변혁운동을 구상·실천해 나갔다.

2. 박정희 정권과 민주화 운동

이승만 하야 이후 신생활계몽운동을 추진하던 대학생들 중에서 진보당
의 이념을 계승한 혁신세력과 결합하면서 급진적 학생운동 세력이 형성되
었다. 이들은 민족주의를 기반으로 민족통일운동을 벌여 나갔다. 학생층
과 혁신세력이 주장한 통일론은 크게 ① 민족자주통일론 ② 평화통일론
③ 한반도 중립화론이었다. 어느 것 하나 이승만이 내걸었던 북진통일론은
말할 것도 없고, 장면 정권이 표방했던 "국제 연합 감시하에 남·북을 통한
자유선거에 의하여 통일을 달성"하겠다는 것과도 크게 배치되는 것이었다.
제2공화국의 핵심 기반이 극우반공을 신봉한 분단세력이자 친일세력인 까
닭에 혁명 주도세력의 통일방안과 장면 정권의 통일론은 상충될 수밖에
없었다.

4월 혁명은 통일운동 고양에 기여했을 뿐 아니라 그간 극우반공이데올

로기로 침체되었던 노동운동의 도화선이 되었다. 이승만 정권의 어용단체에 불과했던 대한노총은 4월 혁명 이후 그 세가 크게 꺾이었다. 부산부두 노조투쟁에 확인되듯 진보적 노동운동가들이 벌인 강력한 인적청산투쟁은 어용 노조 지도부 조직의 해체와 민주적 새 집행부 탄생을 이끌어 내었다. 새로운 노동조합은 "어떠한 정당에의 가담과 정치세력의 개입을 배격한다." 는 선언문을 내걸고 노동자 계급의 이해관계를 대변하는 조직으로의 전환을 모색하였다. 교사들이 중심이 된 교원노동조합운동 또한 혁명 직후의 시공 간에서 전개된 대표적인 사회운동이자 학원민주화운동이었다. 1960년 5월 대구를 시작으로 전국으로 확대된 교원노동조합운동의 기치는 민족 교육 의 실현, 교원의 자주성과 민주성 확보 등이었다. 하지만 허정 과도정부는 말할 것도 없고 장면 정권 역시 교사의 노조설립 움직임을 불법화하였다. 특히 과도정부 하에서 문교부 장관을 역임했던 이병도가 교원노조 불법 교 정 담화를 발표하자 부산을 근거지로 삼고 있던 경남 교원노조는 문교부 장관 규탄 시위와 단식농성 투쟁을 전개하였다.

이상과 같이 이승만 하야 후에도 민족주의 복원을 통한 통일운동 전개 및 민중의 사회적·경제적 지위 향상을 목표로 한 노동운동이 분출되고 있 었다. 하지만 분단체제를 극복하여 새로운 체제를 구상했던 4월 혁명 주역 들의 사회운동은 5·16 쿠데타로 좌절되었다. 박정희를 위시한 쿠데타 세력 의 입장에선 4월 혁명의 주체세력들의 지향점을 분쇄하는 것이 자신들의 권력을 유지·강화할 수 있다고 판단했기 때문이다. 바꿔 말하면 쿠데타 주 도세력은 근본적으로 냉전·반공적 성격을 지녔기에 4월 혁명 이후로 무르 익었던 자유, 민주주의, 남북의 통일논의 등을 억압하고 탄압하였다. 따라 서 5·16 쿠데타는 4월 혁명의 연속 선상에 있었던 것이 아닌 이를 '부정' 했던 역사적 사건이었다.

부산부두노조투쟁

이승만 정권의 어용단체로 전락했던 대한노총 산하 부산 부두노조를 민주적 노동조직 으로 탈바꿈시키기 위한 노동 자 투쟁을 말한다. 부산부두 노조는 자유당에 빌붙어 호가 호위했던 김기옥 위원장 및 간부들의 사퇴를 요구하고 이를 관철하였다. 새롭게 선출 된 임원들은 순수노동운동을 표방하고 노조원의 복리에 힘썼다. 학비가 없어 학교를 다니지 못하는 자녀가 있는 노조원들을 위해 고등공민학교 를 설립한 것이 대표적이다.

　　1961년 5월 16일 박정희는 약 3,600명의 군인을 동원하여 정부 주요 관공서와 방송국 등을 장악하였다. 수도원으로 도피했던 장면은 이틀 후 내각 총사퇴를 선언하였다. 곧이어 쿠데타 세력은 국가재건최고회의를 조직하였다. 5월 23일에는 ① 반공을 국시의 제일의로 삼음 ② 미국을 위시한 자유 우방과의 유대를 더욱 공고히 함 ③ 국가 자주 경제 재건에 총력을 기울임 ④ 양심적인 정치인들에게 언제든지 정권을 이양함 등을 내용으로 하는 혁명공약이 발표되었다. 쿠데타 세력은 이를 기반으로 자신들의 존립 근거를 확보할 수 있는 다양한 조치들을 펼쳐 나갔다.

　　첫째, 국가재건최고회의는 '국가재건비상조치법'을 제정하여 행정·입법·사법의 삼권을 장악하였다. 둘째, 쿠데타 세력은 국가 정보를 독점하고 정보·사찰·반정부 인사의 회유 및 협박 등을 효율화하기 위해 중앙정보부를 조직하였다. 18년간의 박정희 철권통치를 떠받친 민주공화당은 바로 중앙정보부에 의해 조직된 정당이었다. 셋째, 국가재건회의는 반공법 제정·국가보안법 개정을 통해 통일운동 및 진보적 사회운동을 억압하고 탄압하였다. 이로써 혁신계 정당·사회단체, 통일운동 및 교원운동 관계자 등이 '합법적인' 절차로 제거되었다. 혁신계로 평화통일 노선을 견지했던 『민족일보』 사장 조용수의 처형이 대표적인 사례라 할 수 있다. 넷째, 군정 세력은 1962년 3월 16일 정치활동정화법을 제정하여 기성 정치인

5·16 쿠데타 [출처 : 『5.16 革命政府業績畵報』, 개조사, 1963]

4,374명의 정치활동을 6년 간 금지시켰다. 군정에 비판적인 정치인들이 대중과의 정치적 연계를 차단시킴으로써, 박정희의 통치체제를 안정화하려는 조처였다.

군정 종식과 민정 이양을 통해 박정희 정권이 출범했지만, 민정 이양 과정에서 쿠데타 주모자들이 보여준 정치적 추태와 부정부패로 말미암아 정국이 안정적으로 운영되기는 요원했다. 더욱이 제3공화국의 주도층은 거개가 내란 행위에 관여한 인물들이어서 정통성 또한 결여되어 있었다. 이상과 같은 악조건을 만회하기 위해 박정희는 경제개발계획을 수립·착수하였다. 우여곡절 끝에 외자에 기반을 둔 수출주도형 산업화가 구체적인 방략으로 낙점되었다.

성장률 지표에서 확인되듯 노동집약적 수출주도 산업 전략은 분명 소기의 성과를 보여주었다. 그러나 이와 같은 성장전략은 저임금·저곡가를 항상적으로 유지시켜야 한다는 측면에서 민중의 일방적 희생을 강요한 것이었고, 자본의 출처를 내자가 아닌 외자로 삼는다는 면에서 종속경제를 내포한 것이었다. 요컨대, '압축성장'의 이면에는 노동자·농민층의 '압축쇠퇴'가 도사리고 있었던 것이다. 1971년 제7대 대통령 선거에서 박정희가 신민당 후보로 나선 김대중에게 크게 고전하고, 곧 이은 총선에서 공화당이 참패하여 그 유서 깊은 '여촌야도(與村野都)'에 파열음이 생긴 것도 경제성장의 모순에서 기인한바가 컸다. 광주대단지 사건과 전태일 분신에서 확인할 수 있듯이 도시빈민의 생존권 투쟁과 노동운동이 점차 격화되어 갔다.

1970년대 전후의 세계정세도 박정희 정권에게 호의적이지 않았다. 베트남전쟁의 장기화로 경기가 극도로 악화된 미국은 군사비 절감을 통해 불황에서 벗어나고자 했다. 이와 같은 구상은 닉슨 독트린으로 현실화되었는데, 미국의 직접적인 정치군사 개입을 자제하고 해외 주둔 미군의 단계적

광주대단지사건
1971년 8월 10일 도심 재개발로 현 성남시인 경기도 광주로 밀려난 도시 빈민들이 정부의 무관심에 항의하며 격렬한 시위를 벌일 사건을 말한다. 해방 이후 최초의 대규모 도시 빈민투쟁이었던 광주대단지 사건으로 경찰 및 주민 약 100여 명이 부상하고 23명의 주민이 구속되었다. 박정희 정권의 경제개발정책으로 파생한 빈곤층의 실태를 여실히 드러내 준 사건이자 빈민운동의 시초로 평가된다.

철수 등을 주요 내용으로 하였다. 이에 따라 1971년 주한미군 7사단 2만여명이 미국으로 돌아갔다. 더 나아가 닉슨은 중국을 전격적으로 방문함으로써, 양국 간의 적대 관계가 종식되었다. 이 같은 국제정세의 급변은 동아시아 냉전체제의 균열로 이어졌고, 반공주의를 정권 유지의 지렛대로 삼아왔던 박정희 정권에게 큰 위협으로 다가왔다. 위기감을 느낀 박정희는 3선 개헌 사태와는 비교조차 할 수 없는 초강력 대응책을 들고 나왔으니, '10월 유신'이 바로 그것이었다.

1972년 10월 17일 박정희는 친위쿠데타를 일으켜 국회를 해산하고, 비상국무회의를 조직하였다. 헌법 기능은 자신이 의장이 된 비상국무회의에서 수행되었는데, 이 비상기구가 심혈을 기울인 작업이란 다름 아닌 유신헌법을 마련하는 것이었다. 유신헌법에 따라 단독 출마한 박정희는 체육관에 통일주체국민회의 대의원을 모아 놓고 찬반투표로 자신의 대통령 여부를 가늠하였다. 더 나아가 유신헌법은 비례대표제를 없애고, 대통령이 국회의원 3분의 1을 임명하도록 하였다. 통상 대법원장이 행사하는 대법관 임명권도 유신헌법 하에서는 대통령이 행사하였다.

민주주의 기본 원리를 철저하게 짓밟아 삼권을 최고지도자에게 집중시킨 유신헌법과 유신체제에 대항하는 반유신 투쟁은 '재야'로 일컬어진 야당 정치인·학생·언론인을 중심으로 일어났다. 김대중 납치사건을 계기로 서울대학교 문리대 학생들이 들고 일어났다. 1974년 12월 장준하가 주도한 '유신헌법 개정 청원 100만인 서명운동'이 여론의 지지를 받으면서 반유신 투쟁이 확산되었다. 당황한 박정희 정권은 유신헌법을 비방·개정, 유언비어 등을 하면 15년 이하의 징역에 처한다는 내용으로 하는 긴급조치 제1호를 선포하였다. 1974년 전국의 대학생들은 유신체제와의 투쟁을 효율화하기 위해 재야·종교 세력과 결합하였다. 전국적으로 동시다발적으로 벌어진 대학생들의 반정부 시위에 놀란 박정희는 대학생들이 유신헌법 개정이나 유신체제 반대운동을 조직적으로 하면 사형, 무기, 15년 징역형을 처한다는 것을 골자로 한 긴급조치 4호를 발표하였다. 박정희 정권은 이에 대한 본보기로 전국민주청년학생총연맹(민청학련) 사건과 인혁당 사건을 조작하여 많은 사람들을 투옥하고 고문하고 죽였다. 그럼에도 반유신 민주화운동의 열기는 높아져만 갔다. 가톨릭 정의구현전국사제단의 시국 선언, 『동아일보』젊은 기자들이 중심이 된 자유언론실천운동 등이 연이어 일어난 것이다. 1975년에 이르면 민주구국선언과 민주국민헌장이 발표되고, 서울대학생 김상진의 양심선언 낭독과 자살 그리고 기독교 성직자들의 시국선언이 발표되었다. 유신 체제에 저항하는 투쟁이 조직화되고 가속화되자 당황한 박정희 정권은 긴급조치 9호를 발동하여 반유신 민주화운동 탄압을 더욱 강화하였다.

빼앗긴 국민주권을 회복하기 위한 각계각층의 반유신 투쟁은 1979년 10월의 부마민주항쟁의 지렛대 역할을 하였다. 여기에 중화학공업전략에서 배제된 부산·마산 지역민의 소외감과 경기 불황, '선명야당'을 내건 김영삼의 대정부 투쟁의 강화, YH무역사건과 김영삼의 의원직 박탈 등의 일련의 사건들로 말미암아 10월 16일부터 부산과 마산을 중심으로 하는 대규모의 반유신체제 저항운동이 일어났다. 박정희는 계엄령, 위수령을 발동하고 차지철과 함께 초강력 대응을 고려

신민당사에서 농성을 벌이는 YH무역 노동자의 모습
[출처 : 연합뉴스]

YH무역사건
YH무역사건은 가발제조업체인 YH무역의 부당한 회사폐업 조치에 맞서 200여명의 여공들이 회사정상화와 노동자 생존권 보장을 요구하며 1979년 8월 신민당 당사에서 농성을 벌인 사건을 말한다. 박정희 정권은 여공들의 생존권 투쟁에 대해 8월 11일 새벽 2시에 경찰을 투입하여 노동자들을 강제 연행하고 신민당 소속 국회의원 및 당원들에게 폭력을 행사하는 것으로 대응하였다. 이 사건으로 인해 당시 신민당 총재였던 김영삼이 의원직에서 제명되었으나 도리어 반유신투쟁이 격화되어 부마민주항쟁을 촉발시켰다.

하자 이를 우려한 중앙정보부장 김재규는 박정희를 살해하는 '10·26 사건'을 일으켰다.

결론적으로 박정희 정권이 몰락하게 된 직접적인 원인은 김재규의 총탄이었지만, 유신체제를 붕괴시킨 결정적인 구조적 함수는 유신체제 성립 직후부터 일어난 반유신 투쟁과 이를 자양분하여 폭발한 부마민주항쟁이었다.

3. 1980년대 이후의 반독재 민주화운동과 민주주의의 진전

'10·26' 사건으로 말미암아 박정희 정권이 무너졌음에도 민주주의의 회복은 무척이나 요원했다. 유신의 후예이자 박정희의 아이들로 불린 전두환을 위시한 영남 군벌 사조직 하나회가 대통령 유고에 따른 정치적 공백 상황을 이용하여 모종의 정치적 모의를 꾀하고 있었기 때문이었다. 그들은 먼저 군권을 장악함으로써 그 음모를 현실화하였다. 군부 내 정치군인들을 제거하고자 마음먹고 있던 당시 참모총장 겸 계엄사령관 정승화를 불시에 습격하여 강제 연행한 이른바 12·12 쿠데타를 일으켰던 것이다. 군권을 틀어쥔 전두환 세력은 곧바로 국가 권력 전체를 장악하기 위한 음모에 돌입하였다. 언론 통제를 목표로 한 K-공작계획과 민주화 요구를 폭력적으로 진압하기 위해 도입한 충정훈련 그리고 전두환의 중앙정보부 서리 취임에 따른 국가정보기구의 '신군부' 세력으로의 독점화 등이 바로 그것이다.

신군부의 정권 장악 기도가 노골화되자 민주화운동 세력은 사태의 심각성을 깨닫고 분주히 움직이기 시작하였다. 제도권 내 야당 정치인과 재야 정치인은 물론이고 재야 민주화 인사 및 학생운동권 세력은 민주화의 조속한 이행을 요구하였다. 특히 민주화 투쟁의 전위부대라 할 수 있는 학생들은 '비상계엄 즉각 해제' '전두환과 유신잔당 퇴진'을 요구하면서 전면적인 가두시위에 도입하였다. 이처럼 12·12 쿠데타 이후 전두환과 신군부 세력의 권력 장악 음모의 양상과 이에 맞선 민주화 세력의 대응 양상이 형성되고 그 대치가 본격화되던 1980년 5월 초까지의 시기를 우리는 흔히 '서울의 봄'이라고 부른다.

양 진영의 첨예한 대립은 민주화운동 세력, 특히 서울지역 총학생회 대표들이 합의한 시위 중단과 학원으로의 복귀(이른바 '서울역 회군') 결정으로 인하여 그 균형의 추가 신군부 세력으로 결정적으로 기울고 말았다. 절호의 기회가 도래했다고 판단한 전두환은 ① 비상계엄 전국 확대 ② 국회해산 ③ 휴교령 단행 등을 골자로 하는 5·17 쿠데타를 단행하였다. 그리고 김대중을 비롯한 재야인사 및 학생운동 지도자들을 검거하기 시작했다.

전두환과 신군부 세력의 5·17 쿠데타에 저항한 대규모 시위는 오직 광주에서만 일어났다. 신군부의 휴교령에 맞서 전남대학교 학생들은 18일 아침부터 공수부대원들과 투석전을 벌이며 격렬하게 저항하였다. 이에 공수부대원들은 학생·시민·남녀노소 할 것 없이 무차별적으로 폭행하였다. 이 날부터 많은 시민들이 목숨을 잃었다. 공수부대의 초강력 진압은 많은 시민들의 분노를 자아내게 만들었다. 시민들은 학생들과 연합하여 공수부대와 적극적으로 맞섰다. 21일에는 계엄군에 맞서 시민군이 결성되었다. 시민들의 강력한 저항으로 말미암아 공수부대원들은 광주를 떠날 수밖에 없었다. 그러나 26일 새벽 다시 광주로 진입한 계엄군은 27일 자정을 기해 대대적인 진압작전을 개시하여 시민군을

광주민주항쟁 [출처 : 5·18기념재단]

진압하였다.

광주민주항쟁은 제2
의 유신권력들에게 무
참히 짓밟혔지만, 1980
년대 민주화운동의 힘
의 원천으로 작용하였
다. 살아남은 사람들은
5·18 민주화운동의 진

6월 민주항쟁 [개인소장]

상규명과 전두환 정권의 정통성 결여를 민주주의 회복의 당위로 삼았다.
더 나아가 광주민주화운동이 상기될수록 미국의 책임 문제가 제기되었다.
미국은 신군부의 쿠데타를 방조했고, 진압작전을 제지하지도 않았던 것이
드러난 것이다. 이에 따라 1980년대에 이르면 반미자주화운동이 본격화되
었다. 1982년 부산 미국 문화원 방화사건, 1985년 5월 서울 미국 문화원
점거 사건 등은 이 같은 문제의식의 산물이었다.

국민들도 전두환 폭압정권에 저항하여 민주화 운동에 참여하였다. 1985년
2·15 총선에서 야당이 승리할 수 있었던 것은 민주주의에 대한 국민들의
열망 때문이었다. 신한민주당은 이 여세를 몰아 대통령 직선제를 골자로
한 개헌투쟁에 착수하였다. 깜짝 놀란 전두환 정권은 공안정국을 조성하
여 강경 진압에 나섰다. 그 과정에서 서울대학생 박종철의 고문치사 사건
이 발생하였다. 이렇듯 정권의 야만성이 확연하게 폭로되었음에도, 전두환
은 '4·13 호헌조치'를 발표하여 장기집권을 제도적으로 보장받으려고 하자
시민들은 재야 정치인·학생들과 함께 민주화 투쟁에 전면적으로 나섰다.
범국민적 민주화 운동인 6월 항쟁이 개시된 것이다. 서울·부산 등을 포함
한 전국 30여 지역에서 수많은 시민들이 시위에 참여하였다. 특히 6월 26

일에는 직장인과 중산층을 의미하는 '넥타이 부대'까지 참여하였다. 사태의 심각성을 인지한 민정당 대통령 후보 노태우는 직선제 개헌 수용을 골자로 한 '6·29선언'을 발표하였다.

이로써 전두환 정권은 무너졌고 대통령 직선제 개헌이 이뤄졌다. 하지만 6월항쟁을 견인했던 대다수의 민주화운동 세력은 그 실천 방략을 호헌철폐와 직선제 개헌에 맞췄기 때문에 민주화의 기조 및 내용이 형식적·제도적 민주주의를 넘어설 수는 없었다. 달리 말하면 6월 항쟁의 당위가 전 국민의 보통선거권 획득, 그러니까 제도적 민주주의 성취라고 했을 때, 제5공화국에 복무했던 반민주적 인사들까지도 새로운 민주공화국의 구성원임을 인정치 않을 수 없었던 셈이다.

이렇듯 1987년 6월의 항쟁은 점진적이고 타협적인 방향으로 귀결되었다. 그 결과 새로운 헌법에 따른 권력 구조 개편 경쟁에 민주화운동 세력은 물론 군사정권의 유산을 이어받은 정치세력까지 참전할 수 있었다. 김대중·김영삼이 분열하고 5·17 쿠데타의 또 다른 주역인 노태우가 당선될 수 있었던 것은 바로 이와 같은 타협에서 기인했던 것이라 할 수 있다. 노태우→김영삼→김대중 정권이 막을 내린 후에야 비로소 민주정권이 완연히 성립할 수 있었다.

이명박 정부의 역주행으로 민주주의와 인권이 상당 부분 후퇴했음에도 불구하고, 2012년 치러진 제18대 대통령 선거에서 여당의 박근혜 후보가 민주당의 문재인 후보를 누르고 당선되었다. 박근혜가 당선될 수 있었던 주요한 요인 중 하나는 아버지 박정희를 향한 국민들의 향수 때문이었다. 적지 않은 사람들이 박근혜 대통령이 그의 부친을 본받아 나라 살림을 윤택하게 만들 것으로 믿었던 것이다. 하지만 2014년에 발생한 세월호 참사 과정에서 드러난 대통령의 상식적이지 않은 대응으로 말미암아 박근혜 정부에 대한 국민적 신뢰가 무너졌다. 이러한 상황에서 2016년 가을 최순실 국정농단 의혹 사건이 불거졌다. 분노한 국민들은 거리로 뛰쳐나와 국정농단을 규탄하고 책임자를 처벌할 것을 요구하였다. 바야흐로 '촛불항쟁'이 시작된 것이다. 촛불항쟁은 비폭력·평화집회로 진행되었고, 20회 집회까지 누적 기준 1,600만 명을 돌파했다. 이 촛불시위로 말미암아 국회에서 대통령 박근혜의 탄핵 소추안이 가결되었고, 2017년 3월 10일 헌법재판소의 "피청구인 박근혜를 파면한다"는 주문이 확정될 수 있었다. 한국 민주주의 역사의 한 페이지로 장식될 촛불항쟁은 민주주의의 영역을 확대·심화시킨 계기가 되었으니 그에 따라 자유권에서 사회·경제권으로 확대·심화, 그러니까 시민권의 내용이 더욱 풍요로워져 민주주의의 실체화와 진전에 적지 않게 이바지하였다.

【참고문헌】

류중렬, 『뿌리 깊은 한국사 샘이 깊은 이야기』, 가람기획, 2016.

부산광역시 중구청, 『우리의 삶터 중구, 부산을 담다』 상, 2018.

브루스커밍스, 『브루스 커밍스의 한국현대사』, 창비, 2001.

서중석, 『사진과 그림으로 보는 한국현대사』, 웅진지식하우스, 2013.

역사학연구소, 『함께 보는 한국근현대사』, 서해문집, 2004.

이종범·최원규 편, 『자료 한국근현대사 입문』, 혜안, 1995.

정용욱 외, 『한국현대사와 민주주의』, 경인문화사, 2015.

정해구, 『전두환과 80년대 민주화운동』, 역사비평사, 2011.

최갑수 외, 『혁명과 민주주의』, 경인문화사, 2018.

한국사연구회, 『새로운 한국사 길잡이』 下, 지식산업사, 2008.

홍석률 외, 『한국현대사』 2, 푸른역사, 2018.

집필진

Ⅰ 고대
유우창(부산대학교 사학과)
박세이(울산대학교 역사문화학과)
선석열(부산대학교 역사교육과)
이연심(부산광역시 문화유산과)

Ⅱ 중세 1
정영현(부산대학교 사학과)
정용범(부산교육대학교 사회교육과)
조명제(신라대학교 역사문화학과)
김현라(경성대학교 인문학부)
이종봉(부산대학교 사학과)

Ⅲ 중세 2
우정임(부산대학교 역사교육과)
김영록(울산대학교 경찰학과)
박상현(울산대학교 역사문화학과)
윤여석(부산대학교 사학과)
하여주(부산대학교 사학과)
김경미(부경역사연구소)

Ⅳ근현대
하유식(김해시 대성동고분박물관)
이가연(부경대학교 인문한국플러스사업단)
이준영(고려대학교 아세아문제연구원)
전성현(동아대학교 사학과)
강정원(부산대학교 사학과)
차철욱(부산대학교 한국민족문화연구소)
이창섭(부산광역시 문화유산과)

자료제공